ory
f
World
lization
for
Teenagers

写给青少年的世界文明史

史前—1500

• 主编 孟钟捷
• 沈辰成 李云逸 著

上海社会科学院出版社
SHANGHAI ACADEMY OF SOCIAL SCIENCES PRESS

古埃及农耕墓壁画

古希腊狗头造型的
饮水器

埃及法老图坦卡蒙的面具

楔形文字

大卫迎战歌利亚

雅典卫城中的帕特农神庙

雅典政治家听取苏格拉底的教诲

希腊士兵
与波斯士兵搏斗

奥林匹亚遗址

古希腊战舰

正面（左）有亚历山大头像的硬币

嘉德水道桥

罗马大斗兽场内部

玄奘像

“黑石号”上的天鹅团花金碟

《簪花仕女图》中的拂菻狗

斯基泰人骑兵金像

复原的萨顿胡头盔

蒙古军队围攻巴格达

盎格鲁人和撒克逊人

查理大帝

圣彼得

维京长船

十字军攻城

前言

《写给青少年的世界文明史》(下文简称“读本”)即将付梓之际，我们谨在此简要介绍我们的基本设想和读本的主要内容。

作为读本的策划者和写作者，我们的本职工作是学术研究和为大学生上课，但是我们开始探索一个新的领域——面向广大青少年进行历史学和世界史的科普工作。读本正是我们相关思考和实践的组成部分之一。

近年来，在学术机构的支持和前辈学者的指导下，我们作为华东师范大学孟钟捷教授团队的一部分，参与了一系列以青少年为目标受众，以世界历史为主要内容的科普项目的设计和实施，其中主要包括：上海图书馆东方书院的系列讲座“青少年世界文明史”和《上海中学生报》的系列专栏《青少年世界文明史》等。读本是我们以讲座提纲和专栏文本为基础，进行修改和补充的成果。

2021 年，读本有幸入选中国科学院“天地生—人”主题科普项目，获得中国科学院的资助。

在整体上，我们期望读本可以激发青少年对人类文明和世界历史的兴趣。更重要的是希望读本可以让他们理解我们的学科——世界史的主旨。

许多老师和学生普遍认为：中国史是中国的历史，世界史是外国的历史。有些家长甚至认为：世界史是美国、英国和法国等西方发达国家的历史。这些看法都是对世界史的误解。虽然学者对世界史的研究领域还有分歧和争论，但是我们通常可以把世界史的研究范围概括为三个范畴的集合：人类的历史、文明的历史和世界的历史。

人类的历史是指人类作为生物物种的历史，人类的历史的起点是几百万年前人类出现；文明的历史是指人类社会脱离野蛮和蒙昧，形成文化、组成社会的历史，通常认为起点是10000年前—5000年前；世界的历史是指人类社会脱离分散和孤立，走向联系和整合的历史，一般认为起点是15世纪以后。

基于上述设定，我们试图在读本中侧重编排符合世界史学科基本观点的内容，其中主要包括以下观点：

首先，人类社会从野蛮到文明的进程是多元文明百花齐放的进程。我们既关注古代西方文明和现代西方国家，也注意亚洲、非洲和拉丁美洲的古代文明和现代国家。

其次，中国文明是人类多元文明的重要组成部分。古代中国是人类古代文明的主要先驱者之一。现代中国是世界体系的重要参与者之一。我们将用大量篇幅描写中国和世界的联系。

再次，除了一个文明自身的兴衰以外，多个文明之间的交流和互动也是世界历史的重要内容，例如人口流动、商品

埃及墓穴壁画

贸易和思想传播等。

最后，全球化和工业化是人类社会从分散到整合的转折点，因此，我们重点关注相关的历史现象，包括大航海时代和工业革命等。

具体而言，我们将把读本分为三册，即三个部分。三个部分分别对应文明的历史和世界的历史发展演进的三个阶段：15世纪以前的历史、16—19世纪的历史和20世纪至今的历史。

第一部分的主题是15世纪以前的历史。这是农业文明方兴未艾和区域性文明百花齐放的时代。正如游戏《文明》的标准开局，大约10000年前，第一位农民播撒第一颗种子，第一位牧民骑上第一匹骏马，人类社会开始进入文明时代，不同人群分别走向不同道路。四大文明古国是东方文明的先驱；古希腊和古罗马是西方文明的源头。5—15世纪，西方处于中世纪，从英格兰海岸，到俄罗斯草原，基督教十字架成为欧洲文明的标志；7—15 世纪，阿拉伯人和蒙古人先后建立强大帝国。

第二部分的内容是 1500—1900 年的历史。这是全球化进程突飞猛进和工业文明异军突起的时代。1492 年，哥伦布登上新大陆的一小步是现代世界开始形成的一大步。1765 年，纺纱机器的第一声轰鸣是工业时代的第一声号角。数百年间，工业化和全球化把世界一分为二。欧洲大陆出现文艺复兴、大航海时代、科学革命和工业革命等重大变革。英国、法国和美国成为站在世界顶端的西方列强。亚洲、非洲和拉丁美洲逐步沦为殖民地和半殖民地，被西方列强踩在脚下。

第三部分的主题是 20 世纪至今的历史。这是科学和技术日新月异的百年，也是战争和危机层出不穷的百年。1901 年，诺贝尔奖首次颁发。其中诺贝尔物理学奖、化学奖和生理学或医学奖成为 20 世纪科学发现和技术进步的见证。相对论和量子论等新的科学发现重塑人类的知识和眼界，核技术、太空技术以及信息技术等新的发明创造重构人们的工作和生活。然而诺贝尔对于世界和平的期望却没有实现，20 世纪上半叶，两次世界大战几乎席卷全球，20 世纪下半叶，美苏冷战把人类推向核战争的边缘。

由于篇幅所限，还有一些有趣的历史难以尽现或展开。当小读者们发现这类有趣却未能展开的地方，不妨合上书本，去图书馆、去博物馆、去浩瀚的现实世界，用自己的探索和思考打开这一部分，形成自己的历史观——如此，这套书的目的就达到了。

目录

主题三 古罗马

主题一

古文明

导言

历史离我们并不遥远。古代文明时时刻刻影响着今天的生活。

“星期”就是一个典型案例。如今它是一种计算日期的方法。一星期共有七天，一个接一个循环往复。那么最初它从何而来呢?

“星期”起源于古巴比伦，古巴比伦是已知最早的人类文明之一。在六千年前的亚洲西部，古巴比伦人仰观天象，发现了七大天体：太阳、月亮、火星、水星、木星、金星和土星。他们相信：七颗星就是七尊神，一位神仙值班一天，七位大神循环一周正好七天。于是，人类每天祭祀不同的神，一个周期就是七天，即一个星期。

在世界各地，古人创造多元的文明。每一种文明都有自己的创新和各自的知识体系，当然，它们之间也相互交流、碰撞并形成新的认知结构。

“星期”也是如此。几千年间，世界各地先后接纳“星期”的概念。其中，既有文明的交流，也有文明的创新。

首先，它从古巴比伦传到古埃及，然后分别传入西方和东方。

在东方，它被称为七曜：日曜日、月曜日、火曜日、水曜日、木曜日、金曜日和土曜日。天上七星，地上七曜。七曜的说法先后传入波斯、印度以及中国。

在西方，它被称为礼拜：礼拜日、礼拜一、礼拜二、礼拜三、礼拜四、礼拜五和礼拜六。《圣经》记载：上帝创造世界，六天制造万物，一天收工休息。因此，礼拜天是祈祷日、休息日。

世界很大，我们都想去看一看。世界很小，整个人类的演化历史就在我们自己身上。

照照镜子，我们可以看到，我们都有聪明的脑袋、灵活的双手以及强壮的双腿。如果把图像放大无数倍，我们就会发现：人体器官是由细胞组成的，细胞的核心是遗传物质基因。基因是一位神秘的设计师，控制着每一个细胞、每一个器官和每一个人的生长。

科学家告诉我们：人类不是神明创造出来的，而是自然界演化的产物。在每一个人的体内，不仅包含了生命起源的证据，还隐藏着人类祖先的印记。

人类的演化与发展

几十亿年以前，地球上出现了最早的生物。生物不断发展演化，形成了各种各样的物种。其中不少古老的生物灭绝了，比如巨大的恐龙；许多新兴的物种出现了，比如机智的人类。古生物的身体变成化石，古生物的基因代代相传。它们都成为寻找生命起源的重要证据。通过比较化石，科学家发现：小到细菌，大到恐龙，各种生物都不断演化以适应自然环境。例如哺乳动物的前肢就根据环境演化出不同的形态，例如蝙蝠的翅膀、鲸的鳍和人的双手。通过研究基因，科学家证明：古代的生物，今天的人类，一些不同的生物继承了共同祖先的基因。人类和黑猩猩有超过 90% 的基因高度相似。人类和灵长类动物源于共同的祖先。

南方古猿“露西”的化石

那么问题来了：人类的祖先是谁？他们出现在什么时候？他们怎样变成了今天的我们？

1974 年，在埃塞俄比亚，科学家发现一具距今 300 万年的女性猿人化石“露西”。研究者认为：露西的手和腿已经出现明显的分工，双腿可以直立行走，双手可以使用工具。露西被科学家归类为南方古猿。南方古猿被认为是人类演化过程中具有重要意义的一个环节。在世界各地，科学家发现多种猿人和智人，可分为早期猿

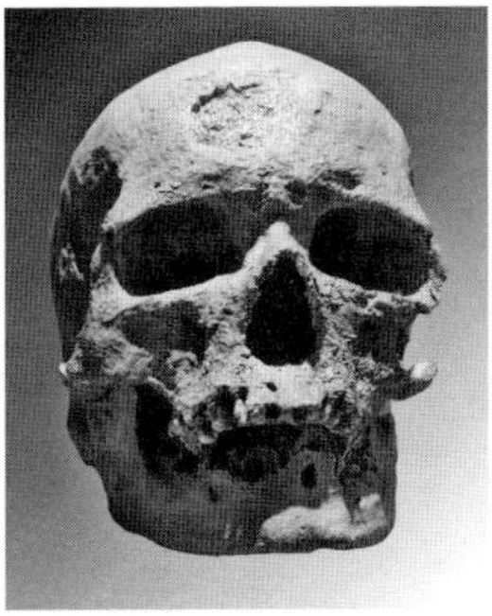
智人头骨化石

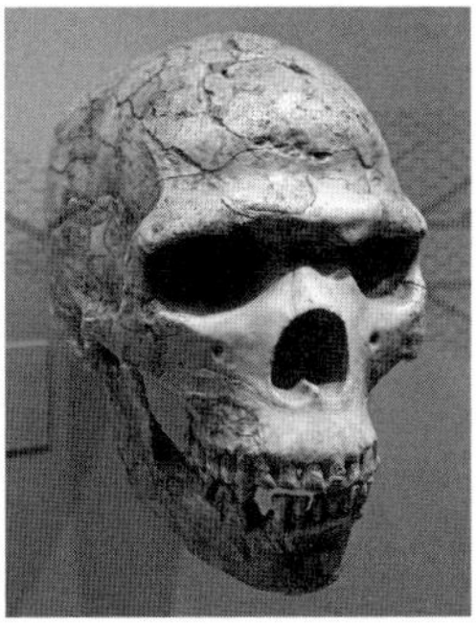
尼安德特人头骨化石

人、晚期猿人，早期智人和晚期智人。其中在中国，著名的有北京猿人（晚期猿人）和山顶洞人（晚期智人）等。

古人类的化石证明了古人类的存在，但是它们无法完全回答猿人和今天的我们的关系。

一些科学家认为：人类起源于四面八方，这种说法被人们称为“多地起源说”。这一派学者相信，世界各地生活着多种远古猿人，比如非洲的南方古猿和中国的北京猿人。这些远古猿人群体分别进化，形成今天全球的人类。

另一些科学家认为：非洲才是人类的故乡，人们把这种观点称为“非洲起源说”。这一派学者主张，20 万年前，非洲的古人类进化成现代人类。5 万年前，现代人走出非洲。非洲以外的古人类都已灭绝，与今天的人类关系较小。

这两种说法相持不下，形成了著名的“人类起源之争”。这一争论直到今天仍然没有结束。如果让你选择，你觉得你

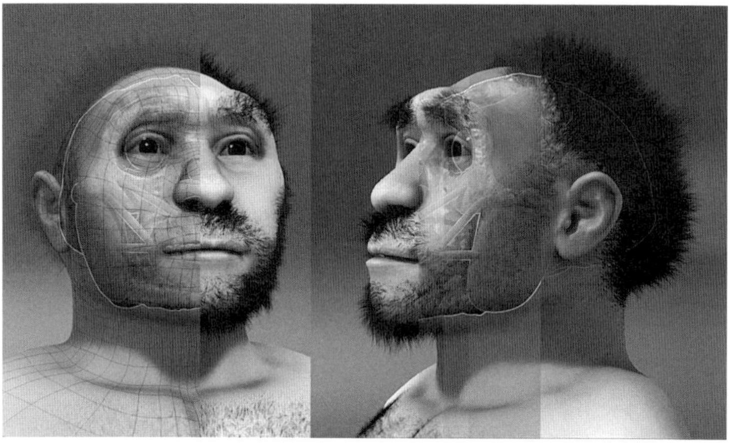

北京猿人复原图

的祖先是“进口”的非洲古人好呢，还是“国产”的北京猿人好呢？

科学家提醒我们，解答人类起源之谜的钥匙仍然隐藏在我们自己身上——遗传基因。2016 年 8 月，中国科学院院士金力教授在上海书展上介绍了人类起源之谜的最新研究成果。近年来，科学家调查了世界各地不同国家几千人的遗传物质。他们发现：各地人类的基因大部分源于非洲；人群基因分化的时间也支持非洲起源的说法。不过，人们也注意到：人类基因中有一部分来自非洲以外的古人类。这就是说在远古时期，世界不同地区的古人类可能曾经在一段时间内相遇并共同生活过。这样的结果让有心的人们会心一笑，想起了一首浪漫的小诗：

你来自云南元谋，

我来自北京周口。

拉着你长满绒毛的手，

轻轻咬上一口。

爱情，让我们直立行走。

当然，围绕人类起源的争论远远没有结束。最新的科学研究将会不断改变人们的见解。不过，无论我们的祖先是来自遥远的非洲草原，还是来自熟悉的北京西郊房山区周口店，人类的演化史都已经刻在我们的基因里，体现在我们的身体中。

今天，随着生活条件的改善，饲养小猫（喵星人）、小狗（汪星人）为宠物者越来越多，他们被戏称为“铲屎官”。猫和狗都是人类的朋友，可是它们性格截然相反：人类在狗眼里是主人，人类在猫眼里是奴才，狗如果伸出爪子，是说：“主人好！”猫如果举起肉掌，是说：“扶朕起来！”为什么猫和狗性格差异如此巨大？答案涉及人类史上一场伟大变革——农业革命。

狩猎采集

十万年前，人类的祖先走出非洲。从此以后，他们过上了幸福的生活——这是不可能的！当时，古人只会用石头制造简单工

位于英国的巨石阵，始于新石器时代晚期

具，考古学家把这一段漫长的历史命名为——石器时代。原始人结成氏族部落，居无定所，四处游荡，男人捕猎野兽，女人采集野果。

法国肖维洞穴壁画

人们在世界各地发现了大量石器时代的岩画。其中较为著名的是法国的肖维洞穴壁画。在黑暗的洞穴深处，古人留下几百幅画作。它们像远古的速写艺术，定格石器时代的生活。画中的野兽虎背熊腰，如同一群移动的肉山。狩猎生活风险巨大，今天人追羊，明天狼追人。

农业革命带来的各种农作物

古埃及农耕墓壁画，
代表了农业革命带来的早期农业技术

人类命运的转折发生在距今大约一万年前。历史学家把这场变革称为农业革命。古人发现一些植物能人工种植，这是最早的农业；许多动物能人工喂养，这是早期畜牧业；人们不再流浪，而是建造房屋，组成村庄，过起定居生活。

农业革命

为什么一万年前的原始人会发明农业和畜牧业？学者对这个问题有五花八门的解释：有人认为农业革命是依靠天时，一万年前，气候变冷，野外食物减少，人类被迫另找活路；有人相信农业革命要感谢地利，水源干涸，大量动物和植物聚集，让古人领悟了农业技术；有人提出更重要的因素是人力，人口增加，食物不足，原始人对食物来源的稳定性需求上升；更玄的是共同演化的理论，表面上人在种田养猪，实际上动植物发生变异。

另一个有意思的问题是：究竟是谁，在什么时间，在什么地点发明了农业和畜牧业呢？在西亚，人们发现 8000 年前的小麦，甚至有人认为约旦河谷是农业革命发生的具体地点。其他重要农牧产品来自世界各地：玉米起源于中美洲、棉花起源于印度、水稻起源于中国。在浙江河姆渡遗址，考古学家发现层层叠叠的稻谷，证明中国人吃饭的历史长达 7000 年左右；辽宁红山文化遗址出土大量“玉猪龙”，显示中国人养猪可能也超过 5000 年。

撇开起源的争论，农业革命产生了深远的影响。适合农耕的大河两岸成为古代文明的摇篮。例如在亚洲西部，两条大河包围一片绿洲，形成月牙形的地区，这里被称为“新月沃野”。一万年前，古人在这片土地上定居、务农，其后，才有金属工具、文字、城市和国家先后出现。新月沃野的文明被称为美索不达米亚文明，它与古埃及文明、古印度文明和中华文明，并称四大古文明。

猫狗双全

那么问题来了：农业革命与汪星人和喵星人之间究竟有什么关系呢？

生物学研究认为：狗是人的老朋友，猫是人的新伙伴。

汪星人是人的老朋友。在农业革命发生前，狗的祖先和人的祖先已经在一起愉快玩耍。2013 年，中国学者张亚平发

古希腊狗头造型的饮水器

古埃及绘画中的猫

表论文指出：大约 3.2 万年前，中国南方的人已经驯化了狗。2015 年，学者通过研究一块 3.5 万年前的狼的肋骨，推测狗的祖先在 3 万—4 万年前已经出现。按照这种观点，当时人类还处在狩猎时代，狗和人可能是在打猎中成为伙伴的。

喵星人是人的新伙伴，在农业革命完成后，猫的祖先和早期农民才一起开始新的生活。考古研究显示：大约 10000 年前，家猫的祖先出现在中东。在古埃及，古人崇拜猫神贝斯特。埃及法律规定：家猫去世，全家人要剃掉眉毛表示哀悼。学者推测，人类刚进入农业时代时，野猫进入谷仓，捕杀老鼠，逐渐成为家猫。

正因为农业革命的影响，祖先不同的生活环境赋予了汪星人和喵星人完全不同的习性。因为狗的祖先是帮助猎人战斗的勇士，所以狗开朗贱萌，对人不离不弃，最爱出门做游戏；而猫的祖先是独自保卫粮仓的大侠，所以猫高冷呆萌，对人爱搭不理，一心在家当宅神。因此，一只宠物的“萌属性”，不但要靠自己的颜值，还离不开大历史的发展。

3 金字塔与古埃及文明

古人云："读万卷书，行万里路。"大约公元前140年，一位古希腊"驴友"用诗的语言写道："我见过巍峨的巴比伦城墙，战车在上面奔驰，还有阿尔非斯的宙斯像、空中花园、太阳神巨像、工程浩大的金字塔、毛索洛斯大墓。当我看见阿尔忒弥斯的宫殿，其他奇迹都黯然失色。"

古人不但和我们一样热爱旅游，而且他们一样热衷于显摆去过很多地方。有意思的是：这篇游记提到了几处古代"旅游景点"，就是后来人们所说的古代文明的几大奇迹——埃及大金字塔、巴比伦空中花园、毛索洛斯墓、宙斯神像、阿尔忒弥斯神殿、太阳神雕像。这些奇迹是早期文明的象征。

斗转星移，物是人非，这些奇迹中只有金字塔还留在世上。目前埃及有几十座金字塔。其中最大的是吉萨高地的大金字塔。大金字塔高146米（现在由于外界各种侵蚀已降到137米），边长230米，使用230万块巨石，每块都重达数吨。后人面对大金字塔总是心生疑问：为什么要造金

大金字塔

字塔？谁建造了金字塔？

人们对金字塔之谜有千奇百怪的猜测。古希腊历史学家记载，是大批奴隶建造了金字塔，十万奴隶为一组，每组工作三个月，几十年建成。近代有人相信巨大的金字塔不是人力所及。有人认为金字塔是外星人藏在地球上的基地。有人主张金字塔是黑科技留在人世间的遗物。不过，随着考古学的研究，人们慢慢揭开了金字塔的神秘面纱。

金字塔的故事要从尼罗河说起。尼罗河是世界第一长河。它穿过大沙漠，流向地中海。尼罗河定期泛滥，当洪水退去以后，留下肥沃的淤泥。就这样，它成为埃及人的母亲河。农民在岸上种植大麦和小麦，加工面包与啤酒。工匠在河边采集和加工纸草，制造纺织品。为了利用尼罗河，埃及人组织起来，修建水渠和堤坝。丰富的物产是金字塔的物质基础。

埃及法老图坦卡蒙的面具

5000 年前，埃及人建立统一的王国。这是一个中央集权的国家，像一个无形的金字塔：埃及的君主称为法老，法老高居社会的顶端，生前统治广大的领土，死后葬在豪华的陵墓；少数的官僚位于社会的中层，负责征收税金；众多的平民构成社会的基石，需要承担劳役。强大的国家是金字塔的组织基础。

此外，埃及人有独特的文化。他们相信：死亡不是生命的结束，死者将在来世复活。因此，埃及人会把法老的尸体

埃及帝王谷，埃及法老的陵墓区

制作成木乃伊，用大量金银财宝陪葬，安葬在奢华的陵墓里。除了法老本人以外，埃及人还会把皇亲国戚、高官富商甚至家庭宠物也做成木乃伊下葬。特殊的信仰是金字塔的精神基础。多数考古证据表明，金字塔就是法老的陵墓。

4500 年前，在为当时的法老设计陵墓时，宰相伊姆荷太普首先发明了金字塔的形式。随着国力的增强，金字塔的规模不断扩大。其中，第四王朝的胡夫家族堪称“造塔狂人”。这一家族第二代法老胡夫、第四代法老哈夫拉和第五代法老孟卡拉分别造了吉萨高地三大金字塔——胡夫金字塔（大金字塔）、哈夫拉金字塔和孟卡拉金字塔。

法老是金字塔的拥有者，官僚是金字塔的设计师，那么

哈夫拉金字塔下的狮身人面像

一砖一瓦建造金字塔的是谁呢？ 1990 年，一位游客在金字塔的附近发现一大片坟墓。这个意外发现成为解开谜题的线索。考古学家认为：墓地的主人参加了金字塔的工程。他们用象形文字在石板上记录工作计划。有趣的现象是：这些人可以请假，一个工人生病请假七天，另一个工人喝醉酒也缺席一天。更多文物显示：很多人在金字塔脚下工作，他们在金字塔的周围安家，甚至有专门的村庄，为工地提供啤酒和面包。学者推断：建造金字塔的不是悲惨的奴隶，而是自由的工人。

虽然谁是金字塔建造者的问题得到了初步的解答，但是

法老拉美西斯二世时期建造的阿布辛贝神庙

还有更多问题继续困扰着后人：大型的石料重达几吨，古人如何“举重若轻”？石与石之间没有胶水，古人怎样“无缝衔接”？除了金字塔以外，古代七大奇迹和更多古代遗迹已经消失或被破坏，其中还藏着更多谜团。这些疑问又引出更深刻的问题：什么是文明？谁创造了文明？文明为什么会出现？

行万里路，才能回到内心深处。2015 年，超过一亿中国人走出国门到世界各地旅行。当我们为世界各地的名胜古迹驻足惊叹时，或许可以留下一些时间，思考一下文明的昨天、今天和明天。

4 《汉谟拉比法典》和美索不达米亚文明

在古代中国戏曲里，黑脸的包公象征执法如山。在现代法庭中，法官的黑袍寓意法律尊严。古往今来，法律是人类社会最基本的行为规范。与此同时，黑色与法律颇有渊源。追根溯源，法律起源于何时何地？古代的法律典籍是什么样子？不知是偶然巧合还是必然规律，一部刻在黑色岩石上的法典成为解开古代法律之谜的钥匙。

1901 年，考古学家在伊朗发现一块石碑。它高达两米，呈圆柱形，材质是黑色玄武岩。在石柱顶部，隐约可见体型巨大的人形浮雕，在碑体四周，依稀可辨密密麻麻的古代文字。学术界认定：这块黑石是世界上已知最古老的成文法典。它被命名为《汉谟拉比法典》，现珍藏在法国巴黎卢浮宫博物馆。通过研究这部法典，

《汉谟拉比法典》石碑

汉谟拉比

人们逐渐揭开了古代法律的面纱。

首先，是什么人，在什么时间、什么地方创造了《汉谟拉比法典》？

石碑顶部的浮雕揭晓了答案：国王以天神的名义颁布了《汉谟拉比法典》。浮雕上，国王汉谟拉比头戴圆形的王冠，站立在左侧；太阳神沙玛什头戴牛角形头饰，端坐在右侧。神明伸出双手，举起戒指和权杖。国王双手合十，接过两件神器。这象征着君权的神圣性。考古研究认为：3700多年以前，巴比伦国王汉谟拉比在美索不达米亚颁布了这部法典。

“美索不达米亚”意思是“河流之间的地方”。底格里斯河和幼发拉底河是西亚的两条大河。两条大河之间的月牙形地带土壤肥沃，适合农耕，人们把它称为新月沃野。6000年以前，古代文明在新月沃野兴起。苏美尔人、阿卡德人和亚述人等古代民族先后建立城邦和王国。两河流域的文明被统称为美索不达米亚文明。他们不仅建造了

表现亚述国王猎杀狮子的浮雕

亚述首都尼尼微遗址

宏伟的尼尼微城，还拥有七大奇迹之一的空中花园。

在新月沃野的历史上，汉谟拉比是一位有所作为的统治者。他是古巴比伦王国的国王。在汉谟拉比统治下，巴比伦的国势鼎盛，军事上统一了两河流域，政治上颁布了《汉谟拉比法典》。汉谟拉比去世以后，王朝兴衰更迭，民族交替兴起。最后，刻有法典的黑石被波斯人夺走，成为陈列在波斯帝国首都的战利品。直到两千年后，黑石被人发现，法典重见天日。

其次，《汉谟拉比法典》有哪些规定？它和今天的法律有哪些相同点和不同点？

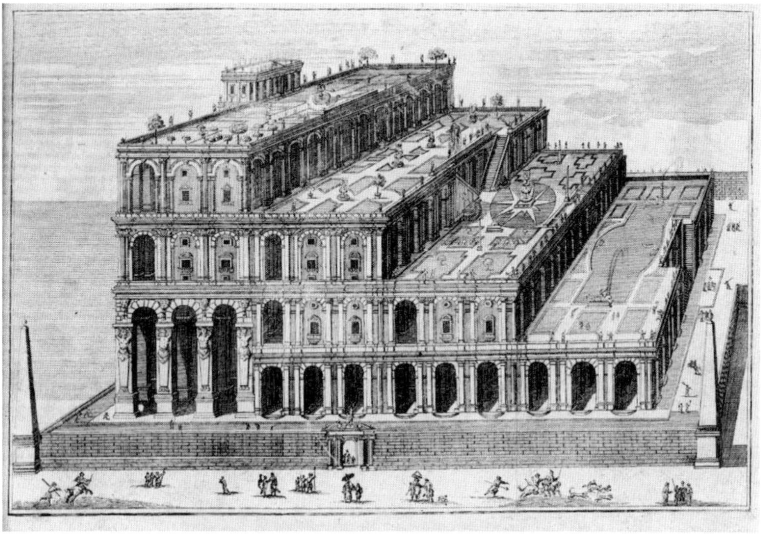

巴比伦国王尼布甲尼撒二世时期的空中花园复原图

《汉谟拉比法典》的内容分为三部分：开头的序言描述汉谟拉比的丰功伟绩和立法目的；正文是近三百条法律条文，其中包括司法程序、刑事犯罪、婚姻家庭以及经济活动等几个方面；结尾的诗歌鼓励后人要遵纪守法。

在形式上，《汉谟拉比法典》与现代法律比较相似，句式规整，措辞严密，句式都是：如果怎样，那么怎样。例如：

如果一头牛过街时顶死了一个自由民，那么无须提起诉讼。

在内容上，《汉谟拉比法典》与现代法律迥然不同。古代人崇尚同态复仇，简单而言，就是以牙还牙，以眼还

巴比伦遗址

眼，例如：

如果一个自由民打落另一自由民的一颗牙齿，那么他的牙齿应该被打落。

随着研究的深入，人们对《汉谟拉比法典》和两河流域古代法律的理解在不断深化。根据考古发现的古代法律文书，人们发现两河流域古人的司法活动远比法典的条文更复杂。其中有些做法与今天十分相似，例如古人收集各种案件的审判案例，整理存档，长期保存。另外一些做法让后人难以理解，例如古人有时进行河神审判，他们把原告和被告同时扔进河里，逃生的胜诉，淹死的败诉。还有人提出这部法典不是法律条文，而是汉谟拉比的政治宣言。国王通过颁布法典，不但制定规章制度，而且教化社会民众，彰显统治者的权力。

最终，《汉谟拉比法典》提醒人们思考法律的本质：什么是法律？如何面对法律？

一方面，法律是社会的基本规范。古往今来，无论古代两河流域，还是现代日常生活，人们都需要法律保障基本公平和正义。因此，古代的法典和现代的法律具有很多共同之处，例如国家制定法律，司法机关执行法律，人人遵守法律。

另一方面，法律又是社会发展的产物。因为社会环境不同，所以法律法规也有所差异。在古代，君主独裁专制，人民无知迷信，因此，古代的法典崇尚同态复仇，进行河神审判。在现代，社会民主法治，公众思想开化，现代的法律遵循罪刑法定，强调程序正义。

5 瑜伽和古印度文明

今天，面对“压力山大”，我们何以解忧？一种异域修炼方式悄然兴起，成为放松身心的好帮手，它就是瑜伽。

在我们的印象中，瑜伽是一种来自古印度的体操。瑜伽高手可以轻松摆出神奇的体态。不过，如果刨根问底：印度古人为什么会发明瑜伽？古代的瑜伽和今天的瑜伽是一回事吗？要解答这些问题，我们就不能不追根溯源，了解古印度文明的历史。

瑜伽的起源和印度的文明史一样古老。

世界屋脊喜马拉雅山是一道天然的屏障。屏障的一边是东亚的中国，另一边是南亚的印度。在南亚大陆上，高山积雪汇成河流，海洋季风带来降雨，印度河与恒河冲刷出肥沃的平原。优越的自然环境是文明兴起的基地。

距今四千年前，印度河两岸出现早期城市——摩亨佐·达罗和哈拉帕。在城市的遗址，人们挖掘出鳞次栉比的建筑、做工精美的器物和刻满文字的印章。城市人口可能达到几万。这些古城被认为是古印

哈拉帕古城遗址

度文明的曙光。

在当时的印章中，人们惊喜地找到了瑜伽的踪迹。其中一枚印章中刻着一位修长的人物。他盘腿而坐，双臂抱膝，这是经典的瑜伽姿势。有人猜测这个人就是印度教的主神湿婆。人们相信这可能是瑜伽的雏形。

哈拉帕陶俑

在古代，瑜伽不但是一种身体上的锻炼，而且是一种精神上的修行。当然，除了瑜伽以外，古印度也是佛教的起源地。佛祖释迦牟尼是古印度迦毗罗卫国的王子。

约三千年前，雅利安人进入印度，与当地民族融合，使用梵文书写宗教典籍——《吠陀》。根据《吠陀》的记载，雅利安人在印度建立独特的种姓制度，全社会被分为四个不平等的种姓：神的嘴化作婆罗门，他们是僧侣，掌握神权；神的手生出刹帝利，他们是武士，掌握军权；神的腿变成吠舍，他们是农民、工匠和商人；神的脚成为首陀罗，永远遭受奴役。

在吠陀时代，瑜伽逐渐发展成形。在梵文中，“瑜伽”

释迦牟尼像

桑奇佛塔

的意思是“上轭”，引申为控制。许多印度古书提到了各种各样的瑜伽，其中很多传统延续至今。

在《吠陀》和《奥义书》中，瑜伽修炼者是一群苦行僧，他们赤身裸体，清心寡欲，隐居山林，身体能够保持奇特的姿态纹丝不动，精神可以脱离尘世的束缚超然物外。

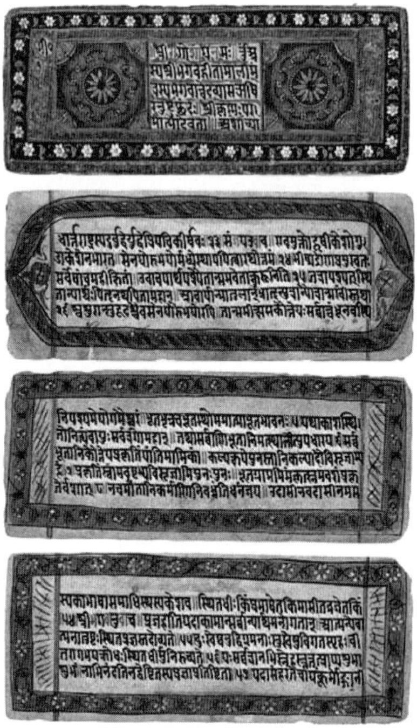

《薄伽梵歌》手稿

在《薄伽梵歌》中，瑜伽被划分为三种类型：智瑜伽是通过苦思冥想，参透万物本源；业瑜伽是遵循种姓义务，履行个人职责；信瑜伽是虔诚信仰神明，与神融为一体。

《瑜伽经》把瑜伽归纳为八支：制戒、遵行、体位、调息、制感、专注、禅那和三摩地。初级境界是控制身体，中级境界是驾驭感官，高级境界是神游太虚。

在现代，瑜伽既是印度文化的一张名片，也是世界各国共享的一笔财富。

在瑜伽的发源地印度，印度人民把瑜伽视为“国粹”。

瑜伽练习者

全国上下齐心协力推广瑜伽文化。2015 年 6 月 21 日，印度总理莫迪亲自出马练习瑜伽，三万多民众齐聚首都街头集体修炼。这场活动创造了最多人同做瑜伽的吉尼斯世界纪录，并且实时向全世界进行了视频直播。参加者不仅包括男性和女性、成人和儿童、高官和平民，甚至军队也集体加入了瑜伽行列，在印度海军“维拉特号”航母上，水兵们也聚集在飞行甲板上打坐冥想。

在世界各地，瑜伽吸引了越来越多的关注。20 世纪，瑜伽传入西方并且迅速受到欢迎。练习的方式也不断推陈出新，比如高温瑜伽、常温瑜伽、情侣瑜伽、孕妇瑜伽和亲子瑜伽，甚至出现了以大笑为内容的爱笑瑜伽。联合国把每年 6 月 21 日定为国际瑜伽日，标志着瑜伽“走出印度，走向全球”的进程又迈出了新的一步。

最后，瑜伽的故事向我们提出了一个问题：为什么瑜伽能够长盛不衰成为印度国粹？

回答这个问题需要跨越国界的视野。学者梁漱溟对西方、中国和印度进行过一番比较。根据他的看法，西方文化“向前要求”，中国文化“调和持中”，只有印度文化“反身向后”。瑜伽既完美契合了印度民族关注内在灵魂的基本特征，也恰好弥补了现代生活追求外物的弊病。

6 真假大卫和古犹太人

古巴比伦、古埃及、古印度和古代中国并称四大文明古国。此外，全球还有许多古老的民族，他们也缔造了灿烂的文明。犹太人就是其中之一。说到犹太历史，不能不提到一件艺术趣闻：世界上有两座雕塑杰作，造型截然不同，主角却是同一个人——犹太英雄大卫王。

其中一座大卫像出自多那太罗之手。这座雕像由青铜铸造，高 1.58 米，小巧玲珑。大卫长发披肩，面露微笑，身材瘦小，动作柔和，好像一个青春年少、人见人爱的美少年。他低头沉思，左手叉腰，右手持剑，显得稚气未脱。

另一座大卫像出自米开朗琪罗之手。这座塑像由大理石雕成，高 5.5 米，气势雄壮。大卫一袭短发，神态肃穆，肌肉发达，充满力量，仿佛一个孔武有力、英姿勃发的真勇士。他昂首挺胸，身背弹弓，眺望远方，充满阳刚之气。

疑问由此而生：美少年和真勇士，哪个才是真大卫？

回答这一问题，就要了解大卫王的事

多那太罗的大卫像（局部）

米开朗琪罗的大卫像（局部）

迹和犹太人的历史。

犹太人是一个有三千多年历史的古老民族。起初他们聚居在中东，后来散居世界各地。犹太人说希伯来语，信仰犹太教。犹太教是一神教信仰，希伯来《圣经》是犹太教典籍。其中，宗教信条和犹太历史相互交织构成众多家喻户晓的故事，比如《诺亚方舟》和《出埃及记》。

大卫是《圣经》浓墨重彩描绘的犹太英雄之一。其中最脍炙人口的事迹是大卫战胜歌利亚。当时，犹太人与非利士人开战。歌利亚是非利士勇士。他身高三米，身披重甲，无人能敌。大卫是犹太人中平凡的放羊娃。他自告奋勇挑战巨人。战斗结果出人意料：

大卫迎战歌利亚

位于耶路撒冷的大卫城遗址

> 非利士人起身，迎着大卫前来，大卫急忙迎着非利士人，往战场跑去。大卫用手从囊中掏出一块石子来，用机弦甩去，打中非利士人的额，石子进入额内，他就扑倒，面伏于地。这样，大卫用机弦甩石，胜了那非利士人，打死他。大卫手中却没有刀。

牧童战胜了巨人，犹太人打败了异族。大卫建功立业，定都耶路撒冷，成为一代君王。在大卫和所罗门父子两代的统治下，犹太人的国家——以色列王国如日中天。

在现代的研究中，学者既尊重希伯来《圣经》的文献记载，也探索有关大卫王的考古证据。人们在古代铭文中找到了大卫的姓名，因此，大卫可能确有其人，活动于公元前

10 世纪。不过，人们没有发现同时代关于大卫的军事、生活方面的更多证据。

犹太人多灾多难，大卫的功业只是昙花一现：

公元前 935 年，以色列王国分裂为南、北两国。此后，犹太人的王国逐渐衰落。

公元前 586 年，新巴比伦王国攻破耶路撒冷，大批犹太人被俘，史称“巴比伦之囚”。

公元 135 年，犹太人的起义被罗马帝国镇压，犹太人失去家园，史称“大流散事件”。

虽然外来的打击接踵而至，但是犹太民族没有就此沉

巴比伦之囚

耶路撒冷

沦，像其他许多古文明一样消亡。犹太人不但繁衍生息延续至今，而且把本民族的思想文化、风俗习惯和宗教信仰代代相传，其中的代表无疑是希伯来《圣经》，当然也包括大卫王的传奇。

在此基础上，我们可以反观艺术作品中的大卫王：到底是美少年，还是真勇士呢?《撒母耳记》描写大卫的容貌：面色光红，双目清秀，容貌俊美。美少年大卫能自圆其说。《撒母耳记》记述大卫的勇武：手中拿着抛石的机弦。可见另一座雕像也不是凭空臆造的。两位雕塑家兼顾文献记载和艺术想象，创作了名垂青史的大卫形象。

在更深层次上，两座造型不同的大卫像实际上存在很多的共同点：

在文化史方面，两个大卫像都源于犹太文化对世界文化的影响。犹太教和基督教之间，希伯来《圣经》和基督宗教教义之间，都存在紧密的关系。大卫打败歌利亚象征着以弱胜强。这是犹太人传承的记忆，也是全世界共享的典故。

在艺术史方面，两座大卫像有更多的契合之处。二者都是诞生于文艺复兴时期的艺术革新，都收藏在艺术之都佛罗伦萨，而且二者殊途同归，通过雕刻人类身体，表达人文主义思想：多那太罗侧重“柔”，大卫化身少年；米开朗琪罗侧重“刚”，大卫化身勇士。

7

车轮滚滚

战车上的全球史

车辆是历史悠久、跨越国界的发明，车轮是车辆不可或缺的部件。中国古代有许多关于它们的成语，例如“闭门造车，出门合辙”。西方也有不少涉及它们的俗语，例如“不要重复发明轮子”。

轮是一种圆形的工具。它把滑动摩擦变成滚动摩擦，从而大幅提高车的运载效率。除了轮以外，还有一系列车字旁的汉字呈现了古代车辆其他部位的构造：舆是车厢，轴是连接车轮的横木，辕是牵引车辆的直木……车辆兼具行驶功能和运载功能，滚滚车轮既推动了文明发展，也见证

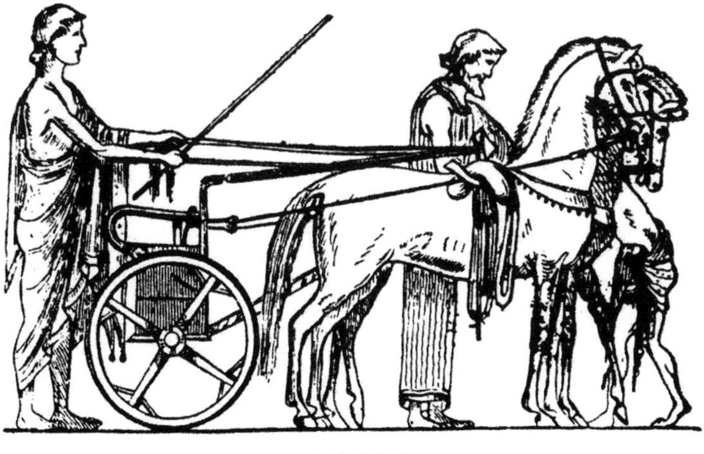

古希腊赛车

亚述战车

了历史风云。

考古学家发现，新石器时代晚期，在亚洲和欧洲等地，古人几乎同时发明了车辆。世界各地的车辆既有不谋而合的共性，也有迥然不同的特点，成为一部滚动的全球史。

在形形色色的车辆中，战车技术最先进，相关史料最翔实，堪称车辆历史的精华。古人如何化车辆为武器？各种古代战车有哪些异同？战车见证了哪些重大事件？

古人一发明车辆，就投入到战场中。随着对战车的要求越来越高，车轮的改进也越来越重要。

研究表明，公元前4000年前后，两河流域的苏美尔人发明四轮战车和两轮战车并迅速投入前线。最初，战车有四个车轮，由四头驴拉动，车上有两名士兵，分别负责驾驭马匹和持矛战斗。随后，苏美尔人打造出了两轮战车，车轮数量的减少使战车的尺寸缩小，转向更加灵活。这两种苏美尔战车的共性是：高速行驶时，整体气势如虹，打压对方士气；杀入敌阵后，车兵居高临下，大量杀伤步兵。二者的差异在于四轮战车注重防御，两轮战车强调机动。

此后，各区域纷纷发展出自己的战车，早期战车大致可分为轻型战车和重型战车。

轻型战车以古埃及的战车为代表。古埃及战车车轮靠后，车厢低矮，防护措施相对简陋。在实战中，轻型战车由

古埃及战车

两匹战马拉动。时速逼近 40 千米，按照当时的标准，堪称风驰电掣。轻型战车的两名乘员主要是弓箭手，发挥轻便灵活的优势，包抄或袭扰敌人侧后。

重型战车以赫梯人的战车为典型。赫梯战车车轮中置，车厢高大，每辆运载三名士兵。在战斗中，重型战车充当移动的堡垒，引导己方步兵正面冲击敌军，气势可谓排山倒海。重型战车的三名乘员分别使用长矛、弓箭和盾牌。

除了苏美尔人、埃及人和赫梯人以外，其他文明古国也不约而同地建立战车军团：在古代印度，吠陀史诗称战车是神明的座驾，他们驾驶豪华的战车在天地间往来穿梭；在古代中国，儒家经典认为，战车体现一国的国力，拥有万辆战车是战国时代霸主的标配；在古代波斯，人们把武器安装在

秦始皇陵铜车马

古波斯刀轮战车

车轮上，成为希波战争当中著名的“刀轮战车”。

战车是技术进步的标志，因为无论轻型战车还是重型战车，制造和保养都代价不菲。一方面，车体的制造需要掌握复杂的技术；另一方面，车队的作战也需要饲养大量的马匹。只有强国才能拥有庞大的战车军团。在中东，古埃及和赫梯实力最强，各自坐拥数千辆战车。战车见证了人类有历史记载以来的第一次大规模会战——卡迭石战役。

约公元前1300年，在卡迭石城下，为了争夺今叙利亚地区的霸权，埃及与赫梯一决雌雄。根据记载，双方投入的战车总数达到5000—6000辆，可见战争规模之大，双方国力之强。开战之初，埃及法老孤军深入，杀到卡迭石城下。赫梯出动重型战车，一举击溃埃及军队，法老身陷重围。在

卡迭石之战

此危急关头，埃及轻型战车及时赶到，包抄对手后路，逼迫赫梯人撤退。最终战至傍晚，两军各自退兵。公元前 1284 年，埃及法老与赫梯帝国签订和平条约，这是有文字记载以来最早的国际条约。

当然，古代战车也存在缺陷：因为车轮是用木材制造的，因此车辆在复杂的地形寸步难行。于是，随着时间的推移，骑兵地位日益上升，战车作用不断下降，战车逐渐淡出古代战场的中心。直到近代，钢筋铁骨的战车再次崛起，才压倒战马和骑兵的血肉之躯，重新成为战场的主宰。

8 破解文明密码

什么是文明？我们对古文明的知识从何而来？

古往今来，学者对文明有多种定义。简单而言，文明是指社会发展到比较先进的状态。文明的标志包括文字、城市、国家和金属工具等。美国学者摩尔根是研究古代社会的先驱，他把社会分为三个阶段：蒙昧时代、野蛮时代和文明时代。他强调文明的起点是——文字记录及其制作。

学术研究是现代人对古文明知识的主要来源，历史学和考古学是其中的两个重要学科。相对而言，历史学家更加关注研究古代文本，考古学家比较注重调查古代实物。近代以来，学术界又提出了二重证据法——取地下之实物与纸上之遗文互相释证。

文字既是社会走向文明的标志，也是后人研究古文明的证据。古文字堪称文明的密码。那么，三大古文明使用什么文字呢？人们如何破解这些有字天书呢？

圣书字和罗塞塔石碑

公元前 4000 年前后，古埃及人开始书写圣书字。

古埃及圣书字

在尼罗河边，古埃及人就地取材。他们把芦苇的杆做成笔，把芦苇的灰做成墨。此外，纸莎草是重要的材料。人们收集纸莎草的茎，剥去外皮，切成薄片，泡水晒干，织成平面，做成莎草纸。

圣书字包括表形符号、表意符号和表音符号。随着时间推移，埃及文字逐渐化繁为简。早期圣书字类似具体图形，称为碑铭体。晚期圣书字变为抽象符号，分成祭司体和民书体。僧侣用比较复杂的祭司体抄写经书，官员用比较简单的

在圣书体象形文字基础上形成的腓尼基字母，它们影响了古希腊字母

ΑΒΓΔΕΖΗΘΙΚΛΜΝ

Ξ Ο Π Ρ Σ Τ Υ Φ Χ Ψ Ω

α β γ δ ε ζ η θ ι κ λ μ ν

ξ ο π ρ ς σ τ υ φ χ ψ ω

古希腊字母

民书体记录公文。

埃及文明衰落后，圣书字随之失传。直到两百多年前，它才重见天日。

1799年，法国人在埃及罗塞塔挖掘出一块古代石碑。这块玄武岩被称为罗塞塔石碑。碑文内容是埃及托勒密王朝献给国王的颂德文告，包括三种不同的文字：古埃及象形文字、俗体文和古希腊文。由于自带三语翻译的功能，罗塞塔石碑成为破译圣书字的钥匙。

1802年，英国人把罗塞塔石碑收藏在大英博物馆。学术界花费几十年时间解读碑文。1819年，英国学者托马斯·杨成功识别出人名。1822年，法国学者商博良成功破译了全文。在此基础上，学术界形成研究古埃及的专门学科——埃及学。

楔形文字和泥板图书馆

约公元前3000年，苏美尔人开始书写楔形文字。

在两河流域，苏美尔人同样就地取材。他们用木棍在泥板上刻字。泥板有特殊的优点：湿润的泥板表面柔软，可以写字，泥板晒干以后质地坚硬，方便保存。

因为这种文字写在泥板上，所以落笔处笔画宽，提笔处笔画窄，形状类似木楔，因此，这种文字被称为楔形文字。楔形文字也是象形文字，也具备表形、表意和表音符号。

在中东，楔形文字成为国际通用文字。阿卡德人、亚述人、巴比伦人和波斯人都使用过楔形文字。

相比意外现身的罗塞塔石碑，破译楔形文字的契机是一

两河流域楔形文字

系列大规模考古研究。

1845 年，英国考古学家莱亚德前往伊拉克，对亚述帝国都城的遗址展开了考古发掘。在尼尼微，莱亚德发现亚述巴尼拔图书馆，出土 3 万多块楔形文字泥板。

此后，人们在中东发现许多泥板图书馆。大量楔形文字泥板流入西方各大博物馆，例如英国大英博物馆、法国卢浮宫和德国近东博物馆。大英博物馆就藏有大量泥板。

19 世纪中叶以来，由于大量古代文书的发现，楔形文字被迅速成功破译。鉴于亚述考古的贡献，人们把围绕古代两河流域的研究统称为亚述学。

神秘的印章文字

公元前 2000 年，古印度出现了一种神秘的文字：印章文字。

古印度印章文字

1873 年，英国探险家在北印度发现一件石器。石器上既有牛的图案，也有抽象符号。20 世纪，在印度河流域古城遗址的挖掘中，考古学家又发现大量带有相似符号的文物。

这些符号出现在石器、陶器或象牙印章上，所以这种文

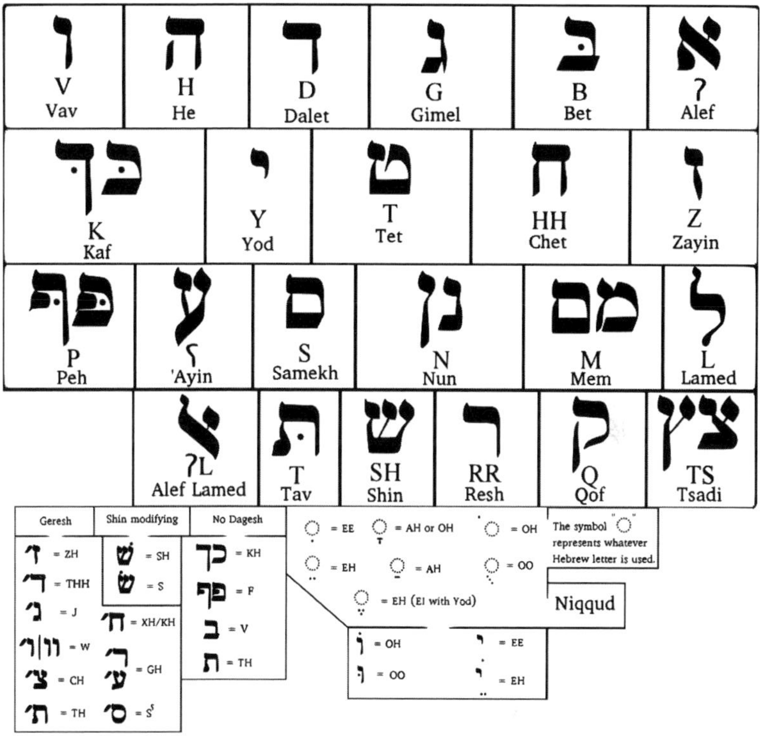

希伯来字母，它们的形成也受到腓尼基字母的影响

字被称为印章文字。迄今为止，印章总共出土了数千枚，不同的字符共计四五百个，另有公牛和大象等各种图案。

通常认为：印章文字是古印度最早的文字。不过，学术界多种意见共存，互相争论不休，至今尚未成功解读它的含义。

各地语言学者相信：印章文字是达罗毗荼语系的分

支。达罗毗荼人创造了古印度文明，后来他们被雅利安人征服。

许多印度学者主张：印章文字是古代梵文的雏形，因此古印度和现代印度一脉相承。他们都是说梵语的民族。

另有一些专家提出：印章文字受到外来的影响。一些美国学者用计算机分析印章文字，结论让人脑洞大开：印章文字和楔形文字结构相似。

中国商代甲骨文

主题二

古希腊

导言

数学堪称一门叫人又恨又爱的学科。数学难题让人想破脑袋；数学奥秘令人心驰神往。两千年前，为数学大厦奠定基础的正是古希腊数学家。

大约公元前300年，古希腊数学家欧几里得撰写了《几何原本》。其中的主要内容包括：5条公理、5条定理、23个定义和48个命题。

《几何原本》中，屈指可数的几条定理推演出千变万化的大量命题。人们揭示出几何图形的性质，从点到线，从线到面……

自此以后，《几何原本》成为全世界儿童学习数学的启蒙教材，无数青史留名的科学大师，包括伽利略、牛顿和爱因斯坦，都是从《几何原本》出发走进科学研究的世界的。

1 特洛伊木马

传奇背后的古希腊文明起源

在互联网时代，木马病毒是无数网民的噩梦。它无孔不入，既能侵入电脑，又能潜入手机；它无恶不作，轻则窃取信息，重则瘫痪网络。在一般人眼里，“木马”是网络时代的新生事物，不过，只要对古希腊文化有所了解，我们就会发现：木马来自历史悠久的古代传说。而且，木马的故事与希腊文明乃至整个西方文化的起源息息相关。

木马的传说出自一本奇书——《荷马史诗》。相传荷马是一位三千年前的古希腊诗人。他双目失明，但是才华横溢。他把希腊英雄的事迹写成诗歌《伊利亚特》和《奥德赛》。在希腊乃至整个西方，两部长诗脍炙人口，家喻户晓。后人把两部作品合称为《荷马史诗》。史诗的主要情节是一场交织着刀光剑影和阴谋诡计的上古大战——特洛伊战争。

诗人荷马

特洛伊城邦的王

《伊利亚特》抄本页面

子、美少年帕里斯拐走了斯巴达城邦的王后——世界上最美的女人海伦。为了报复特洛伊人，希腊城邦的国王和英雄集结大军，制造战舰，渡过大海，围攻特洛伊。可是特洛伊的城池固若金汤，希腊大军久攻不下。双方苦战整整十年，两边都是死伤无数。激战中双方的英雄生死对决，希腊英雄阿喀琉斯几乎刀枪不入，特洛伊勇士赫克托尔骁勇善战。经过惨烈的厮杀，阿喀琉斯杀死赫克托尔，而自己唯一的弱点脚踝也中箭了，两人先后命丧战场。最后，希腊人设下计谋，佯装败退，留下巨大的木马，守城者不知有诈，把木马迎进城内。夜深人静时，躲在木马腹中的希腊武士突然袭击，坚不可摧的特洛伊城终于陷落。

因为木马屠城的故事充满戏剧冲突，所以特洛伊木马在

阿喀琉斯与彭忒西勒亚

公元前 7 世纪表现特洛伊木马的作品

西方成为阴谋诡计的代名词。几千年以后，当代人复活了木马的概念，特指通过伪装侵入电脑系统进行偷袭的恶意程序。除了木马外，荷马的史诗还为古代希腊和后世西方世界贡献了数量众多、广为人知的典故：战争中，阿喀琉斯几乎刀枪不入却死于脚踝中箭，于是，后人用“阿喀琉斯之踵”表示致命的弱点；战争后，希腊英雄奥德修斯排除万难重返家园，于是，困难重重的道路被称为“奥德赛”。

虽然《荷马史诗》的文学价值令人称道，但是特洛伊战争的真实性自古以来争论不断：特洛伊究竟在哪里？希腊英雄确有其人吗？荷马歌颂的特洛伊战争是否可信？古代人相信木马屠城是真实的历史；近代人认为《荷马史诗》是虚构的神话，特洛伊之战是无稽之谈。

谢里曼

后来，一位荷马的粉丝横空出世。他的意外发现逆转了《荷马史诗》纯属虚构的说法。这位奇人名叫谢里曼。他从小就对古希腊文化感兴趣，长大后发家致富，热衷于考古探宝。1871 年，谢里曼来到土耳其寻找特洛伊城，为了寻找地下的宝藏，他不惜爆破地面的古迹。1873 年，谢里曼如愿以偿发现大量古文物，包括一系列做工精美、价值连城的黄金工艺品。谢里曼坚信自己找到了特洛伊城，用古代国王的名字把这些文物称为“普里阿摩斯的财宝”。

现代学者在谢里曼认定的区域继续研究。他们前后相继清理出一系列的古代城市遗址。这些古代都市的存在时间最早能够追溯到公元前 17 世纪，最晚可以延续到公元前 1 世纪。在大约公元前 1300—前 1200 年的城市遗址中，学者们识别出许多破坏和焚烧的痕迹。因此，考古学家推断：谢里曼发现的遗址确实可能是史诗中上演木马屠城悲剧的特洛伊城。

根据当代的学术观点，《荷马史诗》描述的时代可能是

特洛伊城遗址

古希腊文明早期的迈锡尼文明。当时确实发生了残酷的攻城战，但是原因可能不是浪漫的争夺美女，而是现实的政治斗争。《荷马史诗》既包括艺术想象，比如命运的捉弄、神明的法术以及英雄的壮举；也包含历史背景，例如繁荣的城邦、强大的船队以及精良的技术。宏观而言，古希腊文明是“海洋文明”。它兴起于地中海之滨。这里海岸漫长，岛屿众多，适合航海。在经济上，希腊人四处移民，精通贸易；在政治上，古希腊城邦林立，小国寡民。

虽然现代学术研究揭示了特洛伊城的可能位置，但是特洛伊木马本身依然是未解之谜。它是希腊工匠打造的攻城利器吗？还是艺术大师想象的神奇道具呢？解开这些问题的线索，既潜伏在荷马推敲过的诗句中，也深藏在谢里曼挖掘过的遗址里，等待后人不断探索。

每年的初冬，魔都上海市民都会迎来一个全民参与的体育节日——上海国际马拉松赛。2016年，上海马拉松的参赛人数达到38000人，其中有专业的选手，而更多的是普通市民。从“程序猿”，到“小清新”，从老大妈，到小学生，全体参赛者不分性别、年龄和职业，一起从外滩起跑，经过南京路、南浦大桥和龙华古寺等上海地标，到达终点上海体育场。

在上海以外，世界各大城市纷纷举办马拉松赛事，长跑运动的流行成为一种全球性趋势。在国内，北京马拉松、上海马拉松、厦门马拉松和大连马拉松被并称为四大马拉松；在国外，最著名的马拉松赛事是六大马拉松：纽约马拉松、伦敦马拉松、柏林马拉松、东京马拉松、波士顿马拉松和芝加哥马拉松。

马拉松是考验人类耐力的长跑运动。赛程是42.195千米，相当于从五角场至徐家汇往返距离。马拉松又是一项特殊的运动，多数赛跑以距离命名，赛程是十的整数倍，例如100米短跑，只有马拉松的名称和长度与众不同。马拉松运动从何而来？为什么赛程会这么远？为什么马拉松运动影响如此巨大？这些问题的答案都与古希腊历史密不可分。

现代马拉松运动起源于一个悲壮的古希腊传说。

马拉松是古代地名。那里是一片海边的平原，位于希腊半岛一角。公元前 490 年，马拉松成为希腊人和波斯人一决雌雄的战场。当时波斯帝国大举扩张，大军兵临雅典城下，雅典城邦不甘示弱，坚守马拉松平原。虽然波斯人数量占有优势，但是希腊人出奇制胜。最终，以雅典人为首的希腊军队以少胜多，这场交锋被后人称为马拉松战役。

雅典卫城遗址

马拉松大捷后，信使（传令兵）报捷

根据古代学者普鲁塔克的记载，马拉松大捷后，希腊人派一名信使返回雅典传递捷报。传说这位长跑健将名叫菲迪皮德斯。他从马拉松战场出发，狂奔 40 千米，赶到雅典城下。面对惊魂未定的市民，精疲力竭的传令兵拼尽最后一丝力量喊道：“欢呼吧！我们胜利了！”民众顿时陷入狂欢。信使本人却因体力不支，献出了自己的生命。

19 世纪末，现代奥运会之父顾拜旦先生偶然地了解到马拉松之战中菲迪皮德斯的传说。经商议，人们决定在奥运会比赛中设立一个新的长跑项目——马拉松，以此纪念不辱使命的希腊信使。1896 年，马拉松在首届现代奥运会中正式登场。比赛起点在马拉松战场，终点在雅典城，选手按照古人的路线赛跑 40 千米。1924 年，巴黎奥运会把赛程定为 42.195 千米。

雅典卫城中的帕特农神庙

从此以后，马拉松的名称和规则沿用至今。现在，全球每年举办八百多场马拉松。人们对马拉松的热爱既源于体育运动本身的魅力，也来自古雅典城邦和希腊文化的影响。

在马拉松故事中，雅典城是信使的目的地；在马拉松战役中，雅典人是战役的胜利者。在古希腊城邦中，雅典具有最高的知名度。为什么雅典能在历史上写下浓墨重彩的一笔呢？简单而言，雅典城邦有两位“先生”，一位“德先生”和一位“赛先生”。

“德先生”是民主制度——“Democracy”。近代中国学者把“民主”诙谐地翻译成“德先生”。在鼎盛时期的雅典，公民是城邦的主人，行使选举权和被选举权，履行纳税和当

雅典政治家听取苏格拉底的教诲

兵的义务。公民大会是城邦最高权力机关，全体成年男性居民组成公民大会，投票决定重大政策方针。虽然以当代的标准来看，雅典的民主名不副实，女性、奴隶和外邦人的参政权力都被剥夺，但是西方社会普遍认为，雅典的制度意义深远，它是现代西方民主政治的雏形。

“赛先生”是科学观念——“Science”。在古典时代，雅典城邦涌现出一批思想大师。虽然他们没有发明现代的科学与观念，但是他们为后世的学术研究和理论探索奠定了基础。哲学家苏格拉底自诩为“精神的助产士”，他主张“美

苏格拉底

柏拉图

德即知识”；他的学生柏拉图认为，“尊重人不该胜于尊重真理”；柏拉图的学生亚里士多德又说：“吾爱吾师，吾更爱真理。”对于知识和真理的不懈追求，被后世视为雅典先贤留给思想史的珍贵遗产。

因为政治制度和思想观念上的巨大成就，古代雅典城邦在古希腊历史上占据重要地位。马拉松战役避免了雅典遭到攻陷，所以它得到后人的高度评价，被誉为“欧洲出生的啼哭”。

同样，古雅典城邦和古希腊文化的重大影响，成为近代西方人创造马拉松运动的动机。随着现代的全球化进程，具有深厚西方古典文化渊源的马拉松运动被推广到全球。

在三千年前的古代希腊，斯巴达毫无疑问是当时希腊人公认的战斗城邦。不过，在青史留名的征战中，斯巴达人最为后人津津乐道的一场战役恰恰是一场全军覆没的惨败。这是一场怎样的战役？为什么失败的斯巴达人反而被后人铭记？

这场战役就是发生在公元前480年的希波战争中的温泉关之战。在西方史学名著《历史》中，古希腊历史学家希罗多德对这场战役进行了详细的记载。

公元前480年，希腊和波斯之间的战争日益白热化。波斯大军攻入希腊。希腊城邦奋起反抗。交战双方在温泉关狭路相逢。温泉关地势凶险，一边是波涛汹涌的大海，一边是壁立千仞的悬崖。希罗多德记载：波斯人有陆军一百七十万人，海军五十万人；希腊人只有三百名斯巴达人和七千名希腊联军。

历史学家希罗多德

三百对抗百万。这

温泉关战役

希腊士兵与波斯士兵搏斗

是一场力量极为悬殊的交锋。不过，斯巴达三百勇士既没有退缩，更没有投降。根据希罗多德记载，血战持续了整整三天：第一天，波斯大军进攻，斯巴达人坚守，波斯人败退。第二天，波斯人投入更多兵力，斯巴达人继续坚守，波斯人无功而返。第三天，波斯人包抄后路，三百勇士宁死不屈，全部战死。

在以卵击石的劣势下，三百勇士力抗波斯百万大军，堪称战士的典范。在腹背受敌的绝境中，斯巴达人以死报国，具有可敬的精神。因此，这场失败反而成为斯巴达战斗城邦的象征。

古代的历史著作记录

了这场战役的整体过程，而后世的文艺作品也演绎了这场血战的具体细节。2007 年，导演扎克·施耐德拍摄电影《斯巴达三百勇士》，再次把温泉关之战推向人们的视野。在电影里，斯巴达勇士肌肉发达，武艺高强，他们赤膊上阵，如入无人之境，打得敌人满地找牙。这部电影给观众带来剧烈的视觉冲击，斯巴达一度成为网络的热点。

对历史学家来说，问题在于古代文献的记载和现代电影的描述，是否符合历史的本来面目——为什么斯巴达的战士骁勇善战？温泉关之战的历史真相是什么？当代学术界的基本观点认为，斯巴达成为战斗城邦，三百勇士在温泉关一战成名，主要是因为特殊的制度、文化、技术和战术：

在制度的方面，斯巴达城邦奉行寡头政治，权力更加集中，不同于雅典的古代民主政治。斯巴达由两名国王联合执政。在和平时期，国王主持祭祀；在战争时期，一位国王出征，另一位国王留守。贵族组成长老会议，负责司法审判。男性公民组成公民大会，表决重大事项。这种体制等级森严。贵族获得更多权力。整个城邦如同一个大型兵营。

在文化的方面，斯巴达社会极端崇尚武力。每一个斯巴达人的一生，都与战争结下不解之缘：出生时，斯巴达人直接抛弃身体瘦弱的婴儿；七岁时，斯巴达儿童必须离开家

古希腊重装步兵

率领三百勇士的斯巴达国王列奥尼达

庭，开始集体生活；十二岁，斯巴达少年开始接受军事训练，例如拳击、搏斗以及剑术，目标是成为一名合格的士兵；二十岁，斯巴达人正式成年，成年公民既享受公民权利，也要履行战士义务。

在技术方面，斯巴达武士装备精良。斯巴达地区盛产矿物，因此，当地古人善于制造青铜器。综合文献史料和考古发现，人们推测：在希波战争时期，斯巴达人以装备青铜器的重装步兵为主。就武器而言，斯巴达军人一手持两米的长矛进攻，一手持青铜镶边木盾防御，随身携带青铜佩剑。就盔甲而言，斯巴达武士头戴青铜头盔，身披青铜护甲，腿缠青铜护胫。

在战术方面，斯巴达军队训练有素。战斗中他们排成队列，结成方阵，右手持矛，左手扛盾。对每个士兵而言，盾牌是个人与集体间的纽带，不但保护着自己的左侧，而且掩护着同伴的右侧。对整个军团而言，全军需要整齐划一，有进无退，无数盾牌组成巨大盾墙，无数长矛形成凶猛冲击。这种重装步兵方阵被称为“多里安重步兵方阵”。散兵游勇面对方阵根本不堪一击。

斯巴达遗址

制度、文化、装备和训练共同塑造了斯巴达人强悍的战斗力。三百勇士的神勇不是凭空捏造，不过，同样值得注意的是温泉关之战也有人为夸大的成分：根据文献史料，双方兵力差异被夸大，波斯的军力远低于百万，希腊的兵力不少于数千。根据考古资料，斯巴达军队不会赤身裸体上阵，古代史书有所失实，需要考证。现代电影不是历史记录，而是艺术创作，充满虚构和想象。

三百勇士的牺牲不是故事的结局。希腊城邦爆发出惊人战力，在海战和陆战中不断击败波斯。最终，希腊人取得了希波战争的胜利。在雅典的文化和斯巴达的武力的基础上，强者的出现将引领古希腊走向更广阔的舞台。

2016年8月，巴西奥运会仰泳比赛中，中国选手傅园慧游出个人最好成绩，闯入决赛。比赛结束后，记者按照惯例询问傅园慧，她是否在预赛中有所保留，决赛中将更进一步。万万没想到！她猝不及防地爆出一句神回复：“没有保留，我已经使出了洪荒之力！”

现代奥林匹克发起人顾拜旦

今天，奥林匹克运动会是全球最重大的体育赛事。各国运动员都毫无保留，拼尽全力，既为自己实现梦想，也为国家争取荣誉。因为傅园慧毫无保留地说出了运动员的心声，所以她得到了全国人民毫无保留的点赞。

第一届现代奥运会开幕式

众所周知，奥林匹克运动会起源于古希腊。在顾拜旦的发起下，1896年，第一届现代奥运会在希腊雅典举行。此后，每一届奥运会都在希腊采集火种，在全世界传递火炬，在主赛场点燃圣火。通过这些仪式，现代人向古代人致敬，传承更高、更快、更强的体育精神。

有趣的历史问题由此产生：希腊人为什么举行奥运会？古代奥运会有哪些项目？于是，历史学家也爆发洪荒之力，不断研究古代奥运会的历史，许多发现令人大跌眼镜：

首先，古希腊人举办奥运会，确实是源于对洪荒之力的崇拜。从公元前776年开始，每隔四年，希腊人都在奥林匹亚举行运动会。希腊人相信，神住在奥林匹斯山上，那里是宗教圣地。每年，虔诚的希腊人都要举行盛大的仪式，献祭

奥林匹亚遗址

一百头白色的公牛，祈祷主神宙斯的保佑。因此，许多学者认为：在古代的奥运会中，宗教祭祀是主要目的，体育比赛只是助兴节目。歪打正着，古代人对神明洪荒之力的膜拜，演变为现代人对自身洪荒之力的展现。

其次，就规则而言，古代奥运会比现代奥运会简单，但是古代运动员更需要洪荒之力。古希腊奥运会的比赛项目屈指可数，包括跑步、跳远、铁饼、标枪、摔跤、拳击和角力等。其中许多项目与战争有关，例如武装赛跑，选手要身披铠甲，手持长矛，负重几十斤狂奔。古代选手的选拔非常严苛，只有非富即贵的男性公民，才有资格代表城邦参加奥运会比赛。比赛的规则极端残酷，只有冠军头戴桂冠，获得金牌，其他人没有名次，负分无名。

此外，古代奥运会和现代奥运会之间还有一个有趣的区别——古代的选手“坦诚相对”。古希腊人不但认为裸体比赛是天经地义的事情，而且主张人体曲线是精美绝伦的艺术珍品。在竞技场上，希腊人观看运动场上的运动健将，如何从有限的肉身凡胎，激发出超人的洪荒之力。在工作坊里，艺术家雕刻理想中的完美人体，把无形的洪荒之力，定格为有形的雕塑精品。举世闻名的古希腊雕塑由此诞生，雕塑与诗歌、戏剧和建筑一起，成为古希腊艺术的精华。

古希腊雕塑的经典作品种类丰富，数量众多：《雅典娜雕像》展示智慧之神的庄严肃穆；《海神波塞冬铜像》体

古代的摔跤图案

现男性的阳刚之气；而《阿芙罗狄忒》展现女性的温柔之美……在众多雕塑作品中，古希腊雕塑大师米隆的《掷铁饼者》与奥林匹克运动会的关系最为密切。米隆专注于古希腊运动健将掷出铁饼的瞬间，这位运动员肌肉发达，面色凝重。他的上半身，右臂正在高高举起，扬起沉重的铁饼，左臂随之轻轻放下，保持身体平衡。他的下半身，右腿伸直，正在支撑全身，左腿扭曲，蓄力顺势而起。整座雕塑浑然一体，处处传神，使静止的岩石焕发出生命的律动，将无形的力量凝结在生动的造像中。它仿佛带领观众穿越时空回到千年以前，在高耸入云的神山脚下，在人头攒动的赛场中央，人们屏息期待下一秒钟，铁饼凌空飞出，划出完美弧线，最后掷地有声，全场掌声雷动。

掷铁饼者

时光无情流逝，如同白驹过隙，古希腊的奥运会悄悄落幕，近现代的奥运会重新崛起。而此时它已经发生了许多变化：比

现代的摔跤

赛的目标从尊敬神明的洪荒之力，转为挑战人类的体能极限；项目从粗暴的军事训练，变为精细的专业运动；规则从残酷的赢家通吃，到轻松的重在参与。不过，无论古代掷铁饼者，还是现代选手，古往今来人们在体育运动中共享同样的精神：奋力拼搏，超越自己。这是跨越千年的洪荒之力，引领人类不断前进。

5 阿基米德和古希腊黑科技

《流言终结者》是“探索”频道的人气节目。它通过有趣的科学实验，检验无奇不有的科学流言：从一张纸能不能对折七次，到小鸟和飞机相撞有什么后果。2010年，《流言终结者》迎来总统挑战。时任美国总统奥巴马亲自委托节目测试一个传说中的古希腊“黑科技”：阿基米德死亡光线。

谁是阿基米德？死亡光线又是什么黑科技，能引起美国总统奥巴马的关注和参与？

公元前287年，阿基米德出生在古希腊城邦叙拉古。他从小就酷爱算术，少年时到埃及留学。在当时，埃及亚历山大里亚是学术研究胜地，这里既有世界各地的学者，也有古代最大的图书馆。在这里，阿基米德师从几何学大师欧几里得，钻研数学和自然科学。

阿基米德

阿基米德生活在希腊化时代。古希腊的科学技术发展到了高峰。科学家和新发现都层出不穷：阿基米德的师父欧几里得编纂了《几何原本》。两千年后，《几何原本》依然是几何学的入门教材。阿里斯塔克是天文学大师，他最早提出了日心说，发现地球和其他行星是沿着圆形轨道绕太阳转动。赫罗菲卢斯是解剖学之父，他研究了大脑，发现脑是神经系统的中枢，还命名了许多身体器官……古希腊科学家的成就不仅是具体的科研成果，而且是初步形成了理论和实验相结合的科学方法。

阿基米德是古希腊科学家的杰出代表，对数学、自然科学和工程技术都有深入的研究。

在数学上，阿基米德首创“穷竭法”用于计算球的体积。穷竭法被视为近代微积分的雏形。他还计算过圆周率的数值，设想过无穷大的概念，利用过类似七巧板的拼图探索排列组合的规律。阿基米德的数学成就可以与牛顿相提并论。

在自然科学上，他提出“阿基米德定律”：浸在水中的物体受到浮力作用，浮力的方向竖直向上，浮力的大小等于物体排开的水的重力。阿基米德浮体原理至今还是中学物理课的重要内容。因此，阿基米德被视为流体力学的奠基人。

有一个传说描述了阿基米德发现浮力定律的过程。国王委托阿基米德检验王冠是不是纯金的。阿基米德苦思冥想不得要领。一天他在洗澡时发现，只要自己钻进澡盆，水就会

传说中阿基米德发现浮力定律的情景

溢出，于是恍然大悟：如果把重量相等的王冠和纯金沉入水中，那么两者排水的体积一定相等。这样就能验证王冠成色。他兴奋万分跳出澡盆，一边奔跑，一边大喊：“我发现了！”不过，这个故事缺乏历史证据和科学根据：真假王冠的排水量其实相差无几，观察排水量很难获得可靠结果。

在工程技术上，阿基米德还发明过许多机械设备。当时，叙拉古遭到罗马军队的进攻。因此，他的许多发明都是名副其实的“秘密武器”。

其中一个秘密武器是投石机。阿基米德的名言是：“给我一个支点，我就可以撬动地球。”投石机就是应用杠杆原

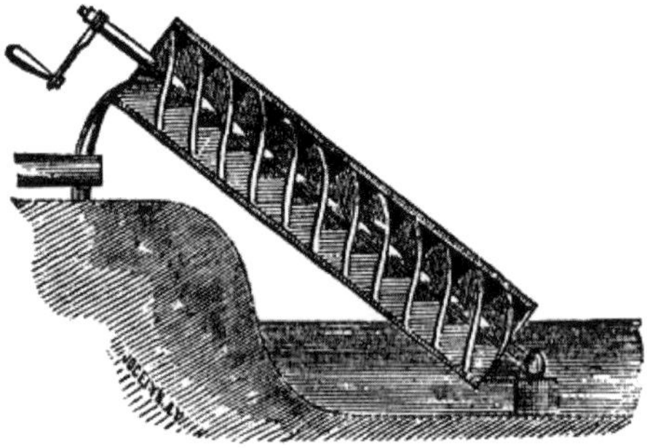

阿基米德抽水机

阿基米德和杠杆原理

理。投石机由弹丸、基座、杠杆、绳索和绞盘组成。平时杠杆与基座垂直。战时，士兵首先转动绞盘，拉动绳索，使杠杆平行基座，然后放置弹丸，释放绞盘，杠杆复位，弹丸被发射。根据记载，阿基米德投石机曾重创过入侵的敌军。

死亡光线是另一个秘密武器。根据光学原理，镜子可以

传说中阿基米德火烧罗马战船

反射阳光，聚焦的光束可以引起燃烧。死亡光线是应用光的反射。阿基米德组织群众，操作铜镜，汇聚阳光，集中照射，点燃敌军战舰。那么这个传说是真实的历史还是夸张的讹传呢？

为了测试阿基米德死亡光线真伪，《流言终结者》先后进行了三次试验：

在前两次测试中，《流言终结者》仿制古希腊铜镜，进行小规模试验。他们瞄准小船，聚焦光线，不过，在实际应用中，光束虚弱无力，战舰纹丝不动。测试结果是——流言终结。

在第三次测试中，在奥巴马总统的帮助下，《流言终结者》组织500名小学生，进行大规模试验。虽然光线依然没有点燃木船，但是节目组发现，镜面反射的光线确实可以导致船员晕头转向。

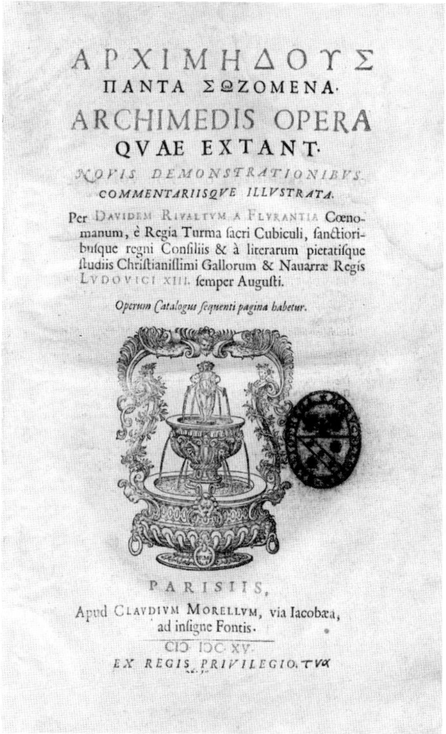
ΑΡΧΙΜΗΔΟΥΣ
ΠΑΝΤΑ ΣΩΖΟΜΕΝΑ.
ARCHIMEDIS OPERA
QVAE EXTANT.
NOVIS DEMONSTRATIONIBVS
COMMENTARIISQVE ILLVSTRATA.
Per DAVIDEM RIVALTVM A FLVRANTIA Cœnomanum, è Regia Turma ſacri Cubiculi, ſanctioribuſque regni Conſiliis & à literarum pietatiſque ſtudiis Chriſtianiſſimi Gallorum & Nauarræ Regis LVDOVICI XIII. ſemper Auguſti.
Operum Catalogus ſequenti pagina habetur.
PARISIIS,
Apud CLAVDIVM MORELLVM, via Iacobæa, ad inſigne Fontis.
CIϽ IϽC XV.
EX REGIS PRIVILEGIO.

17世纪印刷的阿基米德著作

因此，严格而言，阿基米德的光能武器依然是一个悬而未决的未解之谜。

如果阿基米德泉下有知，了解到《流言终结者》对死亡光线的反复试验，那么他一定会深感欣慰。古希腊科学的最重要遗产不是具体的研究成果和科技发明，而是大胆假设和小心求证的科学方法。在这样的意义上，无论古代的阿基米德，还是现代的《流言终结者》，他们都是科学精神的传承者。

对大多数普通人来说，“修昔底德陷阱”是一个陌生的名词。什么是修昔底德陷阱？修昔底德陷阱有怎样的重大危害？如果人们要回答这些疑问，就必须把目光转向2500年前的古希腊。

想要理解修昔底德陷阱，不能不知道修昔底德其人。

修昔底德是一位举世闻名的古希腊历史学家。公元前460年，修昔底德生于雅典城邦。论家世，他是名门显贵；论学识，他也是满腹经纶。但是修昔底德的人生道

修昔底德

雅典和斯巴达军队交战

路并不顺利。公元前5世纪初，修昔底德指挥军队作战失败，他受到里通外国的指控并且遭到终生流放的处罚。在20年的流浪生涯中，修昔底德没有自暴自弃，而是笔耕不辍，成为一位富有洞见的学者。

想要理解修昔底德陷阱，还需要了解伯罗奔尼撒战争。

伯罗奔尼撒战争是希腊人自相残杀的内战。公元前5世纪，希腊城邦发展到鼎盛时期。当时，雅典和斯巴达两大城邦实力最强。雅典领导提洛同盟，斯巴达统率伯罗奔尼撒同盟。雅典城邦商业繁荣，文化昌盛。雅典人建立强大的海军，他们的船队驰骋四海，左右逢源。斯巴达人是战斗民族，骁勇善战。他们组织强大的陆军，斯巴达的武士纵横希腊，威震四方。公元前431年，雅典人和斯巴达人之间暴发冲突，熊熊战火席卷整个希腊世界。公元前404年，经过几十年厮杀，雅典人战败，斯巴达惨胜，其他古希腊城邦也损失惨重。随着伯罗奔尼撒战争的尘埃落定，古希腊城邦的黄金时代也落下帷

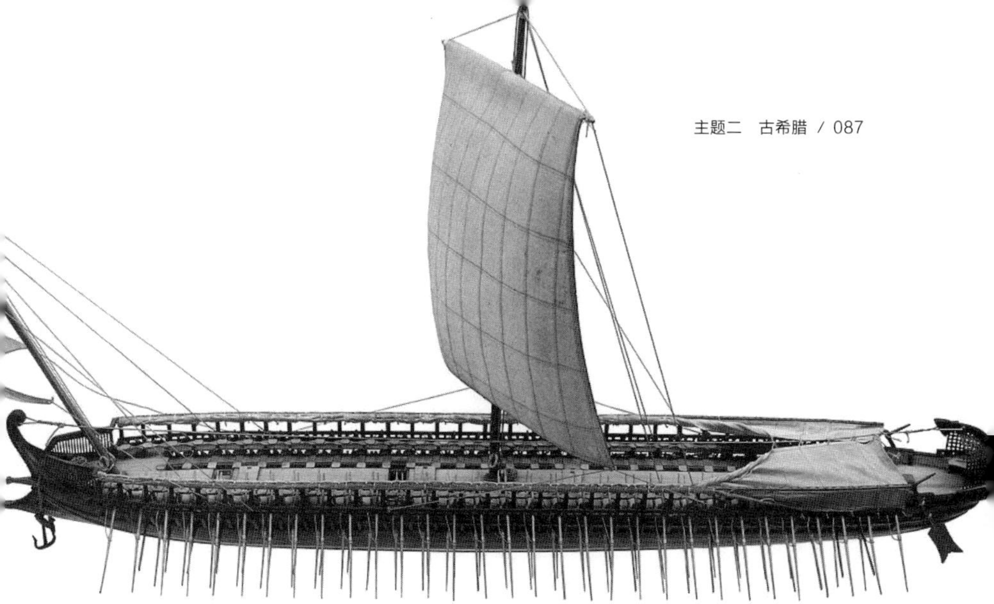

古希腊腊战舰

幕。值得指出的是，伯罗奔尼撒战争的第二年，雅典城内就暴发了大瘟疫，持续到公元前427年才结束。包括当时雅典领导人伯里克利在内，许多雅典人失去了生命，严重削弱了雅典的战斗力。现代的科学家们认为瘟疫是由伤寒杆菌导致的。而躲过这场浩劫的修昔底德将其记述下来，使之成为人类历史上首次有详细

古希腊重步兵

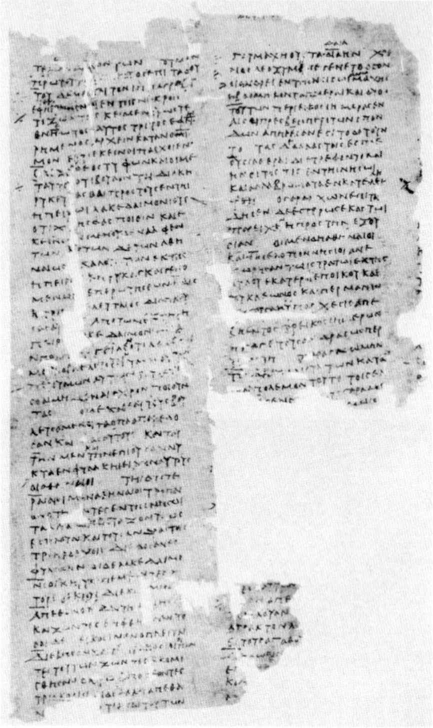
《伯罗奔尼撒战争史》手抄本

记载的大瘟疫。

《伯罗奔尼撒战争史》确立了修昔底德不可撼动的史学地位。

公元前403年，修昔底德返回故乡雅典，战后的城邦满目疮痍，让这位老人深受震动。修昔底德把战争的过程巨细靡遗地记录下来，写成八卷本历史巨著《伯罗奔尼撒战争史》。在方法层面，修昔底德重视严密的事实考证；在内容层面，修昔底德关注严肃的政治问题。《伯罗奔尼撒战争史》被誉为历史学和政治学的经典名著。

而“修昔底德陷阱”源于修昔底德对伯罗奔尼撒战争的深刻思考。

修昔底德把城邦之间兵戎相见的根源精辟地归纳为“雅典势力增长”和“斯巴达的恐惧”。根据修昔底德围绕当时希腊历史的具体论断，现代学者提出描述历代国际关系的抽象命题：新兴大国必然挑战现存大国，现存大国必然回应对方威胁，大国之间不可避免会爆发战争。在此基础上，人们把两个大国之间的这种“友谊的小船说翻就翻”的现象命名为——修昔底德陷阱。在古代希腊，斯巴达是老霸主，雅典人是挑战者，两大城邦陷入修昔底德陷阱，爆发战争。

虽然修昔底德指出了大国对抗的现象，但是后世学者对于这一陷阱的深层研究争论不休。

有人认为，修昔底德陷阱无法避免。他们指出：当时雅典的领袖和斯巴达国王是好友，双方首脑都曾经竭力阻止冲突不断升级，不过最终，雅典和斯巴达还是陷入对抗的怪圈。在国际交往中，冲突的产生，不以人们的意志为转移。

雅典政治家伯里克利

有人认为，修昔底德陷阱可以避免。他们提出：当时雅典的政治格局悄然发生恶化。雅典欺压其他小邦，横行霸道，引发希腊世界的不满。

有趣的是，在现代，人们观察到，作为现存国际秩序的主导者——西方国家反而首先出现霸权主义、政治衰朽等现象。

围绕修昔底德陷阱，争论将会持续下去。幸运的是由于修昔底德和历代学者的不懈努力，现代人有机会从古人的历史教训中汲取经验，避免大规模国际冲突的历史悲剧重演。

7 亚历山大大帝的三张面孔

人们尊称卓越的君主为大帝，马其顿国王亚历山大可以说是欧洲历史上第一位大帝。亚历山大都有哪些丰功伟绩？一代大帝的威名是否名副其实？文物是历史的无声见证者，我们不妨通过三件文物还原亚历山大大帝的三张面孔，走近他波澜壮阔的一生。

战神亚历山大

在意大利的庞贝古城遗址，人们发现了一幅古罗马的镶嵌画——《亚历山大马赛克》。画面高约 6 米，宽约 4 米，由数

《亚历山大马赛克》中的亚历山大

亚历山大远征印度

万块彩色马赛克拼成，描绘了亚历山大与波斯国王的决战：亚历山大跃马突刺，杀入敌阵。波斯国王大惊失色，转身逃跑。转瞬之间，胜负已定。

在罗马人眼里，亚历山大是战无不胜的战神。根据历史记载，亚历山大不是浪得虚名。公元前334年，亚历山大仗剑扬鞭，先后征服了波斯，占领了埃及，又转战中亚，到达印度，建立了横跨欧洲、亚洲和非洲的大帝国。

军事史研究表明：亚历山大的攻无不克，不但源于个人的神勇，而且来自制度的创新。马其顿方阵是亚历山大攻无不克的秘密武器。公元前4世纪，希腊北部的马其顿王国崛起。马其顿国王腓力二世创建了马其顿方阵。马其顿人使用的最特殊的武器是长达4米的

马其顿方阵

长矛。在开战前，马其顿士兵结成方阵，正面战线的宽度达到 1 千米，纵深超过 16 排。在交战中，军队保持密集队形，整体向前推进，攻势锐不可当，防守牢不可破。

公元前 336 年，风华正茂的亚历山大继承了王位。他训练精锐骑兵，改进马其顿方阵。在防守时，骑兵掩护侧翼，在进攻时，骑兵包抄后路。公元前 331 年，在高加米拉战役中，亚历山大以骑兵和方阵大破波斯大军。《亚历山大马赛克》正是这场大捷的缩影。

“学霸”亚历山大

梵蒂冈博物馆珍藏着一幅文艺复兴时期绘画大师拉斐尔的名画——《雅典学院》。这幅画的特点是——穿越。拉斐尔大胆地让不同时代的几十位学术大师聚集在同一片屋檐之下。在这场学术盛宴中心偏左的位置，有一位俊美的青年在安静旁听。许多人认为，他就是亚历山大。

在拉斐尔笔下，亚历山大是一位渊博的“学霸”。在古希腊文化的殿堂中，亚历山大确实有资格占据一席之地。

亚历山大本来就学业精进。再加上他的师父是史上最牛的家庭教师——古希腊哲学家亚里士多德。亚里士多德是学术泰斗，精通文学、哲学和科学。名师出高徒，亚历山大的文化修养极高，尤其喜爱《荷马史诗》。

同时，亚历山大还善待其他“学霸”。哲学家第欧根尼

亚里士多德

性格怪异。他喜欢宅在一个木桶里思考人生。亚历山大亲自拜访木桶，询问哲人有何愿望。哲人无礼地回答："闪开，不要遮住我的阳光。"亚历山大没有恼羞成怒，而是对哲人深表钦佩："我若不是亚历山大，我愿成为第欧根尼。"

这里的亚历山大可不是赳赳武夫，而是文艺青年。文艺复兴时期，欧洲人对古典文化趋之若鹜，因此，人们推测《雅典学院》中的旁听者正是亚历山大大帝。当然，不同意见也不无道理：如果画中人真的是亚历山大，他应该站在亚里士多德身边。

使者亚历山大

上海博物馆收集了三千多枚古丝绸之路中的古国钱币，其中有一枚亚历山大四德拉克马银币。亚历山大的头像被镌刻在银币的正面，他头戴雄狮头盔，目光如炬，不怒自威。众所周知：丝绸之路是古代亚欧大陆的交通网络。亚历山大与丝绸之路有什么因缘呢？

亚历山大不但进行军事征服，而且实施文化融合。一方面，亚历山大很欣赏东方文化：他定都巴比伦，迎娶波

正面（左）有亚历山大头像的硬币

斯公主，鼓励各国人相互联姻。另一方面，亚历山大推广希腊文化：在帝国的境内，一批以亚历山大为名的城市拔地而起，把古典文化传播到四面八方。公元前 323 年，亚历山大英年早逝，不久后帝国分裂成马其顿、托勒密以及塞琉古三大王国。亚历山大的继承者延续兼容并包的政策，从地中海到印度河，从北非沙漠到中亚绿洲，商业贸易和文化交流繁盛一时。从公元前 330 年到公元前 30 年史称“希腊化时代”。

货币是希腊化时代国际交流的见证。亚历山大银币流入各国市场，成为国际通行货币。欧亚古国纷纷仿效亚历山大银币的风格：在货币正面雕刻君主头像，反面雕刻神明像。从某种程度上来说，希腊化时代堪称古丝绸之路的先声，亚历山大堪称东西方文明交流的使者。

古罗马的镶嵌画、中世纪的壁画和中亚的古钱币，为后

七大奇迹之一的亚历山大灯塔想象图

人描绘了亚历山大的三张面孔。其中不变的是亚历山大智慧而勇武的面貌，变化的是亚历山大宏阔而辉煌的人生画卷：他是战神，是“学霸”，是使者——他是亚历山大大帝。

每一个战无不胜的奥特曼背后，都有一群默默挨打的小怪兽。同样，在古希腊历史中，每一位青史留名的英雄背后，都有一个大反派被花式吊打。它就是波斯。

失败的大反派?

翻开希腊史书，一边是希腊人英雄辈出，另一边是波斯人丑态百出。

公元前5世纪，波斯帝国向希腊人索要“水和土”，象征希腊屈膝臣服。希腊城邦严词拒绝。波斯随即入侵希腊，希波战争爆发。

公元前490年，波斯人第一次杀向希腊半岛。波斯大军和雅典城邦在马拉松决一死战。波斯兵力超过两万，雅典只有一万人马。结果，雅典损失一百多人，波斯六千多人覆没。

公元前480年，波斯人第二次杀向希腊半岛。波斯大军和斯巴达人在温泉关狭路相逢。双方血战整整三天，三百斯巴达勇士壮烈战死，百万波斯大军寸步难行。

公元前480年，在萨拉米斯海战中，

希腊三百艘战船打败波斯舰队。

公元前 479 年，在普拉提亚战役中，希腊陆军击溃了波斯陆军。

公元前 449 年，波斯军队退出希腊，希腊城邦在希波战争中取得最终胜利。

公元前 4 世纪，亚历山大统率希腊联军，远征波斯帝国。

公元前 333 年，在伊苏斯战役中，希腊联军打垮波斯大军。

公元前 331 年，在高加米拉战役中，希腊联军击溃波斯

希波战争

波斯士兵复原像

军队。

最终，波斯国王被杀，帝国首都沦陷，亚历山大彻底征服波斯。

初读希腊历史，波斯扮演大反派的角色，起初是强大的侵略者，最后是可耻的失败者。但是事实确实是如此吗？波斯的面貌究竟是什么样的？

伟大的古文明！

根据历史研究，波斯不是恶贯满盈的大反派，而是历史悠久的古国。

考古发掘证实，六千多年以前，在伊朗高原上，早期的王国已经出现。公元前 6 世纪，波斯人居鲁士开创阿契美尼德王朝。波斯的三代君主居鲁士、冈比西斯和大流士南征北

居鲁士大帝

居鲁士陵墓

战，横扫埃及、巴比伦和小亚细亚等地。波斯帝国横跨亚洲、非洲和欧洲，成为古代超级大国。

在政治上，波斯君主统治着众多的民族。古代石碑镌刻着波斯国王权势的宣言。在土耳其，存有波斯王薛西斯记功石。石碑长二十米，铭文共八十一行，用三种语言罗列国王的各种头衔：我是薛西斯，伟大的王，众王之王，万民之王，大地之王，大流士之子，阿契美尼德子孙。

在经济上，波斯帝国积累了惊人的财富。各大城市是波斯财富的宝库。文献记载：亚历山大攻陷波斯首都以后，用一万头骡子和五千头骆驼才搬完城中财宝。近代考古中，波斯波利斯的遗址规模太大，学者被迫在遗址露宿，他们戏称这是“薛西斯的后宫”。

波斯阿契美尼德王朝的都城波斯波利斯

在文化上，波斯文明形成了独特的文化。琐罗亚斯德教是波斯的国教。它的教义认为：光明之神与黑暗之神交战，正义战胜邪恶，万物由此产生。信徒崇拜圣火，被称为拜火教。许多宗教概念源于拜火教，比如天堂与地狱、天使与魔鬼。

波斯波利斯城门遗址

深究波斯历史，波斯是辉煌的古国。相比古希腊城邦，波斯帝国的成就毫不逊色。问题是：为什么后人遗忘了波斯文明的辉煌？只记住了波斯帝国的失败？

西方中心观的受害者

在现代的史学研究中，西方中心观成为有关波斯的历史记忆出现偏差的原因。

一方面，文献记载的缺失造成波斯历史不为人知。

在古代，关于希腊人和波斯人对峙的历史文献，主要是古希腊和古罗马史学家的著作。古希腊学者希罗多德被誉为西方史学之父，他的著作《历史》记录了希波战争的前因后果。古罗马学者普鲁塔克撰写《希腊罗马名人传》，记载了亚历山大大帝东征波斯的来龙去脉。根据后人考证，希腊史书严重夸大了波斯军队的规模。而波斯人的历史记载又大多数散佚。

另一方面，后人思维的偏见导致波斯人遭到丑化。

在近代，在欧洲人的脑海中，希腊人和波斯人的交往被赋予了西方和东方对抗的含义：希腊既是西方的象征，也是欧洲的代表。希腊人拥有先进的文明，希腊城邦进行民主选举。波斯既是东方的象征，也是亚洲的代表。波斯人属于落后的蛮族，波斯帝国实施专制统治。

随着研究的深入，这样的偏见逐渐得到修正。现代学者认为：希腊和波斯不是文明和野蛮的对峙，而是两种文明的碰撞。

主题三

古罗马

导言

对于今天的学生来说，每年最开心的是长达两个月的暑假。而比暑假更让人开心的是这两个月不是60天，而是62天。这“多出的”两天其实源自古罗马人的“小心机”。

公元前46年，古罗马统治者儒略·恺撒颁布了用自己的名字命名的新历法——儒略历。儒略历是“大智慧”和“小心机”结合的产物。

古罗马人有大智慧。罗马学者测算得出——每年共有365.25天。这一结果误差极小。罗马人规定：平年365天，闰年366天。每年12个月。大月31天，小月30天。

古罗马人也有小心机。罗马帝国的奠基者是恺撒，罗马帝国的创建者是奥古斯都。恺撒生于7月，他们规定7月是大月；奥古斯都生于8月，他们规定8月也是大月。

1

罗马建城

今天，罗马是举世闻名的旅游胜地。无数游客慕名而来，参观宏伟的斗兽场和万神殿。两千年前，罗马城是罗马文明的发祥地，罗马人是令人惊叹的古代建筑奇迹的创造者。

有一句格言：罗马不是一天建成的。在文学上，它有深刻的寓意：伟大的成就出自长期的积累。在史学上，这里包含了一个重要的问题：谁建立了罗马城？

按照古罗马编年史，罗马历史的开端源于两次“神反转”。

第一次反转拯救了罗马人的祖先。

古希腊史诗《伊利亚特》记载了特洛伊战争的传奇：希腊英雄围攻富有的特洛伊城邦。经过十年苦战，希腊人终于用木马计攻破了特洛伊城。在熊熊烈火中，特洛伊城被毁灭：人民被卖为奴隶，财富被洗劫一空，城市也被付之一炬。

阿喀琉斯为帕特罗克洛斯包扎

有趣的是古罗马史诗《埃涅阿斯纪》记载了特洛伊之战的“续集”：在城池陷落

表现发现罗慕路斯和勒莫斯兄弟场景的雕刻

之际，王子埃涅阿斯决定“三十六计，走为上”。他背着老父，扛着神像，带着少数随从，夺路而逃。他们横渡地中海，到达意大利。这些流亡者成为罗马人的祖先。

从木马屠城的绝望，到万里逃生的希望，古罗马人自诩为高贵的特洛伊人。

第二次反转决定了罗马城的名号。

特洛伊后裔在意大利建立了城邦。后来，城邦发生政变，野心家废黜了国王，杀害了公主。战神和公主生下一对双胞胎，名叫罗慕路斯和勒莫斯。他们被篡位者抛在野外，眼看就要自生自灭，不料，一头母狼用乳汁养活了这对孪生兄弟。他们长大成人，打败仇敌，建立了新城邦。

故事发展到此，剧情再次反转。根据古罗马史学家李维的《罗马建城以来史》的记载：公元前753年4月21日，为了争夺新城邦的统治权，兄弟二人反目成仇，甚至大打出手。结果，罗慕路斯杀死勒莫斯。人们用罗慕路斯的名字把新城命名为——罗马。

从母狼救孤的温情，到兄弟相残的冷血，古罗马人自视为强大的战斗民族。

埃涅阿斯逃亡

两千年前，罗马人相信罗马城的建立源自两个充满戏剧性的神反转。

两千年后，在现代历史学的视野下，罗马建城传说是否符合历史原貌呢?

第一个神反转——埃涅阿斯逃出特洛伊，罗马人的祖先是特洛伊人——缺乏确凿证据。

意大利半岛像一只靴子横亘地中海。这里气候温和，土地肥沃，陆路和海路交通便利。自古以来，诸多民族在意大利定居，包括高卢人、希腊人、拉丁人以及伊特拉斯坎人。罗马人被认为是拉丁人的一支。没有证据显示他们和特洛伊城有关。

第二个神反转——母狼养育孪生兄弟，罗慕路斯建立罗马城邦——含有更多历史信息。

表现母狼养育孪生兄弟的雕刻

在建城时间上，考古研究发现，公元前7世纪，古人已经在罗马附近的山区建立据点。当地的拉丁人、萨宾人和伊特拉斯坎人相互融合，组成了早期的部落联盟——罗马人公社。这一点意味着：古代文献记载的建城时间和现代考古揭示的建城时间比较接近。

在罗马的地下，学者发现一个神秘洞穴。这个洞穴有两千多年的历史。洞中用昂贵的贝壳，组成精美的镶嵌画，主题正是一只母狼在用自己的乳汁喂养两个婴儿。研究者计划对这处遗迹进行进一步清理，从而探索母狼育婴传说的更多历史细节。

此外，还有很多其他的说法，有人认为：传说中的母狼是指人类女性或古代宗教祭司。有人认为：母狼育婴象征母系社会，兄弟反目成仇代表父系社会，建城传说反映了社会的变迁。此外，还有人认为：罗马地区的早期统治者不是拉丁人，而是伊特拉斯坎人。

虽然学者对罗马建城还有很多争论，但是这并不影响人们对神秘的古代传说津津乐道。今天，母狼哺喂孤儿的雕塑和壁画，不但出现在各种古迹上，而且成为罗马市的城徽。

生命和毁灭，温情和暴力，历史和传奇交织在一起，构成了引人入胜的罗马人的故事。

2 罗马军团

2004年，电脑游戏《罗马：全面战争》横空出世。这款游戏的最大创新之处是能在同一场景展现三万作战单位展开超大型团战。这是游戏史上第一次玩家能够亲自指挥名副其实的千军万马。由于独特的游戏性，它在游戏爱好者中长盛不衰。至今，在《罗马：全面战争》的百度贴吧，还有近十万小伙伴在热烈讨论。它在日新月异的电脑游戏世界，堪称“神作”。

在游戏中，罗马军团是当仁不让的主角。“罗马军团士兵”是游戏中前期罗马城市的专属兵种。如果玩家拉近镜头，就能观察到每个士兵的细节：身披板甲，腰配短剑，手持几支标枪和一块大盾。如果玩家拉远镜头，还能看到整个军团的阵型：军队排成三行，前排先投掷标枪，后排再挥剑肉搏，还可以组成龟甲阵。简单而言，罗马军团虽没有最华丽的战团，却拥有最实用的兵种和战术。

那么，游戏描绘的罗马军团是否符合史实呢？

在历史上，罗马军团经历了漫长的

演变：

首先，罗马军团不是罗马城邦的发明，而是受希腊文化影响产生的。罗马人采用公民兵制度。从兵源上来说，每个罗马公民都有服兵役的义务。每当战争爆发，城邦动员17—46岁间的男性公民参战。装备上，罗马公民按照财力分为四个等级。按照个人财产的多少，不同的等级分不同标准自行购买武器。富有的罗马人甚至进口全套希腊装备，包括头盔、胸甲、盾牌和长矛。

其次，罗马军团不是采取一成不变的战术，而是不断“升级”，甚至学习对手。

三线队列源于罗马人对高卢人的战争。

公元前390年，高卢人围攻罗马城，罗马岌岌可危。相传，高卢人趁着月黑风高突袭罗马人。幸好神殿中的鹅群发出警报，惊醒的守军才击退了敌人。为了驱逐高卢人，罗马军团调整了编制：每个军团下辖4200人（3000名重装步兵与1200名轻装步兵），分成

公元1世纪罗马军团样式。
士兵手持标枪与长形盾

30 个中队；每个中队包括 2 个近百人的队伍。士兵在迎敌时排成三线接战：前排是轻装新兵，中间是主力部队，后排是重装老兵。借助三线队列战术，罗马军团开始在意大利势如破竹。公元前 343—前 290 年，经过三次萨莫奈战争，罗马人征服了意大利半岛大部分的地盘。根据史书记载，在第三次萨莫奈战争时，罗马军团使用了标枪。这种标枪前半段是铁制，后半段是木制。一旦击中目标，铁杆通常会弯曲。这便增加了伤害，敌人也无法再次使用。前两排士兵会携带两支标枪进行投掷。有学者认为罗马的标枪学习自伊比利亚人。

短剑可能源于两次布匿战争，但这在学界仍存在争议。

罗马骑兵。他们会攻击敌方侧翼

长形盾学界则认为是受到公元前 390 年罗马败于布伦努斯的惨痛教训的影响。

公元前 264 年，第一次布匿战争爆发，罗马大战迦太基。罗马人可能在这一时期使用长形盾与短剑，融入三线队列：军团士兵用短剑格斗，用长形盾抵挡攻击，或用盾牌冲击敌人。公元前 241 年，罗马取胜，迦太基割地赔款。

公元前 218 年，第二次布匿战争爆发，迦太基再战罗马。在坎尼之战中，罗马军团大败。但罗马体现出惊人的补充兵源的能力。公元前 202 年，罗马再次取胜，迦太基无力再与罗马抗衡。

公元前 2 世纪，条顿人和辛布里人冲击意大利。罗马军团经过艰苦战斗才击退了彪悍的蛮族。为了应对新的危机，罗马大将马略对罗马军团进行了更全面和更深入的改革，史称——马略改革。措施包括：废除义务兵役，招募职业军人；军人的薪水和装备由国家统一供应；士兵服役 16 年，退役的老兵可以获得土地；每个军团扩大到 6000 人，设置 10 个中队、30 个小队和 60 个百人团。

马略

至此，经典的罗马军团最终

君士坦丁凯旋门。罗马军团获胜后会建造这样的建筑

成形，这也是《罗马：全面战争》游戏中的“罗马军团”：在单兵装备上，短剑、标枪和长形盾成为标准配备；在整个军团的编制上，基层单位是百人团，基本战术是三线队列。

回到开头的问题：电脑游戏中展现的罗马军团是否符合史实？

显然，答案不是简单的肯定或者否定。

一方面，历史为游戏提供了基本的素材，游戏为历史提供了生动的呈现。在《罗马：全面战争》游戏中，罗马军团的造型和设定确实以历史记载为根据；与此同时，游戏强大影音功能生动地再现了古代战争。因此，历史游戏不失为激发大众对历史产生兴趣的方法之一。

另一方面，作为游戏，难免对历史进行简化和改编。在《罗马：全面战争》游戏中，罗马军团的历史演变简化为“升级”，军团背后的古代社会被扭曲为“造兵”加“打仗”。因此，了解历史知识不能局限于游戏。

3 罗马共和国与恺撒大帝

公元前221年，在华夏大地上，秦王嬴政横扫六国，威震海内，建立大一统的秦帝国。嬴政自立为“皇帝”，后人称其为“秦始皇”。秦始皇是中国历史上第一位皇帝。

公元前27年，在地中海之滨，罗马人征服南欧、西亚和北非，建立庞大的罗马帝国。既然罗马帝国名为“帝国”，那么谁是罗马帝国的“开国皇帝”呢？

提到罗马帝国，人们就会想到“恺撒大帝”。恺撒大帝是否就是罗马帝国的开国之君呢？

恺撒

贵族垄断的共和国

在恺撒时代以前，罗马是一个共和国。

在近代，君主制度意味着君主治国，世袭罔替；共和制度意味着主权在民，民主选举。不过，在古罗马，共和国并不属于人民。

公元前 509 年，罗马共和国建立。表面上，元老院、执政官和公民大会三方分享权力。

公民大会是最高的权力机关。职权包括选举官员、发动战争、制定法律和审判案件等。公民大会的单位是百人队。根据财产多寡，罗马公民分为五个等级，共设置 193 个百人队。第一等级独享 98 票，第二等级 20 票，第三等级 20 票，第四等级 20 票，第五等级 30 票。在“公平”的规则下，贵族“躺着也能赢”。

执政官是最高的行政长官，职权分为对内主持元老院的会议，对外指挥罗马军团作战。执政官有 12 名随从。每个随从都肩扛一把斧头，斧头旁捆绑一束木棍，象征国家的权威。每隔一年，公民大会选举两名执政官。在一年内，两位领袖必须达成共识，才能发号施令。在“高明”的制衡术下，执政官“寸步难行”。

元老院是特殊的“养老院”。元老院有 300 个席位。元老是资深的贵族和退休的高官。在身份上，元老地位高于平民，而且终身任职。他们佩戴戒指，身穿白袍，肩披紫色绶带。在职权上，元老院有权提出议案，公民大会只能表决这些议案。在这种“清晰”的分权下，元老院是“幕后黑手”。

攀登巅峰的高富帅

在恺撒时代，贵族共和摇摇欲坠。

苏拉

此前，下层平民的反抗愈演愈烈。平民派的领袖格拉古兄弟控诉人民的贫困：“野兽还有自己的洞窟和巢穴，为意大利而战斗献身的人们，除了空气和阳光一无所有。”公元前133年，格拉古兄弟试图改革，可是他们先后被杀。

在上层，个别高层的权势不断膨胀。公元前82年，大将苏拉率军杀进罗马城。元老院被迫加封苏拉为“终身独裁官”。此后，他捕杀上千名反对派，奖赏数万名支持者。他的墓志铭霸气侧漏：“友人的帮助，敌人的加害，我已全数奉还。”

在动荡中，恺撒隆重登场。他是高层中的“高富帅”：

“高”是指他门第高贵：爷爷是大法官，外公是执政官，姑父是执政官，岳父还是执政官。因此，他步步高升：32岁

恺撒征服高卢

出任财务官，39 岁升任大法官，42 岁当选执政官。

“富”是指他出手阔绰：恺撒自掏腰包组织比赛，修造建筑，取悦平民。结果，他在政治上如日中天，在经济上债台高筑。

“帅”是指他功绩彪炳：公元前 58 年，恺撒出任高卢总督。10 年内，恺撒平定今天的法国，杀进后来的德国，登陆未来的英国，取得惊人的战功。

恺撒步步为营，攀登人生的巅峰：

第一步：结盟。公元前 60 年，恺撒与大将庞培及富豪克拉苏组成“三头同盟”。

第二步：迎娶埃及艳后。公元前 47 年，恺撒与埃及艳后克丽奥佩特拉结合，生下儿子恺撒里昂。

第三步：凯旋。公元前45年，恺撒消灭所有的反对派凯旋。

庞培

克拉苏

功亏一篑的无冕之王

经过20年的攀登，恺撒距离“人生巅峰”只剩一步之遥。

公元前45年，元老院加封恺撒为终身保民官、终身独裁官和“祖国之父”。

公元前44年2月，支持者向恺撒进献王冠，他推辞。

当然，恺撒没有放松集权：一方面，他把土地分给8万老兵，拉拢民众。另一方面，他把元老院扩大到900席，既安抚贵族，又吸收亲信。

公元前44年3月，画风突变。“职场励志剧”变成“悬

恺撒遇刺

疑宫斗剧”。

3 月 14 日，彗星坠落，流言四起，许多人警告恺撒。但是恺撒不为所动。

3 月 15 日，当恺撒前往元老院时，60 多名贵族一拥而上，恺撒身中 23 刀，当场死亡。

恺撒遇刺成为历史疑案。传统说法认为：贵族反对恺撒称帝，所以铤而走险，集体刺杀恺撒。现代有人提出：主要因为恺撒身患重病，所以他明知会有刺杀行动仍主动赴死，他宁愿死于刺杀，也不愿死于疾病。

终其一生，恺撒不是名副其实的“开国皇帝”，而是有实无名的“无冕之王”。

恺撒死后，罗马共和国能否“起死回生”？谁将成为罗马帝国的君主？

4 屋大维与罗马帝国

在大秦帝国统一和罗马帝国建立的前夕，东西方不约而同地出现了戏剧性插曲——刺杀：公元前227年，在秦国的咸阳宫，图穷匕见，荆轲抽出匕首，刺向权倾天下的秦王嬴政。公元前44年，在罗马的元老院，贵族举起藏在华服下的利刃，扑向不可一世的恺撒。

在中国，荆轲刺秦没有改变秦灭六国的趋势。嬴政逃过一劫，六年后，秦国统一天下。在罗马，恺撒当场死亡，罗马陷入混乱。恺撒遇刺是否会改变罗马共和国走向帝国的进程？此时，一个年轻人被推上历史舞台。他就是罗马帝国的缔造者——屋大维。

屋大维

一步登天的年轻人

公元前 43 年，不满 20 岁的屋大维当选为执政官。

谁是屋大维？为什么能“一步登天”？

一方面，屋大维的崛起离不开得天独厚的个人条件——他爸是恺撒。

屋大维不是恺撒的“亲儿子”，他的生父是马其顿的总督，他的生母是恺撒的外甥女。但是罗马贵族流行收养“儿子”，恺撒生前以屋大维为养子，遗嘱指定屋大维是继承人。由于养父的遗产和威望，屋大维一鸣惊人。

另一方面，屋大维的成功源于无法逆转的历史进程——罗马共和国迟早要完。

恺撒死后，他的支持者主张严惩刺客，他的反对者欢呼消灭暴君，双方展开激烈斗争。军队支持恺撒的拥护者，首脑是恺撒的爱将安东尼。贵族支持恺撒的反对者，领袖是刺杀案的主谋布鲁图斯。在恶斗中恺撒的拥护者压倒恺撒的反对者，站在恺撒的拥护者一边的屋大维一飞冲天。

安东尼

公元前 43 年，恺撒支持者

的首领——安东尼、李必达以及屋大维结成“后三头同盟”。三巨头号称“为恺撒复仇”，宣布政敌是“人民公敌”，镇压数百名元老。

公元前 42 年，在腓立比战役中，三巨头的军队打垮了共和派的人马。布鲁图斯战死。罗马共和国从“要完”变成“已完”。三巨头凯旋。

从初出茅庐到主政罗马，“老江湖”恺撒用了 30 年，屋大维只用了 3 年。

深藏功名的继承者

屋大维不是无能的“官二代”，而是卓越的“继承者”。他的建树与恺撒相比毫不逊色。

公元前 40 年之后，三巨头分道扬镳。公元前 36 年，通过政治博弈，李必达被幽禁。公元前 30 年，通过军事对抗，与埃及艳后联合的安东尼兵败自杀。公元前 30 年，屋大维开始独掌大权。

埃及艳后克里奥特拉像

在内政上，屋大维不但自费发放面包和组织竞技，而且修建神殿、广场、剧院和浴室。他宣称：“我接手一座砖块的城市，留下一座大理石的城市。”

在外交上，罗马人的疆域东到伊拉克，南到埃及，西到西班牙，北到莱茵河与多瑙河。各地设立行省，和平的局面维持近两百年。史称“罗马和平”。

有了恺撒的前车之鉴，屋大维深知“深藏功与名”。

一边是元老院谄媚地反复为他加官晋爵：公元前 29 年，元老院加封其为“英白拉多”（统帅）；公元前 27 年，又加封其为“奥古斯都”（至尊）；公元前 23 年，再加封为“第一公民”。

另一边是屋大维谦虚地不断推辞谦让：终其一生，他谢绝“终身独裁官”称号。公元前 27 年，他自请下台，恢复罗马共和国。公元前 2 年，他接受“祖国之父”的称号。

从大权独揽到称孤道寡，开创者恺撒等了三年，继承者屋大维忍了数十年。

屋大维和罗马皇帝

在中国古代，秦始皇自称“皇帝”，意思是“功过三皇，德兼五帝”。

在罗马帝国，由恺撒奠基，由屋大维完成的“皇帝”制度更加复杂：

公元前 27 年，屋大维被尊为“奥古斯都”。这一年被视为罗马帝国的开端。

屋大维

公元14年，奥古斯都去世，养子提比略继承皇位。

公元1—3世纪，罗马帝国共经历四个王朝的统治：朱利亚-克劳狄王朝（14—68年）、弗拉维王朝（69—96年）、安东尼王朝（96—192年）和塞维鲁王朝（193—235年）。

罗马皇帝有三个头衔：英白拉多（Imperator）、恺撒（Cæsar）和奥古斯都（Augustus）。英白拉多表示军队的统帅，恺撒表示皇族的血统，奥古斯都表示个人的尊荣。

因为罗马帝国对欧洲产生深远影响，所以各国语言中的“皇帝”一词都可以追溯到罗马皇帝。在英语中，皇帝“Emperor”来自“英白拉多”；德语的皇帝“Kaiser”和英语中的沙皇“Tsar”都源于“恺撒”。

当然，历史没有遗忘屋大维。公元14年8月19日，屋大维在巡游的途中驾崩。为了纪念这位奥古斯都，罗马历法把八月命名为“奥古斯都月”，这就是今天公历中的8月——“August”的由来。

漫画中的“抗罗英雄”

“公元前 50 年，高卢全境都被罗马占领了……全境吗？不！因为还有一个村庄，那里居住着顽强的高卢人，他们一直在抵抗侵略……”

在法国，这是一段家喻户晓的开场白。它出自法国的“国民动漫”——《高卢英雄传》。1965 年，法国人把他们发射的第一颗人造卫星命名为——“阿斯泰利克斯 1 号”(Astérix 1)。阿斯泰利克斯正是《高卢英雄传》的主角。由此可见，法国人对这部漫画情有独钟。

正如开场白所说，《高卢英雄传》的主要剧情就是：高卢大英雄花式吊打罗马侵略者。

《高卢英雄传》中的主角形象

在高卢一方，两位高卢英雄是男主角。高卢的法宝是神奇药水，凡人喝下就力大无穷。阿斯泰利克斯身材矮小，金发碧眼大鼻子，他的胸前挂着一瓶药水，属于“智力型英雄”。奥贝利克斯身材巨大，他小时候掉进过药水缸，因此变成“肉山”，属于“力量型英雄”。

在罗马一方，恺撒是头号大反派。恺撒统率罗马军队，处心积虑要征服高卢村庄。恺撒身边有一位文官，忠实记录其言论；恺撒手下有大批士兵，忠实执行其命令。实际上，文官的功能是“花式立旗”，士兵的功能是“花式挨打”。

显然，这种人物设定是典型的主角光环照耀下的反派必败套路，结局可想而知。《高卢英雄传》成为法国版的“抗罗神剧”。

问题是为什么“抗罗神剧”能在法国广受喜爱？历史上，高卢人有没有“抗罗英雄”？

历史上的“抗罗英雄”

高卢人是罗马人的老邻居。他们的足迹遍及今天法国、德国和意大利等其他西欧国家。罗马人把阿尔卑斯山南北两面的高卢人分别称为“山南高卢”和“山北高卢”。在历史上，高卢人和罗马人曾经多次交手，罗马人逐渐占据上风。

公元前 3 世纪，在泰拉蒙战役中，罗马人大败高卢人。此后，山南高卢被罗马人征服。公元前 1 世纪，阿莱西亚战役中，罗马人再次打垮高卢人。此后，山北高卢被罗马人征服。到公元 1 世纪以后，高卢地区逐渐安定，高卢人与罗马人逐渐融合。

因此，《高卢英雄传》的大背景属实——“公元前 50 年，高卢全境都被罗马占领了”。当然，最后一个顽强抵抗罗马征服的村庄是漫画家的虚构。

同时，在史料中，确实存在一位“抗罗英雄”——维钦托利。他曾经与恺撒一决雌雄。维钦托利是高卢人阿维尔尼部落的领袖。当时，恺撒出征高卢，高卢人的抵抗迅速遭到镇压。公元前 52 年，不甘屈服的高卢部落会盟。他们推举维钦托利为领袖，发起反对罗马的起义。公元前 52 年，双方在阿莱西亚决战，结果罗马人再度打败高卢人，维钦托利本人被俘虏。公元前 45 年，恺撒凯旋罗马城，维钦托利被

维钦托利

复原的罗马边墙，是为防止日耳曼人南侵所建

当众处死。

由此可见，在历史上，高卢人的“抗罗英雄”不但不是常胜将军，而且还是一败涂地。不过，后世的法国人仍然把维钦托利视为英雄。为什么“抗罗英雄”能够获得如此殊荣？

“抗罗”：欧洲的共同记忆

在国际化视野下，我们会发现，“抗罗英雄”不是法国独有的，而是欧洲普遍拥有。在德国，英雄是日耳曼人的勇士赫尔曼；在英国，英雄是不列颠人的女王布狄卡。

赫尔曼是日耳曼人切鲁西部落的王子。公元1世纪初，

赫尔曼

罗马军团攻入今天的德国境内。公元9年，日耳曼人发起反抗。条顿堡森林战役中，赫尔曼率日耳曼人消灭三个罗马军团，斩杀总督瓦鲁斯。奥古斯都大帝闻讯后哀叹：“瓦鲁斯，还我军团！”

布狄卡是不列颠人爱西尼部落的女王。公元1世纪初，罗马帝国登陆今天的英伦三岛。1世纪中叶，不列颠人发动起义，在布狄卡的率领下，起义军攻克罗马人的据点科尔切斯特。在惠特灵大道战役中，布狄卡向全军宣誓：“不是胜利，就是灭亡！”

布狄卡

罗马人防御不列颠人的哈德良长城

当然，这些只是故事的前半段，他们的成功只是昙花一现，他们的结局都是功败垂成。随着罗马人迅速发起反攻，公元 21 年，赫尔曼惨遭暗杀；公元 62 年，布狄卡战败死亡。罗马人在罗马帝国的边界修建防御蛮族的工事，包括莱茵河界墙和哈德良长城等。不过，在后世英国和德国的历史中，赫尔曼和布狄卡都被定格为“抗罗英雄”。

史学家认为：欧洲各国都出现抗罗英雄，不是因为古人的战绩，而是由于后人的需要。近代，英国、法国和德国相继建立民族国家。民族需要历史，历史需要英雄。维钦托利、赫尔曼和布狄卡就被解释为代表本土民族，对抗外来强权的“民族英雄”。

与此同时，反抗罗马和保卫祖国成为欧洲民族共享的政治情绪、历史情结和艺术套路。《高卢英雄传》正是法国人的爱国情感和幽默精神融合的结晶。

6 角斗士：古罗马的『战狼』

美国电影《角斗士》上映后，票房突破4亿美元，排名全球动作片票房第八。主演拉塞尔·克劳演活了古罗马角斗士，获得奥斯卡最佳男主角小金人。

在电影中，皇帝康莫德斯屠杀了将军麦希穆斯全家。麦希穆斯侥幸逃生并成为角斗士。通过一场场血腥的角斗，他一步步杀回罗马。在罗马大角斗场，他手撕战车，肉搏猛虎。最后，他和暴君一对一单挑，同归于尽。

随着《角斗士》的热映，现代人对古罗马的角斗士和角斗竞技产生了浓厚的兴

角斗士大战野兽

趣：什么人会冒着生命危险成为角斗士？为什么罗马人热衷于暴力的角斗？

角斗士：战士还是演员？

在角斗士群体中，有些是被迫进行角斗的战俘奴隶，有些是自愿角斗谋生的罗马公民。角斗士是高风险高回报的职业。风险是生死自负，回报是名利双收。在真金白银的诱惑下，有些公民宁可降为奴隶，也要参加角斗。

角斗士被分成不同种类，使用不同类型的武器和武艺，例如剑斗士、盾斗士和网斗士。古代的网斗士可不是今天的网民，而是有点像渔民。他们上身赤裸，手持渔网和三叉戟。战斗中，他们先“下网”，再“叉鱼”，完全依靠技巧取胜。

与现代人的印象不同的是：古罗马的角斗士不是“铁血肌肉男”，而是“肉山大魔王”。角斗士的饮食以大豆和小麦等素食为主，他们有意识地积累厚厚一层脂肪，充当一层额外的“肉盾”。

更加让人难以想象的是：角斗不是“九死一生”，而是“一死九生”。因为，如果角斗士死亡，竞赛主办方就要向角斗士的主人支付赔偿金。只有留下角斗士的“小命”，才对得起主人的“小算盘”。

不过虽然不如电影中呈现的“苦大仇深”，但古罗马角

角斗士单挑

大型角斗活动

斗士仍然是“高危行业”。据估计，在700年间有约70万角斗士丧生。可见，罗马角斗规模之大，频率之高。

角斗：战斗还是表演？

角斗竞技起源于公元前3世纪。当时罗马和迦太基正在进行布匿战争。在贵族葬礼上，罗马人强迫奴隶和战俘格斗，以此祭奠牺牲者。此后，角斗竞技从祭祀仪式转向商业活动。与其说角斗是简单粗暴的“搏杀”，不如说是精心策划的“真人秀”。

在角斗前，角斗士要进行专业培训。古罗马人创建寄宿制学校，专门培训角斗士。在培训机构里，他们受到严格的体能训练和武艺训练，使用木制兵器模拟实战。在比赛日，各种广告铺天盖地，介绍比赛时间与出场选手，如同今天的职业拳王擂台赛。

活动开始了，首先举行“出场式”，然后进行“热身赛”，最后才是真刀真枪的“大决战”。如果是选手对选手，主办方事先会对角斗士进行分级，战力相当的选手逐对厮杀，保证比赛充满“悬念”；此外，还设置一到两名裁判，维持比赛秩序。

角斗场是适合角斗和观赏的古代建筑。这些建筑的形式通常是环形看台包围圆形场地。庞贝竞技场是最古老的角斗场；罗马大斗兽场是最庞大的角斗场。

角斗场的中心是赛场。与其说是“赛场”，不如说是“舞台”。赛场下方有双层地下室。通过地道和暗门等，角斗士、野兽和场景可以无缝切换，堪称古代实验剧场。公元245年，为了庆祝罗马建城1000年，罗马大斗兽场注水形成人工湖，以模仿大海战的场景。

角斗场的外围是看台。看台是罗马社会的缩影。凭借座位就可以区别贵族与平民：一方面，等级越高，观看区域越

罗马大斗兽场

好；另一方面，各区域各有出入通道，严格互相隔离，彼此看得见，却无法接触。

角斗热：亦真亦幻的古代“战狼”

文明的罗马人为什么热衷于野蛮的角斗？

在文化上，尚武是罗马的立国之本。从小城邦到大帝国，战争几乎是罗马人生活的常态。罗马人崇尚武力。例如，在罗马的建城传说中，虽然兄弟“共患难”，但是没有“同富贵”。哥哥杀弟弟毫不留情。作为战斗民族，罗马人热衷于角斗，不足为奇。

罗马大斗兽场内部

在经济上，角斗是古代的娱乐业。从角斗学校和角斗场地的建设，到角斗训练、角斗比赛，形成一条“产业链”。角斗士追求“扬名立万”，奴隶主实施“造星工程”，观赏者满足“感官盛宴”，各取所需。有时，皇帝直接“接盘”，成为角斗的大金主。

在政治上，角斗是统治者的“愚民工程”。随着罗马的发展，社会矛盾逐渐趋于尖锐。自屋大维以后，执政者普遍采取“面包加竞技场”的策略，通过组织角斗，笼络底层民众。由此，角斗成为帝国政治的一环。

角斗士正是古罗马文化氛围、经济利益和政治策略共同催生的产物。从这个角度说，古代的角斗是实中有虚：虽然角斗是真打，但是角斗士是征服者和奴隶主操纵的傀儡。当然，哪里有压迫，哪里就会有反抗。古罗马历史上最著名的奴隶起义——斯巴达克起义——就是一场角斗士领导的席卷意大利的奴隶起义。

7 千年之城

2007 年，人类历史经历一场隐形变革——这一年，全球城市人口第一次超过农村人口。据估计，到 2050 年，全球将有 64 亿人成为城市居民，城市人口将占全部人口的 70%。

什么是城市？简单而言，城市是大量人口的聚集地。与此相应，为了让大家“在一起”，城市演化出一系列特殊功能。其中既有看得见的高楼大厦，也有看不见

古罗马城复原图

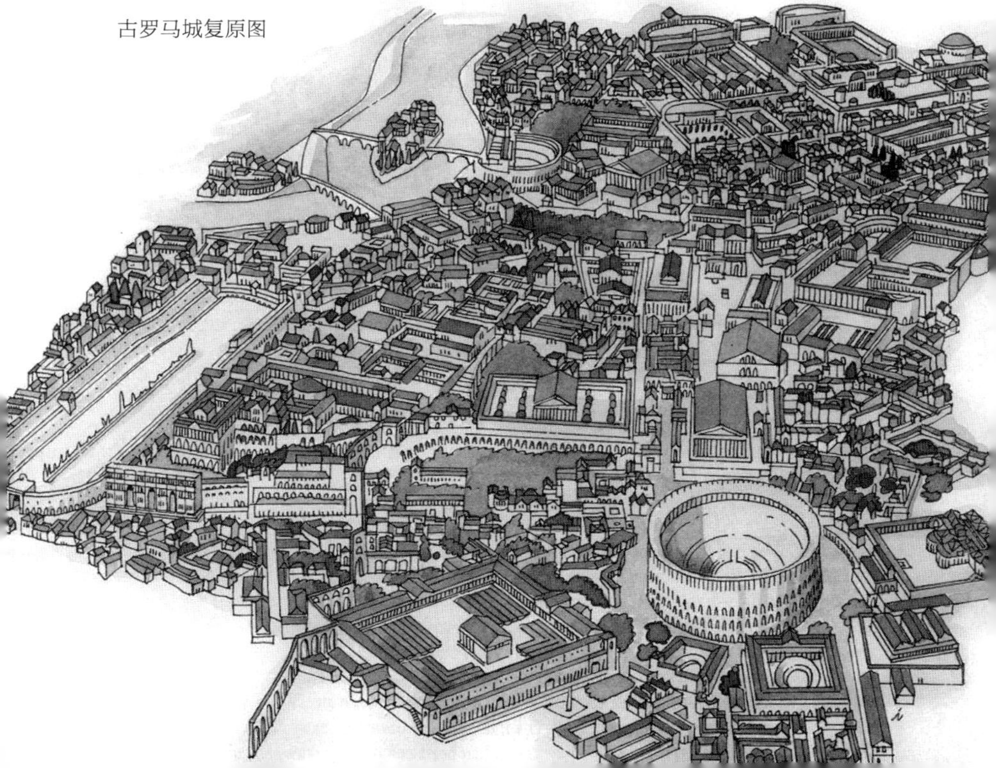

的管道线路。

在世界城市的历史上，罗马城是名副其实的“千年之城”。公元前 753 年，罗马建城。公元 245 年，罗马迎来近 1000 岁生日。作为千年名城，罗马城有哪些标志性的设施呢?

浴场：罗马的脸面

罗马城的第一张名片是澡堂。热气腾腾的浴室是罗马城市生活的“脸面”。

在结构上，罗马澡堂通常分为三部分：热水浴室、温水浴室和冷水浴室。炉灶也分成三套：第一套煮沸开水，第二套加热空气，第三套收集冷水。有些浴场还有蒸汽浴。

罗马卡拉卡拉浴场

在功能上，浴场既是搓澡之处，又是社交场所。通常，人们在温水浴室停留时间最长，这里往往装饰华丽：上方是拱形穹顶，四周有精美壁画，地面是光滑瓷砖。我们可以想象：在金碧辉煌的浴室搓澡、会友和聊天，一定是罗马市民生活中的享受。

卡拉卡拉浴场是罗马最著名的大澡堂。浴场建于 212 年，占地 13 亩，可以容纳 2000 人。大浴场的造型甚至影响了纽约火车站的设计。

水渠：罗马的血管

罗马的第二张名片是水渠。无孔不入的水道是罗马城乃至罗马帝国城市生活的“血管”。

扬州人说：早上皮包水（喝茶），晚上水包皮（洗澡）。洗澡需要水，生活更离不开水。如何为城市供水，这是复杂的工程。罗马人发明了精密的供水系统，保证城市用水。

在法国，现存罗马帝国嘉德水道桥。高架桥高 49 米，长 274 米。通过水道桥，一条宽 1 米深 2 米的水渠把山泉水输送到 50 多千米以外的罗马城市尼姆。今天，嘉德水道桥成为世界文化遗产。

在古罗马城，共有 11 条水渠，水渠把水源注入城内水库，水管系统把水运送到千家万户。在公共区域，主水渠输出大量的水流，不但保证水压，而且提高流速，冲刷城市排

嘉德水道桥

污系统。在居住区域，金属管道输送生活用水，石制渠道收集排水，经过水循环，返回主水渠。

不过这些水也不是免费午餐，政府按人征收水费。罗马城市供水系统是古代工程的奇迹，不但解决了居民用水问题，而且实现了供水和排污的协调，大大提高了市民生活质量，成为现代城市供水的雏形。

道路：罗马的四肢

罗马城的第三张名片是道路系统。四通八达的道路是罗马城市的“四肢”。

“想致富，先修路”，这是当代中国人的致富秘籍，也是古代罗马人的治国秘籍。

阿庇乌斯路，又称亚壁古道，起点为罗马，终点为布林迪西

公元前 312 年，罗马人修筑第一条军用大道：阿庇乌斯路。这条道路全长 212 千米。路面是规格整齐的石材，黏合剂是混凝土，铺路石嵌入地下 1.5 米深，地基是砂浆和黏土。道路中间突起，便于排水。整条道路质量过硬，经久耐用，成为罗马筑路的典范。

从此以后，罗马人总共修建了几十条军用大道和几百条民用大道。完善的道路网刺激了首都和行省之间的贸易，推动罗马城市走向繁荣。西方著名格言“条条大路通罗马”正是对罗马道路建设成就的体现。

在道路的基础上，罗马人还创建了早期的邮政服务。邮递员通过道路和驿站传递信件。罗马邮政系统成为现代快递行业的滥觞之一。

庞贝是一座被火山灰淹没的古罗马城市

庞贝遗址成为历史学家研究古罗马城市的重要史料

除了公共浴室、水渠系统和道路系统，罗马人的“基建狂人”属性还体现在其他领域：在古罗马城市中，存在大量的竞技场、大剧场、大浴场、大广场以及大图书馆。对于罗马公民来说，公共设施提供了极大的生活便利。这些设施也成为现代城市公共设施的雏形。

今天，城市化的进程方兴未艾。当我们或奔向“北上广深”，或飞向“纽伦巴东”时，我们不妨暂停脚步，品味古人的智慧，城市不是生活的目的，而是“让生活更美好”的载体。

公元220年，经过400多年的统治，中国的大汉王朝四分五裂。此后，经过分裂割据，国家重新统一。于是，中国古人认为：“天下大势，分久必合，合久必分。”

公元476年，经过近500年的统治，西方的罗马帝国土崩瓦解。此后，欧洲四分五裂，罗马的光荣一去不返。罗马衰亡成为欧洲人挥之不去的谜案。

如果我们把罗马帝国崩溃比作疑案，把史学家视为“名侦探”，那么谁才是“罪犯”？在众多研究罗马衰亡史的历史“侦探”中，《罗马帝国衰亡史》的作者爱德华·吉本最负盛名，在“名侦探”吉本的笔下，谁才是罗马灭亡的罪魁祸首呢？

犯人就是你！皇帝

根据吉本推理，在帝国内部，皇帝是衰退的启动者。

公元1世纪，奥古斯都建立罗马帝制。吉本批评说，奥古斯都是一位“狡猾的君王”。皇帝集中权力，元老院被架空，皇帝的“欺骗”层出不穷，罗马的“自由”受到破坏。

公元2世纪，塞维鲁登上皇帝宝座。吉本指责说，他是罗马衰落的“罪魁祸首”之一。塞维鲁既不尊重议会，也不遵守法律，还把拥护自己的“铁粉”送进元老院“充数”。

公元41年被禁卫军刺杀的皇帝卡利古拉

公元193年，罗马皇帝康茂德在阴谋中被杀。就在这一年，禁卫军竟然公开拍卖皇位。富商高价“竞标”，军人弑君“交货”。

公元235年，罗马皇帝亚历山大·塞维鲁被杀。在几十年中，帝国连续出现二十位皇帝。政变戏码像走马灯一样反复重演。

吉本沉痛地说：“在种种欲望和贪婪中，对权力的追求是最为专横和最不得人心的。”由于政治腐败，社会萎靡，蛮族的暴力和宗教的盲信乘虚而入。

罗马禁卫军

犯人就是你！蛮族

根据吉本推测，在帝国外部，“蛮族”是崩溃的推动者。

公元 4 世纪前，罗马人称拒绝臣服的异族为“蛮族”，包括高卢人、不列颠人和日耳曼人。在与强悍的蛮族的搏杀中，罗马军团占据上风，大量蛮族加入罗马军队。久而久之，蛮族成为罗马军队主力。

公元 4 世纪后，欧亚大陆的游牧民族向西方迁移，包

阿提拉进攻罗马

括匈人、哥特人以及汪达尔人等。在更强悍的“战斗民族”的冲击下，虽然罗马军团还有招架之功，但是还手之力逐渐丧失。大量城市先后失守。

上帝之鞭阿提拉

公元 410 年，阿拉里克率领哥特人包围罗马城。“千年之城”罗马第一次陷落。

公元 450 年，阿提拉统率匈人骑兵横扫西欧。欧洲人惊恐万分，称其为“上帝之鞭”。

公元 455 年，汪达尔人再度攻破罗马，经过反复洗劫，罗马城内只剩下 7000 居民。

公元 476 年，蛮族首领废黜罗马的末代皇帝，帝国宣告灭亡。

犯人就是你？神祇

除了有形的凶手以外，吉本认为，当时的神祇同样难辞其咎。

公元 1 世纪以前，罗马人信仰多神宗教。公元 3 世纪以后，一神信仰在罗马帝国兴起。其中基督教影响最大。它起

君士坦丁受洗

源于中东，传播到罗马。随着教徒增加，教会势力崛起。

到罗马帝国后期，由于宗教信徒数量众多，统治者不得不谋求联合教会：公元 313 年，君士坦丁大帝发布《米兰敕令》，宣布基督教的合法地位。公元 392 年，狄奥多西皇帝确立基督教为帝国国教。

根据吉本的看法，宗教的某些教义和教会的部分行为，对罗马社会造成了消极的影响：一方面，信徒不再为现实努力，而是为来世祈祷；另一方面，基督教会耗费大量公私财产，严重消耗帝国捉襟见肘的国力。

真相不止一个

历史“侦探”爱德华·吉本指出了三名嫌疑犯，这些构成了他的名著《罗马帝国衰亡史》。不过，他没有得出唯一答案：是谁杀死罗马帝国。

吉本的观点也不是唯一的说法。根据学者统计，人们对罗马衰落的解释达到两百多种。影响较大的说法包括过度扩张、通货膨胀、军事退化和环境退化等。

近现代以来，新观点层出不穷，有些说法“脑洞大开”，例如铅中毒说。科学家认为：罗马人用铅锅烹饪甜食，加热中产生含铅物质。长此以往，罗马人普遍慢性铅中毒。

君士坦丁大帝

同时，有人主张反思问题本身：公元330年，君士坦丁大帝迁都到东部的君士坦丁堡。公元395年，帝国分为东、西两大帝国。西罗马帝国很快灭亡，东罗马帝国继续生存。因此，罗马帝国灭亡这一事件本身值得商榷。

追根溯源，史学不是侦探小说——真相可以不止一个。随着时代的演变和研究的深入，人们将不断讨论罗马帝国灭亡之谜，新观点也将不断产生。这就是历史的魅力所在。

主题四

中古亚洲

导言

亚洲全称亚细亚洲（Asia）。

亚细亚的名称源于古代腓尼基人。腓尼基人擅长航海，见多识广。他们把地中海视为边界，把地中海以西的土地称为日落之地（Ereb），地中海以东的土地称为日出之地（Asu）。

罗马帝国鼎盛时期，亚细亚特指罗马帝国的亚细亚行省。它位于土耳其的安纳托利亚。罗马人以此地作为门户，派遣使团和商队远赴印度和中国，进口香料和丝绸，并带来异域的知识。

西罗马帝国灭亡以后，亚细亚逐步泛指世界五大洲之一的亚洲。自此以后的一千年，日落之地陷入黑暗时代，日出之地各民族争奇斗妍。

一千年间，亚洲是许多古老民族的家园，包括中国人、印度人、波斯人和阿拉伯人等。强大的帝国、传奇的人物、富饶的物产和灿烂的文化在亚洲大陆上此起彼伏。

倭人在带方东南大海之中，依山岛为国邑。旧百余国，汉时有朝见者，今使译所通三十国……南至邪马台国，女王之所都……自郡至女王国万二千余里……

倭国乱，相攻伐历年，乃共立一女子为王。名曰卑弥呼，事鬼道，能惑众，年已长大，无夫婿，有男弟佐治国。自为王以来，少有见者……

——《三国志·魏书·乌丸鲜卑东夷传》

东方海岛上有一个古老的王国——邪马台。王国的君主是一位神秘的少女——卑弥呼。女王大权在握，神通广大，却独自隐居，不问俗事。这不是魔幻小说的情节，而是中国史书《三国志》的记录，更是最古老的关于日本的记载，而且成为日本历史上的一桩谜案。

矛盾的记载

比较中、日两国史书，中国史书记载了卑弥呼和邪马台，日本史书没有与之相关的记载。

汉倭奴国王印

在中国史书《三国志》中，卑弥呼是邪马台的统治者。

曹魏景初二年（238），女王派遣大臣访问中原。魏明帝册封“亲魏倭王”，赏赐“金印紫绶”，馈赠一百面铜镜等礼物。此后，曹魏和邪马台有过多次友好交往。

曹魏正始年间，卑弥呼去世，她被安葬在大型圆形陵墓中——“大作家，径百余步”。邪马台国发生内乱，最后，一位13岁女孩被立为新任女王。

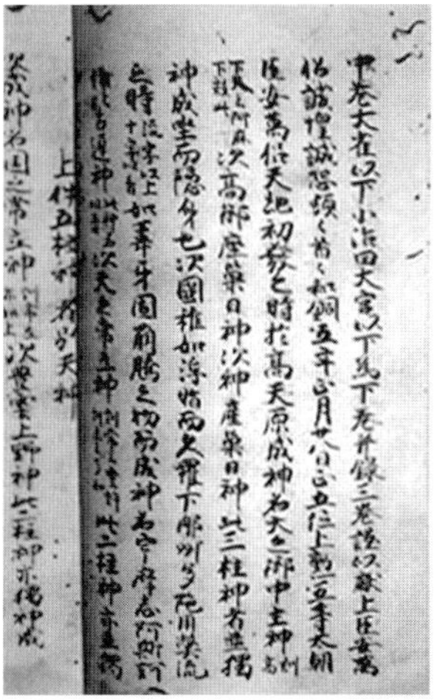

真福寺《古事记》

当时，卑弥呼族人被称为“倭人”。而邪马台及其周边被称为“倭国”。

在日本史书《古事记》中，天皇是大和王国的统治者。

日本神话认为：开天辟地产生天地万物，天界名叫“高天原”，人间被称为“苇原中国”。在天界，主宰者是“天照大神”。在人间，“神武天皇”是神的后裔。

天照大神

神武天皇

公元前660年，神武天皇发动“神武东征”，建立“大和王权”，登基成为第一代天皇。在近代，日本人把神武天皇即位之日定为日本的建国纪念日——“纪元节”。

日本古人相信：天皇的祖先是神，天皇的统治“万世一系”。

中国史料年代较早，记载更写实，日本史书年代较晚，记载更浪漫，因此，人们推断：卑弥呼确有其人，邪马台国也确有其国。问题是卑弥呼对应的是什么人？邪马台具体是在什么方位？

难解的谜题

在古代，《三国志·魏书·倭人传》就从中国传播到日本，卑弥呼和邪马台成为一桩“历史公案”。古往今来，许多日本的历史学家和知识分子提出了五花八门的说法。

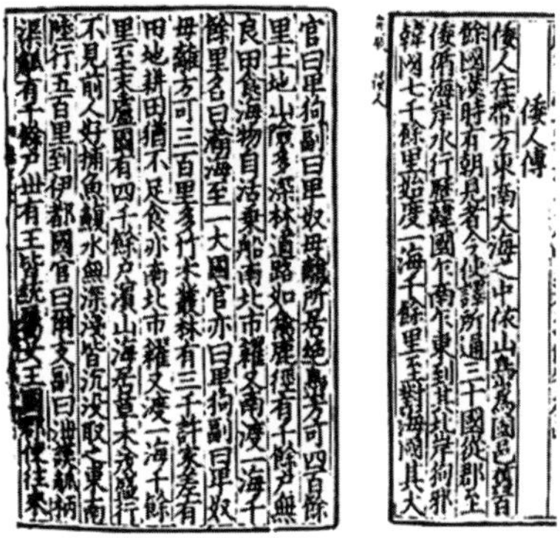

倭人傳
倭人在帶方東南大海之中依山島為國邑舊百
餘國漢時有朝見者今使譯所通三十國從郡至
倭循海岸水行歷韓國乍南乍東到其北岸狗邪
韓國七千餘里始度一海千餘里至對海國其大
官曰卑狗副曰卑奴母離所居絕島方可四百餘
里土地山險多深林道路如禽鹿徑有千餘戶無
良田食海物自活乘船南北市糴又南渡一海千
餘里名曰瀚海至一大國官亦曰卑狗副曰卑奴
母離方可三百里多竹木叢林有三千許家差有
田地耕田猶不足食亦南北市糴又渡一海千餘
里至末盧國有四千餘戶濱山海居草木茂盛行
不見前人好捕魚鰒水無深淺皆沈沒取之東南
陸行五百里到伊都國官曰爾支副曰泄謨觚柄
渠觚有千餘戶世有王皆統屬女王國郡使往來

《三国志·魏书·倭人传》

日本古书《日本书纪》指出：卑弥呼对应的是神功皇后。3 世纪，神功皇后摄政 70 年，对内平定叛乱，对外远征朝鲜。不过，近代学者普遍怀疑，神功皇后是虚构的人物。

反之，一些近代的学者怀疑：日本史书没有记载卑弥呼，邪马台与大和王国没有关系。由于后来邪马台国消亡，卑弥呼的事迹随之失落。

此外，还有人推算：卑弥呼是某代天皇皇女，曾经主管祭祀事务。

有人认为，邪马台在日本西部的九州，卑弥呼是当地部族的酋长。他们提出的证据是：根据文献记载，神武东征是从九州到本州；根据考古发现，九州出土大量先进铁器。因此，九州地区可能是邪马台的所在地。

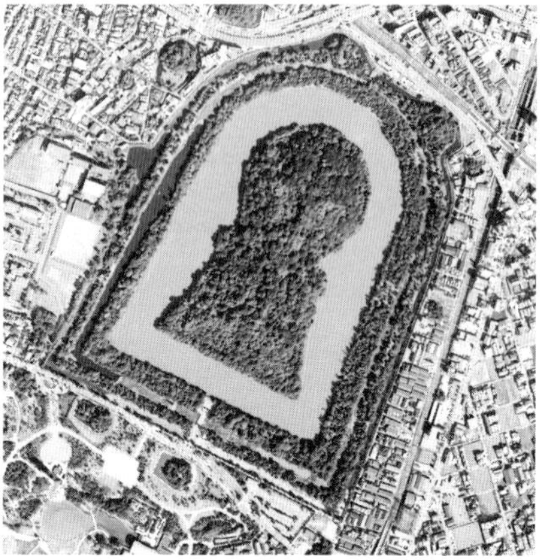
古坟遗址

有人认为，邪马台在日本中部的畿内，卑弥呼是大和王国的祭司。他们提出的证据是：根据文献记载，卑弥呼死后葬入圆形陵墓；根据考古发现，当地存在众多3世纪圆形古坟。因此，畿内地区应该是卑弥呼的葬身之地。

此外，还有其他观点，例如邪马台从西部迁徙到东部和邪马台位于琉球群岛等。

迄今为止，卑弥呼的身份和邪马台的位置仍然没有定论。

开放的答案

虽然卑弥呼的身份扑朔迷离，但是这没有影响人们对她的兴趣。

在学术研究领域，卑弥呼是中日文化联系的证明。

日本是东亚岛国。日本列岛与中国隔海相望。中、日两国的联系源远流长。

7世纪前，经过绳纹时代、弥生时代和古坟时代，日本文化萌芽，部族王国开始出现。邪马台可能是早期的古国之一。中国史书恰好记录卑弥呼的一段历史。

7世纪后，经过飞鸟时代、奈良时代和平安时代，日本文明成形，成文史书开始出现。一方面，日本古人从中国古籍读到邪马台；另一方面，他们试图把卑弥呼嵌入日本帝系。

遇倭兵于白江口，四战皆捷，焚其舟四百艘，烟炎灼天，海水皆赤。

——《资治通鉴》

须臾之际，官军败绩。赴水溺死者众，舻舳不得回旋。

——《日本书纪》

倭船千艘，停在白江；百济精骑，岸上守船；新罗骁骑，为汉前锋。

——《三国史记》

东亚的三本史书不约而同地用浓墨重彩描写了一场战役——公元663年的白江口之战。三方势力的轨迹为何交汇于朝鲜白江口？白江口的决战又如何影响了东亚的历史？

三方博弈

这场东亚多方力量在白江口的决战，源于两场三方角力。

第一场博弈是小型三方角力——高句丽、百济和新罗的斗争，其中高句丽是中国东北少数民族政权。

朝鲜半岛是“三千里江山”。半岛的东

新罗天马图

高句丽壁画

部有连绵的太白山脉，西部有平坦的汉江平原。几千年前，人类已经在朝鲜半岛定居，既有当地的土著，也有外来的移民。

根据朝鲜史书记载，公元元年前后，高句丽、百济和新罗在今天的中国东北部分地区和朝鲜半岛逐渐形成三足鼎立之势，这种局面持续了数百年。

第二场是发生在整个东北亚大陆上的更大的三方角力。

朝鲜半岛是“天然的桥梁”。西北是东亚大陆，东南是日本列岛，朝鲜半岛位于二者之间。自古以来，在上述三个地理区域内的民族和政权之间，既有和平的交流，又有激烈的冲突，甚至有后来的日本侵略战争。日本长期以来，一直要向朝鲜半岛和东亚大陆扩张。

百济佛塔

公元7世纪，半岛上的矛盾爆发。660年，百济和高句丽夹击新罗。唐朝救援新罗。唐罗联军攻灭百济。

662年，唐朝和新罗反攻高句丽。倭国救援百济残部，唐朝又增援新罗。

由此，东亚三国五方的轨迹在朝鲜半岛交汇。

烽火白江口

公元663年，唐高宗龙朔三年，倭国天智天皇二年，唐朝和倭国决战白江口。

在后方，几方的统治者展开高能的“微操作”。

在唐朝，主政者是唐高宗李治。李治建议新罗王国在半岛分出南、北两个战场。

在日本列岛，主政者是一代女皇齐明天皇的儿子——天智天皇。齐明天皇计划出兵朝鲜，中途去世；天智天皇主导“大化改新”，改造社会。

在朝鲜半岛，三国各自做出战略抉择：新罗文武王接受唐朝册封，以谋求在唐朝的支持下统一其他两国；百济王子请天皇出兵；高句丽也邀天皇出兵。

高句丽王陵

在前线，双方的远征军展开“立体化”战争。

在内陆，主战场是周留城，唐朝和新罗联军在城外形成包围，倭国和百济联军在城内坚守。

在海上，主战场是白江口，倭国数以百计的战船驶来，唐朝精锐迎面阻击。

公元 663 年 8 月 27 日，大决战在海上爆发。倭国船队展开攻击，唐朝舰队进行防守。经过激烈的海战，倭军陷入混乱——“赴水溺死者众，舻舳不得回旋”，唐军顺势反击——“焚其舟四百艘，烟炎灼天，海水皆赤”。

最后，唐朝和新罗大胜。

化干戈为玉帛

白江口之战尘埃落定，朝鲜半岛的历史翻开新篇章，东亚三国的发展迎来新时代。

百济佛像

在朝鲜半岛的小型三方角力中，新罗统一的朝鲜民族初步形成。

公元660年，百济灭亡。公元668年，高句丽灭亡。公元676年，新罗王国统一朝鲜半岛南部，建立新罗王朝。

在东亚三国的大型博弈中，以唐朝为中心的格局确立。

新罗仿照唐朝把国土划成“九州”，把名山定为“五岳”，复制出一个“迷你版唐朝”。

新罗王室服饰

日本把国都定名“洛阳”，把官阶分为“九品”，拷贝出一个“缩小版唐朝”。此后900余年间，日本始终不敢进军亚洲大陆。

此外，新罗和日本向唐朝派出遣唐使和留学生，唐朝的器物和思想进一步输入朝鲜半岛和日本列岛。

在小说中，《西游记》是中国最经典的冒险故事。唐僧师徒克服万难，前往西天取得真经。在历史上，唐僧是古代中国最伟大的留学生。玄奘西行求法 17 年，带回佛典 657 部。

玄奘像

然而，众所周知的是，唐僧“西天取经”中的“西天”是佛教的起源地印度；鲜为人知的是，除了中国高僧“西游”和

"取经"，还有印度高僧"东游"和"送经"。

康僧会和"感应舍利"

东汉时期，汉明帝迎接印度高僧访华，印度佛教传入中原汉地，史称"永平求法"。

在东游的印度高僧中，康僧会来华时间很早。康氏家族来自中亚，世居印度。三国时期，他从海路进入江南。《高僧传》记载，"康师父"不但"送经"，而且和孙权展开"学术讨论"：

康僧会说："佛祖遗骨化作舍利。佛法无边，给我七天，我就能召唤舍利。"

孙权表示："若能得舍利，当为造塔；如其虚妄，国有常刑。"

古代没有快递。七天怎么可能把舍利运来？

只见"康师父"淡定地取出空瓶子，盖上瓶塞，沐浴更衣，顶礼膜拜。

七天过去了，舍利没有现身，"康师父"请求宽限七天。

孙权表示：再给你七天。

十四天后，舍利无影无踪，"康师父"请求再宽限七天。

孙权表示：再给你七天，七天后再无舍利，让你脑袋搬家。

法显（左二）

第二十一天，“既入五更，忽闻瓶中锵然有声，会自往视，果获舍利”。

孙权还是不服，派力士用铁锤猛砸舍利，锤子四分五裂，舍利完好无损。

这下孙权心服口服，他兑现诺言，修筑寺庙，从此以后，佛教在江南蓬勃发展。由此，康僧会开创“感应舍利”先河。传说只要信徒虔诚祈祷，舍利就会凭空出现。

鸠摩罗什，坎坷弘法路

两晋时期，天下混战，史称“永嘉之乱”。许多来华传教的僧侣身不由己地卷入战乱。

在东游的印度高僧中，鸠摩罗什学问最高深，但是遭遇最尴尬。他生于龟兹，名满西域，几经辗转，后至中原，最终为了“送经”，被逼娶了一堆媳妇。

史书记载，鸠摩罗什学富五车，不但在西域成为大师，而且立志向中原传播佛学。

“罗什从师受经，日诵千偈，偈有三十二字，凡三万

鸠摩罗什像

二千言，义亦自通。”

“西域诸国咸伏罗什神俊，每至讲说，诸王皆长跪坐侧，令罗什践而登焉。”

这些说明鸠摩罗什聪慧透彻，西域诸王对他尊崇备至。

然而，“树大招风”，军阀们很快开始教鸠摩罗什“做人”：

公元 382 年，前秦大将吕光征服西域。鸠摩罗什成为吕光的俘虏。吕光没有善待高僧，而是突然有了“一个大胆的想法”。他强迫鸠摩罗什迎娶龟兹国公主。

“光见其年齿尚少，以凡人戏之，强妻以龟兹王女，罗什距而不受，辞甚苦至……”然而最终罗什还是被迫娶了公主。

公元 401 年，后秦皇帝姚兴平定西域。姚兴把鸠摩罗什迎到长安。姚兴虽然善待高僧，但是也产生了“一个大胆的想法”。他不强迫鸠摩罗什结婚，而是一次送了一堆美女给鸠摩罗什。

为了立足中原，弘扬佛法，鸠摩罗什只能不断顺应当权者的要求。

最终，鸠摩罗什推动了佛教的传播，他所翻译的佛经与玄奘齐名。

菩提达摩和“一苇渡江”

时移世易，中国进入南北朝时期，南北双方长期对峙。佛教扎根中国，开始走向繁荣。在北方，人们开凿石窟，雕刻佛像，形成“三大石窟”：敦煌石窟、云冈石窟和

白马寺

菩提达摩

龙门石窟。在南方，人们兴建佛寺，焚香礼拜，形成“南朝四百八十寺，多少楼台烟雨中”的景象。

此时，东游高僧中，出现了一位神奇的“穿越者”——菩提达摩。《续高僧传》记载，菩提达摩是“南天竺婆罗门种”。他最神奇的地方就是“一苇渡江”。唐代僧人撰写的《双峰山曹侯溪宝林传》记载：

“菩提达摩乘舟经于三载，至于广州，刺史萧昂出迎，时当梁普通八年丁未之岁九月二十一日。闻奏梁帝，梁帝下诏赴京师，武帝亲驾车辇，迎请大师升殿供养。尔时武帝问达摩曰：朕造寺、写经及度僧尼，有何功德？达摩答曰：无功德！武帝曰：云何无功德？达摩曰：此有为之善，所以无功德。是时梁帝不悟此理，遂普通八年十月十九日泛过江北。”

菩提达摩来到南朝传播佛法。南朝统治者梁武帝笃信佛教。二人相约要“坐而论道”，没想到“话不投机半句多”。菩提达摩旋即拂袖而去。在北朝和南朝之间，横亘着滚滚长江。达摩不以为意，他脚踏芦苇，飘然渡江。典籍称其为“折芦渡江”，传说称其为“一苇渡江”。菩提达摩到达北朝继续传法。他来到嵩山少林寺，面壁九年，最终开启了佛教的“禅宗”。此外，菩提达摩还经常被设定为少林武功的鼻祖。

表面上，“西天取经”的唐玄奘没有“法术”，“东土送经”的印度高僧却“神通广大”。实际上，根据近代学者的考证，印度高僧的许多“神迹”是后世信徒不断“添油加醋”的结果。虽然印度高僧的具体行为有虚构夸张，但是东土送经的宏观进程是可信的。

公元前 4 世纪，孔雀王朝崛起。公元前 3 世纪阿育王统一印度大部，大力推广佛教。公元 6 世纪后，笈多王朝衰落，印度分裂，外族入侵，印度本土的佛教也走向衰落。因此，西去东来的僧人不但为中国带来了劝人向善的佛教，而且为印度保留了珍贵的历史信息。

那烂陀寺

“东南亚”位于亚洲东南部地区，在中国南面，印度的东面，含缅甸、泰国、老挝、越南、文莱、柬埔寨、菲律宾、新加坡、马来西亚和印度尼西亚等。“黑石号”的故事就要从印度尼西亚的一座荒岛上说起。

印度尼西亚号称千岛之国。其中有一座小岛名叫勿里洞岛。岛上的居民以捕鱼为生。不过，渔民们发现：海底捞出的东西不是新鲜美味的生猛海鲜，而是奇形怪状的坛坛罐罐。不久，岛上的怪事引来一位德国水泥厂老板。他热爱水下探宝，并

阿拉伯帆船

认定岛屿附近存在古代沉船。于是，专业打捞团队展开全方位搜索。

1998 年，人们终于在岛屿西部近海发现目标沉船。此后，船体和遗物被逐渐打捞上岸。水泥厂老板成了沉船的发现者。他为古船起了一个名字——“黑石号”。“黑石号”为人们带来一连串的疑问：它是谁的船？它从哪里来？它到哪里去？

西方船运东方货

2000 年，科学家开始研究“黑石号”和船上的遗物，他们很快发现，这艘船“不简单”。

一方面，船不简单。船体长 25 米，宽 7 米，船中央有一根桅杆，以三角帆为驱动力。整条船只没有一颗金属螺栓，以椰子的纤维固定，用橄榄的汁液粘合，当时油橄榄盛产于西亚。根据以上特征，学者们推测：“黑石号”是一条中古西亚商船。

另一方面，货更不简单。船舱内发现文物 6 万多件。除了一些铜镜、银锭以及金器，其他货物都是中国唐朝瓷器：300 件北方白瓷、200 件越窑青瓷、200 件白釉绿彩陶瓷以及 700 件广东青瓷。“黑石号”是一艘唐代瓷器货船。

在这些唐代瓷器上，人们发现古代的“宝贝”——“茶盏子”，古代的“淘宝店家”——“湖南道草市石渚盂子有名樊家记”，此外，甚至还可以辨认古代的“出货日期”——

“黑石号”上的长沙铜官窑瓷碗

“宝历二年七月十六日”。这些题款进一步证明这些货物来自公元 9 世纪的中国。

人们还意识到，一千年前，中国店家充满“工匠精神”，根据外国买家的需求设计产品。中国瓷器画满异域图案：花叶、云彩、蝴蝶、飞鸟、海怪和人像，还有惟妙惟肖的印度神像——摩羯鱼纹，时尚感爆表。

人们推测“黑石号”是古代商船，船主是西亚商人，运载“中国制造”送给外国消费者。也有人认为“黑石号”的货物不是一般商品，而是外交礼品，由唐朝皇室送给海外贵族。

“黑石号”证明，千年以前，中国、西亚和东南亚之间业已存在繁荣的“海上丝绸之路”，相比西方大航海时代的

“海盗”与“舰炮”，东方的海上交流更加平和与包容。

小城邦的大宝藏

2002年，“黑石号”上的文物得到公布，随即引发一场新的争论——这条船应该属于谁？

货物来自中国，中国多家博物馆有意收购；船只来自西亚，卡塔尔的酋长也有意收购；沉船的发现地是印度尼西亚，东南亚国家有权获得；此外，日本人也希望得到这批珍宝。最终，“黑石号”却花落新加坡。

当代新加坡

这个结果是意料之外也是情理之中的。新加坡是一个城市国家，处在马六甲海峡要道。一方面，新加坡是东南亚国家的经济中心；另一方面，华人占新加坡人口的大多数。因此，新加坡得到“黑石号”的宝藏，各国都可以接受。

2005 年，新加坡斥资三千万美元购买“黑石号”。由此，沉船落户新加坡亚洲文明博物馆。后来在新加坡和国际组织的共同努力下，“黑石号”及其遗物得以在全球巡回展出，足迹遍及众多国家。这或许是这艘古船最好的归宿。

“黑石号”上的天鹅团花金碟

古代，“黑石号”满载着精美的“中国制造”，游走于“海上丝路”。今天，“海上丝路”作为中国和东南亚人民的共同记忆永不褪色。

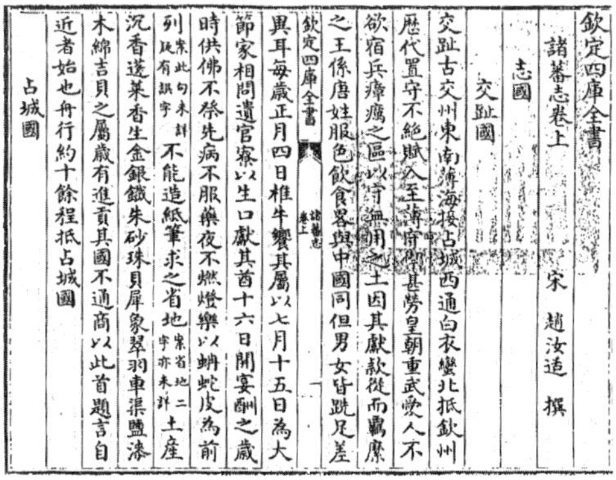

欽定四庫全書
諸蕃志卷上　　宋　趙汝适　撰
志國
交趾國
交趾古交州東南薄海接占城西通白衣蠻北抵欽州
歷代置守不絕賦入至薄守御甚勞皇朝重武愛人不
欲宿兵瘴癘之區以守撫之土因其獻款從而羈縻
之王係唐姓服色飲食略與中國同但男女皆跣足差
欽定四庫全書　諸蕃志卷上
異耳每歲正月四日椎牛饗其屬以七月十五日為大
節家相問遺官寮以生口獻其酋十六日開宴酬之歲
時供佛不祭先病不服藥夜不燃燈樂以蚺蛇皮為前
列（案此句未詳疑有訛字）不能造紙筆求之省地（案省地二字亦未詳）土產
沉香蓬萊香生金銀鐵朱砂珠貝犀象翠羽車渠鹽漆
木綿吉貝之屬歲有進貢其國不通商以此首題言自
近者始也舟行約十餘程抵占城國
占城國

南宋《诸番志》

5 拂菻萌犬下长安

《旧唐书·高昌传》："文泰又献狗，雄雌各一，高六寸，长尺余，性甚慧，能曳马衔烛，云本出拂菻国。中国有拂菻狗，自此始也。"

在唐朝古书中，记载了一个西方古国拂菻。拂菻国以出产"萌系"的"汪星人"著称。这些小狗体形矮胖，但是它们出门可以玩马术，进门能够玩蜡烛。"拂菻国"究竟在什么地方？"拂菻狗"究竟是什么狗呢？

拂菻古国拜占庭

《旧唐书·拂菻国》："拂菻国，一名大秦，在西海之上，东南与波斯接，地方万余里，列城四百，邑居连属。……其都城叠石为之，尤绝高峻，凡有十万余户，南临大海。"

《簪花仕女图》中的拂菻狗

《通典·大秦》："后汉时始通焉。其国在西海之西，亦云海西国。……从条支

拜占庭帝国君士坦丁堡城墙遗址

西度海曲万里，去长安盖四万里。……其地东西南北各数千里，有四百余城。小国役属者数十。”

《新唐书·拂菻》：“拂菻，古大秦也，居西海上，一曰海西国。去京师四万里，在苫西，北直突厥可萨部，西濒海，有迟散城，东南接波斯。地方万里，城四百，胜兵百万。”

翻阅更多史料，不难发现：拂菻古国远在西方，位于“西海之上”，离中原“四万里”。这个国家面积广大，人口众多，城池宏伟。根据这些信息，学者推测：拂菻是拜占庭帝国，

拜占庭帝国时期的一种货币

其中心位于今天的土耳其。在欧洲，它还有一个更加如雷贯耳的名号——东罗马帝国。

公元 330 年，罗马皇帝君士坦丁在希腊城市拜占庭建立一座新的首都——君士坦丁堡。君士坦丁堡扼守博斯普鲁斯海峡，这里是欧洲和亚洲的交界处，又是黑海和地中海的枢纽，战略位置极为重要。公元 395 年，罗马帝国一分为二，君士坦丁堡成为东罗马帝国的都城。公元 476 年，西罗马帝国瓦解后，东罗马帝国即拜占庭帝国又“续”了一千年寿命。

公元 6 世纪，在查士丁尼大帝的统治下，帝国一度重振雄风，地跨东欧、西亚和北非；公元 8 世纪以后，帝国江河

查士丁尼大帝（中）

日下，地盘萎缩殆尽。最后，几乎只剩下君士坦丁堡一座孤城。1453 年，君士坦丁堡陷落，拜占庭帝国灭亡。

古代疯狂动物城

在一千年的漫长时光中，丝绸之路连接了亚洲大陆东、西两端的华夏大地和拜占庭帝国。由于“四万里”路途的阻隔，中国古人对“西海之上”的国度充满了天马行空的想象和描述。

阅读相关的史料，我们就不会奇怪为什么拂菻狗那么会玩。中国文献记载的拂菻国堪称“疯狂动物城”，有各种亦真亦幻的珍禽异兽。

有些记载尚且贴近现实，比如拂菻国盛产狮子和珊瑚，印证了拜占庭帝国横跨地中海：

《通典·大秦》：“地多狮子，遮害行旅，不百人持兵器偕行，易为所食。”

《新唐书·拂菻》：“海中有珊瑚洲，海人乘大舶，堕铁网水底。珊瑚初生磐石上，白如菌，一岁而黄，三岁赤，枝格交错，高三四尺。铁发其根，系网舶上，绞而出之，失时不敢即腐。”

有些记载开始放飞想象，比如能够识别毒药的鸟和脐带连在地上的羊：

《旧唐书·拂菻国》：“有一鸟似鹅，其毛绿色，常在王边倚枕上坐，每进食有毒，其鸟辄鸣。”

《新唐书·拂菻》：“北邑有羊，生土中，脐属地，割必死，俗介马而走，击鼓以惊之，羔脐绝，即逐水草，不能群。”

疯狂动物城的设定蔓延到拂菻人身上。中国古代有许多工艺品是表现拂菻人和狮子杂耍的。沈从文先生在《狮子艺术图录》等著作中称其为“醉拂菻弄狮子”。

归去来兮拂菻狗

于是，问题回到原点：拂菻狗究竟是什么狗？

有人认为：拂菻狗就是北京的哈巴狗，哈巴狗又称“京巴”“北京犬”“拂菻狗”和“康国猧子”。在中国历史上，哈巴狗的饲养长达千年，甚至曾经“乱入”帝王将相的生活：

《酉阳杂俎》：“上（唐明皇）夏日尝与亲王棋，令贺怀

北京犬

智独弹琵琶，贵妃立于局前观之。上数子将输，贵妃放康国猧子于坐侧，猧子乃上局，局子乱，上大悦。”

隋唐时代，随着拜占庭和中原交往，“洋狗”拂菻狗远道而来，在中国演化成哈巴狗。同时，随着拜占庭帝国的崩溃，西方人遗忘了拂菻狗。晚清时期，洋人在北京邂逅哈巴狗。他们以为哈巴狗是中国的“土狗”。于是，拂菻狗以哈巴狗的身份名扬世界。

甚至有人推测：玛尔济斯犬是北京哈巴狗失散千年的“亲人”；这种狗起源于马耳他，马耳他位于地中海，与拜占庭关系密切；北京、马耳他和拜占庭的三种狗“本是同根生”。因此，一只狗的命运，虽然往往取决于自己萌态几何，但也不妨碍它成为全球史的一部分。

壮丽的拜占庭式建筑

6 沙与火之歌

"长夏之后，星辰泣血，冰冷的黑暗将笼罩世界，在这恐怖的时刻，有一位战士自烈火中拔出燃烧之剑，那把剑是光明使者，英雄之红剑，持有该剑者……将驱离黑暗。"

在人气爆棚的美剧《冰与火之歌》的世界观中，人类的生死存亡取决于冰与火的对决：夜王代表寒冰、黑暗和死亡，毁灭世界；光明王子代表烈火、光明和生命，拯救世界。

冰与火的交锋是艺术家的想象，不过，在历史上的西亚，确实有一场持续千年的对抗，导致两个民族的千年恩怨。在纷争中，一位王子闪亮登场，在中国史书中留下痕迹：

波斯在京师西一万五千里。东与吐火罗康国接，北邻突厥之可萨部，西北距拂菻，西南滨海。户数十万。……龙朔元年，其国王子卑路斯使奏。频被大食侵扰。请兵救援。

这场对决的双方各有什么来历？这位王子背负的使命能否实现？

翻开史书，一段雄浑、悲壮的历史展

现在我们的面前。

炽热之沙——阿拉伯帝国

对决的一方是阿拉伯帝国。中国古代史书称其为“大食”。

阿拉伯人崛起于西亚沙漠，这里的自然环境干旱严酷，阿拉伯民族堪称“沙漠之子”。他们骁勇善战，如同沙尘暴般，扫平一切对手。

公元 7 世纪，阿拉伯人创建阿拉伯帝国。帝国的中心是圣城麦加。麦加不但是贸易商路的枢纽，而且是宗教信仰的圣地。

阿拉伯帝国席卷西亚、北非和南欧：公元 632 年，统一阿拉伯半岛；公元 636 年，攻克大马士革；公元 638 年，攻克耶路撒冷；此后，埃及和西班牙也被征服。公元 8 世纪，阿拉伯帝国的扩张达到顶点。

在古代丝绸之路上，“阿拉伯人”成为“商人”的代名词，长期充当东西方文明交流的中间人。对欧洲，阿拉伯人保存希腊、罗马的古代文献；对亚洲，阿拉伯人传播中国、印度的文明创造。沿用至今的阿拉伯数字见证了阿拉伯人在文化传播上的贡献。

第二代哈里发进入耶路撒冷

阿克萨清真寺

不屈之火——萨珊波斯

对决的另一方是波斯帝国。后世史书称其为“萨珊波斯”。

波斯人生长在伊朗高原。这里的文明源远流长。古代波斯王自称为“万王之王”。他们坚强不屈，如同长明火般，照亮漫长时空。

公元3世纪，萨珊王朝驱逐了外来的势力，重建波斯大帝国，琐罗亚斯德教（又称“拜火教”）取得超然的地位。波斯君主宣称：王座是祭坛的支柱，祭坛是王座的支柱。王室与祭司结盟，维护帝国权威。“圣火”是拜火教的圣物。拜火教的寺庙供奉着熊熊烈焰，象征神的“正义之眼”。

在圣火照耀之下，萨珊王朝维持了400多年的漫长统治。公元600年，在帝国极盛时期，疆域囊括今天的伊朗、

波斯拜火教壁画

波斯金盘

阿富汗、伊拉克、叙利亚、土耳其、埃及等，面积500万平方千米，人口近2000万。

在古代丝绸之路上，波斯地区也是重要的中转站，波斯人是东西方文化互动的参与者。在中国，考古发现众多波斯铸造的金属货币；在西方，波斯工艺品被视为东方艺术的代表。古代的波斯象棋被认为是现代国际象棋的前身。

沙与火之歌——王子复国记

公元7世纪，炽热之沙和不屈之火碰撞。40岁的阿拉伯帝国打败了400岁的萨珊波斯。公元651年，末代波斯王死于阿拉伯人追杀。眼看流沙势不可当，烈火只能灰飞烟灭。

波斯重装骑兵石像

然而波斯王子卑路斯拒绝投降。他将目光投向东方的唐朝。

公元661年，大食步步进逼，王子派使者到唐朝求援。波斯路途遥远，唐朝鞭长莫及，皇帝只能册封王子官职，提供象征性的帮助。

公元673年，大食紧追

不舍，王子亲自赶到长安求救。可是，唐朝皇帝再度加封王子官职，护送他们回归中亚。

此后数十年，在中亚，波斯王子顽强抗击大食铁骑，追求光复故土。吐鲁番的文书上，记载了横越西域的波斯军。拜火教的诗歌里，歌颂着王子即将创造的奇迹。可惜天不遂人愿，卑路斯壮志未酬客死长安。

然而，波斯人的坚持没有付诸东流。到 1501 年，随着萨法维王朝崛起，波斯帝国再度复兴。

之后，阿拉伯人的霸业也风流云散。9 世纪后，随着教派纷争，阿拉伯帝国陷入分裂。

7 天马行空

“天马徕兮从西极。经万里兮归有德。承灵威兮降外国。涉流沙兮四夷服。”

虽然这不是中国最华丽的诗句，但是它出自古代最权威的诗人：汉武帝。

汉武帝茂陵

天马来自何方？汉武帝为何诗兴大发？

天马寻踪

天马来源于亚欧草原的深处。

《史记·大宛列传》记载：“天子发书

汗血宝马

《易》云：‘神马当从西北来。’得乌孙马好，名曰‘天马’。及得大宛汗血马，益壮，更名乌孙马曰‘西极’，名大宛马曰‘天马’云。”

按照司马迁的记载，原来的天马出自西北，源于乌孙。马中极品汗血宝马出自大宛。当它出现以后，它就被称为“天马”，而原来源于乌孙的“天马”被称为“西极”。根据历史地理学研究者的考证，大宛位于费尔干纳盆地，处于亚洲的中部。为什么名马云集于中亚？

在欧亚大陆的中央，由于远离海洋，气候干燥，形成一系列连绵不断无边无际的草原。因为这片草的海洋东起东亚，横跨中亚，西至东欧，所以地理学家称其为亚欧大草原。草原既是马的天堂，也是牧马人的故乡。

在中亚哈萨克斯坦，人们发现5000年前的马骨、马具以及马奶。这是人类驯马的起源。斯基泰人是最早的牧民。根据考古发现，他们身背几十厘米长的强弓，一箭能射出数百米，头戴“萌萌哒”小帽，身披“土豪金”首饰，堪称古代的“反差萌”。

斯基泰人

从此以后，游牧民族主宰亚欧草原。他们以马为伴，养牛放羊，居无定所，四处游荡，时而进攻其他牧民，时而劫掠农耕民族。历史学家统称这些部族为“草原文明”。

天马出现在中亚，既是因为得天独厚的地理环境，也是由于源远流长的驯马传统。

草原霸主

斯基泰人骑兵金像

天马见证了草原霸主的更替。

游牧民族既骁勇善战，又居无定所，因此，其历史上充满战争和迁徙。

古代希腊史书记载，公元前5世纪，马萨革泰人西进，击败斯基泰人；斯基泰人西进，打跑辛梅里安人；辛梅里安人南下土耳其。

中国《汉书》记载，公元前3世纪，匈奴向东进攻消灭东胡，又向西进攻赶走大月氏，大月氏西进驱逐塞种人，塞种人南下中亚。

在征战中，有的民族崛起称霸——公元前3世纪，匈奴单于统一草原，进而南下中原。公元前200年，匈奴与汉朝大战。匈奴单于统率四十万骑兵合围汉朝皇帝，史称白登之围。《史记·匈奴列传》这样描绘匈奴的战马：

“冒顿纵精兵四十万骑围高帝于白登七日，汉兵中外不得相救饷。匈奴骑，其西方尽白马，东方尽青駹马，北方尽乌骊马，南方尽骍马。”

在迁徙中，有的部落悄然消失——当匈奴崛起时，塞种

张骞通西域

人四散流亡，一部分逃亡中亚。公元前139年，张骞出使西域。他发现大宛的牧民和农民已经融合，过着田园牧歌的生活。《史记·大宛列传》这样叙述大宛的景象：

“大宛在匈奴西南，在汉正西，去汉可万里。其俗土著，耕田，田稻麦。有葡萄酒。多善马，马汗血，其先天马子也。有城郭屋室。其属邑大小七十余城，众可数十万。”

马踏匈奴

在汉朝与匈奴的对抗中，天马走上历史舞台的中央。

白登之围后，经过几十年的休养生息，到汉武帝时，汉朝国力强盛，开始反击匈奴：

公元前129年，卫青突袭龙城。后人赞叹：“但使龙城飞将在，不教胡马度阴山。”

公元前121年，霍去病出击陇西。匈奴哀叹：“亡我祁连山，使我六畜不繁息。”

公元前119年，汉军远征漠北。史书记载：“匈奴远遁，而漠南无王庭。”

虽然汉朝不断取胜，但是长年征战导致马匹损失惨重。为了改良战马，对抗匈奴骑兵，汉武帝把目光投向天马。《汉书·西域传》记载：

“遣使者持千金及金马，以请宛善马。宛王以汉绝远，大兵不能至，爱其宝马不肯与。”

马踏飞燕

“天子遣贰师将军李广利将兵，前后十余万人伐宛……献马三千匹，汉军乃还。”

天马终于来到长安。武帝心潮澎湃，挥毫泼墨，写成《西极天马歌》。

此后，又经过百年争斗，战局终于逆转。汉匈决战，汉军千里追击，匈奴一败涂地。

汉朝刻石记功，史称“燕然勒石”（2017 年，蒙古山中发现汉朝石刻遗迹）。

匈奴则一分为二，南匈奴归附汉朝，融入中原；北匈奴西迁中亚，神秘消失……

随着汉匈战争的结束，天马也悄然消失。

2014 年，土库曼斯坦赠送给中国一匹“汗血宝马”。据说这种马与古代天马一脉相承。跨越千年，天马行空的传奇翻开新的篇章。

“僵卧孤村不自哀，尚思为国戍轮台。夜阑卧听风吹雨，铁马冰河入梦来。”

1192年冬，乡间风雨交加，陆游辗转反侧，分不清自己是在梦境还是在现实：金戈铁马，收复中原，这是他一生的志向，也是他终生的遗憾。

铁骑出世

金戈铁马是陆游钟爱的意象。1186年，他在诗中回望青年时代：

“早岁那知世事艰，中原北望气如山。楼船夜雪瓜洲渡，铁马秋风大散关。”

说到金戈铁马，这里不得不插述一个“不起眼”的“小发明”——马镫。

马镫是一双套环，固定在马鞍两侧。

早期马镫

骑马者坐上马鞍，脚踩马镫，就能形成三个支点。马镫出现前，人腿必须竭尽全力夹紧马身。马镫普及后，上马和骑行都更加方便和稳健。

在东方，马镫最早出现在 4 世纪，在辽宁的冯素弗墓的墓葬中，发现三角形鎏金马镫。冯素弗是十六国北燕贵族。这是现存最古老的马镫实物。

在西方，马镫可以追溯到 6 世纪，在匈牙利阿瓦尔人的坟墓中，发现苹果形铁制马镫。阿瓦尔人是游牧民族，他们来自中亚，其马镫来自东方。

迄今为止，马镫的来源依然不明。有人认为马镫来自中国，并称其为“中国靴子”；也有学者提出马镫出自农耕文明和游牧文明的交界地带。

无论马镫来自何方，它都帮助了骑兵的甲骑具装化，古人见识到越来越多名副其实的金戈铁马。在军马披上战甲的基础上，西方骑士装备锁子甲和板甲；东方骑兵则披上冷锻甲和明光铠。轻重骑兵相互配合，骑兵战术千变万化。

蒙古骑兵

胡尘滚滚

收复中原是陆游一生的夙愿。1126 年，金军南下，北宋灭亡。这一年陆游只有两岁。成年后，想起家国不幸，陆游用诗歌抒发悲愤：

“三万里河东入海，五千仞岳上摩天。遗民泪尽胡尘里，南望王师又一年。”

陆游无法释怀的国仇家恨，正是源于在金戈铁马的时代，游牧民族如虎添翼，草原帝国周期性横扫欧亚：

4 世纪，在东方，匈奴、鲜卑、羯、氐和羌涌入中原，史称“五胡乱华”。公元 439 年，鲜卑北魏统一北方。鲜卑人用诗歌赞颂草原：“敕勒川，阴山下，天似穹庐，笼盖四野。天苍苍，野茫茫，风吹草低见牛羊。”

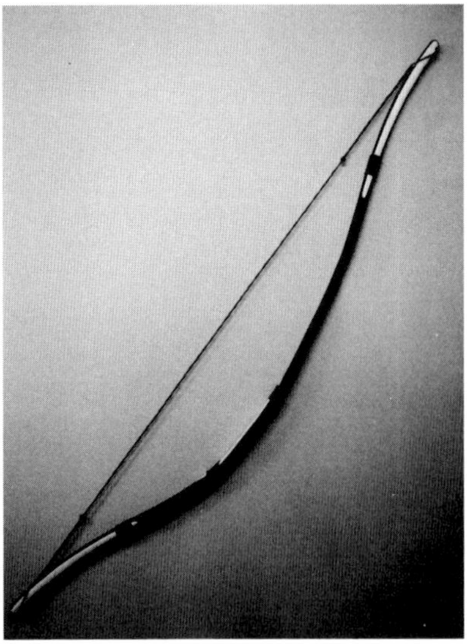
匈奴人的弓

5 世纪，在西方，匈人西进东欧，蛮族涌入西欧，史称“民族大迁徙”。公元 450 年，匈人帝国蹂躏欧洲。人们诅咒匈人首领阿提拉："神的正义在惩办那个阿提拉，他曾是人世间的鞭子。"

6世纪，突厥人壮大，突厥可汗统治亚欧大草原。史书描述极盛时期的突厥汗国："东自辽海以西，西至西海万里，南自沙漠以北，北至北海五六千里，皆属焉。"

中世纪前期，在欧洲，马扎尔人和保加尔人西迁，建立匈牙利王国和保加利亚汗国。

9世纪后，在东亚，契丹、党项以及女真再起，建立辽、西夏、金三国。

其中，女真人建立的金国以骑兵著称，重骑兵为"铁浮屠"，轻骑兵为"拐子马"。

宋人感叹："人如虎，马如龙，上山如猿，入水如獭，其势如泰山，中国如累卵。"

金军号称："男子杀尽，妇女掳尽，宫室焚尽，金银取尽。"

蒙古帝国

1210年，陆游含恨去世。弥留之际，他依然坚信，中原必将光复：

"死去元知万事空，但悲不见九州同。王师北定中原日，家祭无忘告乃翁。"

陆游想不到，最终，不仅他矢志不渝的光复大业未能实现，而且就连南宋也没保住。一位来自草原的霸主登上历史舞台的中央。

成吉思汗

1162年，一个男婴降生在蒙古高原。世界将记住他的名字——孛儿只斤·铁木真。

1206年，蒙古各部在斡难河边集会，拥戴铁木真为统治者——成吉思汗。

从此以后，铁木真的子孙四面出击，蒙古军的铁蹄横扫欧亚：

在西方，蒙古人发动三次西征：1219年，蒙古西征中亚，花剌子模国走向灭亡；1235年，拔都西征东欧，连续打败欧洲各国；1253年，旭烈兀远

蒙古军队围攻巴格达

蒙古军队击败波兰联军的列格尼卡战役

征西亚，1258 年，阿拔斯王朝灭亡。

在东方，蒙古人进行连年征战：1218 年，攻灭西辽，征服契丹人；1227 年，攻灭西夏，征服党项人；1234 年，攻灭金朝，征服女真人；1279 年，攻灭南宋，元朝一统中国。

蒙古帝国的疆域横跨欧亚大陆。元朝统治东亚，四大汗国支配东欧、西亚和中亚。

当时有诗人感叹：

“青山一发愁蒙蒙，干戈况满天南东。来孙却见九州同，家祭如何告乃翁。”

在全球，草原帝国充满争议。一方面，游牧民族攻伐造

蒙古帝国窝阔台汗

成无数死伤，饱受后人的谴责；另一方面，草原帝国征服推动全球交流，受到学界的肯定。

在中国，草原帝国入主中原，由此产生“胡汉之争”和“夷夏之辨”，不断引起争论。古代，胡人和汉人的恩怨剪不断理还乱；现代，胡人和汉人的后代都是中华民族一员。

如何继承草原帝国复杂的历史遗产，这是中国历史和世界历史共同面对的重要议题。

主题五

中古欧洲

导言

欧洲全称欧罗巴洲（Europe）。

欧罗巴之名源于希腊神话。这是一段具有希腊特色的传说。男主角是天界众神之王宙斯，女主角是人间美少女欧罗巴。

欧罗巴是腓尼基公主，她的家在地中海东岸。她来到海边戏水，引起众神之王的注意。宙斯化作公牛，来到少女面前，少女毫无防备，骑上牛背玩耍。

宙斯背着少女转身就跑，翻山越海逃到西方。他们生下儿子，成为古希腊城邦的始祖。因此，后人把西方大陆称为欧罗巴，简称为欧洲。

罗马帝国崩溃以后，欧洲大陆进入中世纪。基督教会一手遮天，野蛮民族各霸一方。国王、神父、骑士、海盗和商人你方唱罢我登场。

1 屠龙者的后代

日耳曼人和尼伯龙根史诗

在德国，有一个“奇葩”音乐节——拜罗伊特音乐节。虽然每年都有无数“粉丝”赶来“膜拜”，但是每年几乎只有一部“重头戏”隆重上演——这就是理查德·瓦格纳的歌剧《尼伯龙根的指环》。这部作品究竟讲了一个什么样的故事？德国人为什么对它如此追捧，乐此不疲？

瓦格纳

屠龙勇士之死

先有史诗《尼伯龙根之歌》，后有歌剧《尼伯龙根的指环》，歌剧脱胎于史诗，史诗酝酿了歌剧。史诗的主人公是屠龙勇士齐格弗里德和他的妻子克里姆希尔特。

齐格弗里德是克桑滕王国王子。他是骁勇善战的勇士。齐格弗里德最辉煌的战绩是怒斩恶龙。他用魔龙鲜血沐浴，因此得以全身刀枪不入。然而，当时一片树叶正好飘落，遮住他的一块皮肤，使此处成为他全身仅剩的致命弱点。

后来，齐格弗里德的仇家趁其不备，背后一枪刺中要害，屠龙英雄就这样与世长辞了。

齐格弗里德斗恶龙

克里姆希尔特是勃艮第的公主。她成为齐格弗里德的妻子。丈夫遇害后，公主发誓要复仇。经过精心布局，她成功挑起仇人与外族的战争，自己也在混战中死于非命。

史诗《尼伯龙根之歌》描绘了英勇的战斗、豪迈的风俗、悲壮的命运以及不屈的抗争。这种“豪放派”的画风源于一个古老的“蛮族”——日耳曼人。

来自北方的狼

如果古罗马人是“地中海上空的鹰”，那么日耳曼人就是“来自北方的狼”。

公元 5 世纪前，罗马军团征服欧洲，日耳曼人盘踞在北欧的冰天雪地中，对抗罗马帝国。

公元 5 世纪后，西罗马帝国走向崩溃，日耳曼人就像是狼群嗅到了血腥，横扫欧洲大陆。

日耳曼人群像

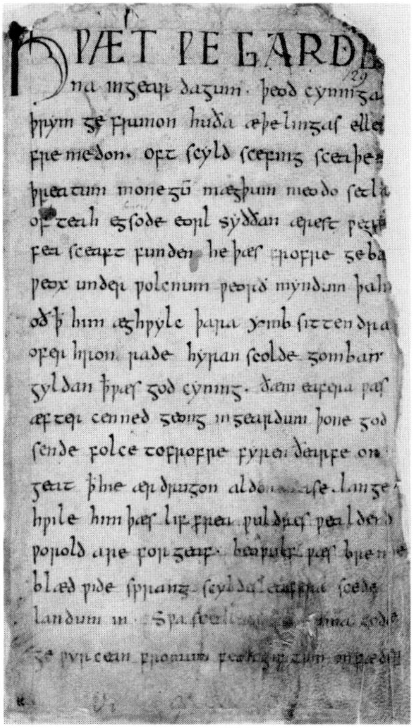
HPÆT PE GARDE

描写古日耳曼英雄故事的《贝奥武夫》

在罗马文明的废墟上，日耳曼部族时而“轮流坐庄”，时而“各霸一方”：在西班牙，汪达尔人建立汪达尔王国，苏维汇人建立苏维汇王国，西哥特人建立西哥特王国；在意大利，东哥特人建立东哥特王国，伦巴第人建立伦巴第王国；在法国和德国，勃艮第人建立勃艮第王国，法兰克人建立法兰克王国；在今天的英国，盎格鲁人和撒克逊人登陆，建立王国，史称七国时代。

这是一段毁誉参半的历史：一方面，有人称其为“黑暗时代”，蛮族战乱不断，文明不复存在；另一方面，也有人认为“黑暗时代”并不黑暗，日耳曼蛮族吸收古罗马文明，为欧洲注入了新鲜血液。

与此相应，后世的英国、法国和德国的雏形都可以追溯到“黑暗时代”日耳曼人所建立的王国。其中，日耳曼人对德国文化的影响最深。

从屠龙者到指环王

《尼伯龙根之歌》展现了欧洲文化演变的复杂性。在这部史诗中，既描述了日耳曼人的勇武、诡异的魔法和原始信仰的残余，也提到了日耳曼王国的景象、世俗的社会和一神宗教的影响。

随着时代变迁，屠龙者的传说不断发展演变，人们在继承传统的同时不断引进新的形式和内容：

7 世纪，英格兰史诗《贝奥武夫》已经提到主角来自北欧，曾与恶龙搏斗。

13 世纪，《尼伯龙根之歌》成书。文本用中世纪古德语写成。全诗共有近 40 段，超过 9000 行。史诗的雏形可以追溯到北欧传说《沃尔松格传》。史诗的变体出现在欧洲不同地区。

19 世纪，德国作曲家理查德 · 瓦格纳根据《尼伯龙根之歌》创作了歌剧《尼伯龙根的指环》。全剧长 15 小时，分成 4 章：《莱茵的黄金》《女武神》《齐格弗里德》和《诸神的黄昏》。

1878 年，在德国巴伐利亚邦的拜罗伊特，歌剧《尼伯龙根的指环》首次公演，取得巨大反响。从此以后，这部歌剧不但成为拜罗伊特音乐节的保留节目，而且成为日耳曼民族主义的精神象征。

托尔金

20世纪，由于社会激烈动荡，尼伯龙根的传说又被赋予新的意义。

在纳粹德国，纳粹魔头希特勒对《尼伯龙根的指环》顶礼膜拜。第二次世界大战后，人们开始反思这部歌剧。

在英国，文学大师托尔金借鉴了《尼伯龙根之歌》的设定，撰写了奇幻文学巨著《指环王》。

《尼伯龙根之歌》中，齐格弗里德既占有黄金宝藏，又拥有神奇隐身衣。

在《指环王》中，托尔金把“至尊魔戒”刻画为可以让人隐身，诱惑人们堕落的“万恶之源”。

2 石中剑的预言

亚瑟王与中世纪英国

在中世纪的英国，一场大战正在进行。敌人来势汹汹，眼看亚瑟王统率的英格兰军队即将崩溃。千钧一发之际，大法师梅林挥舞着魔杖突入战场，紧随其后的竟然是——变形金刚。只见三头机械巨龙从天而降，喷出致命火舌。亚瑟王的军队反败为胜。

这是 2017 年好莱坞大片《变形金刚 5：最后的骑士》的开场。剧情唤起人们对亚瑟王的记忆。在英国，亚瑟王的威名家喻户晓。在传说中，他是英格兰的开国之君。

亚瑟王的故事是传说还是信史？或是传说与信史的结合？

亚瑟王与石中剑

在中世纪的不列颠，亚瑟的故事首先是口耳相传的，后来才成为文学作品，其中较为著名的包括《不列颠诸王史》《梅林传》与《亚瑟王之死》。

亚瑟王全名为亚瑟·潘德拉贡。他是卡美洛国王尤瑟的私生子。亚瑟被大法师梅林抚养成人。尤瑟王为了招揽优秀的骑士，建造了一张能容纳百人同桌的大圆桌，

圆桌骑士

所谓“圆桌骑士”由此产生。尤瑟王去世后，各方势力争夺王位，国家混乱不堪。

危急时刻，梅林出山告诉众人：荒野上有一块神石，一把长剑插入其中，只有剑柄暴露在外。只有拔出此剑，方能成为国王。虽然各路豪强争先恐后尝试拔剑，但是所有挑战者都以失败告终。然而，青年亚瑟来到圣石面前，毫不费力

亚瑟王

就拔出了神剑。因此，他被人们拥立为新国王。

加冕以后，在梅林的指点下，亚瑟王从湖中女妖手中获得了神奇装备——王者之剑。从此以后，亚瑟王统领众骑士，打败入侵者，统一英格兰，登陆欧洲，远征罗马，登上人生巅峰。

传说和历史

亚瑟王是否真实存在呢？目前，人们仍然议论纷纷，没有一致的意见。

有一种观点认为：亚瑟王不是真实存在的人物，而是古代不列颠人把“熊神”人格化的产物。根据语言学分析，“亚瑟”（Arthur）与不列颠人古代语言中的“熊神”（Artio）接近。

另一种观点认为：亚瑟可能是确实存在的人物。他生活在5世纪末到6世纪初。他率领不列颠群岛的原住民，抵抗来自欧洲大陆的入侵者。

虽然两种说法截然相反，但是它们都指向同一段历史：黑暗时代的英格兰。

公元1世纪，罗马人越过英吉利海峡，登陆不列颠群岛，他们建立殖民地，组成不列颠行省。在罗马的统治下，凯尔特人和罗马人共同生活在今天的英国。

公元5世纪，罗马帝国衰落，罗马军团退出不列颠群

盎格鲁人和撒克逊人

埃格伯特

岛。与此同时，大批日耳曼人渡过海峡。其中，最著名的是盎格鲁人和撒克逊人。新移民与旧岛民之间发生激烈冲突。

随着岛民和移民的对峙，原始部落渐渐瓦解，古代王国逐步形成。英国历史进入了七国时代。公元9世纪，各国拥立威塞克斯国王埃格伯特为“不列颠的统治者”。到此为止，英格兰初步统一。

当然，在历史记载当中，统一英国的人不是亚瑟王。不过，我们可以推断：亚瑟王的传说可能是历史记忆和文学想象相互融合的产物。

亚瑟的宝藏？

中古时代，文字记载稀少，传说真假难辨。近代以来，随着考古学兴起，通过挖掘古代文物，人们为破解亚瑟之谜找到了新的线索。其中，最著名的发现就是1939年发现的萨顿胡墓葬。

据考证，萨顿胡墓葬是一座7世纪的王家墓地。建筑的基础是一艘盎格鲁和撒克逊人的战船。船舱中央有豪华的墓

萨顿胡头盔

复原的萨顿胡头盔

室。学者们认为：这是七国之一东盎格利亚国王雷德沃尔德的葬身之处。

此外，还出土了众多陪葬品。其中最华丽的是国王佩戴的头盔。头盔最大的特点是前方带有面罩，遮挡眼眶、眉弓和鼻子。这三部分面罩构成一只展翅高飞的大鸟。面罩表面还描绘着古代武士图像。他们头戴角盔，手持刀剑，孔武有力。

今天，国王头盔与其他大量珍宝，诸如盾牌、金饰和银器等，都陈列于英国伦敦大英博物馆。这一考古发现为后人还原亚瑟王的时代提供了更多的佐证。

3 红桃K的皇冠

查理大帝和法兰克帝国

扑克牌是我们喜闻乐见的游戏。54张牌能玩出无数种花样，有简单的“24点”，有复杂的“80分”，有草根的“斗地主”，也有高大上的“德州扑克”。大家很少注意到，小小扑克牌中也有各种各样的门道：四种花色象征着一年四季。13张数字牌代表一季13个星期。12张人头牌对应12位历史名人。特别是四张K代表四位古代君主：

黑桃K是大卫王，他是以色列王国的缔造者。

梅花K是亚历山大，他是横扫亚欧的征服者。

方块K是恺撒大帝，他是罗马帝国的奠基者。

红桃K是查理大帝。那么他又是何方神圣呢？

巴黎王子

公元751年，在法国巴黎，童年的查理目睹自己的父亲加冕为法兰克国王。

此时，法兰克王国的历史可以追溯到

两百多年前：

公元486年，在今天的法国北部，日耳曼人的分支法兰克人建立国家，史称“法兰克王国”。公元496年，在兰斯大教堂，国王克洛维带领三千法兰克勇士皈依基督教，史称“兰斯受洗”。公元511年，克洛维去世，他的子孙继承王位，史称“墨洛温王朝”。

克洛维

兰斯受洗

既有日耳曼人的长枪大剑，又有罗马教会的信仰加持，法兰克人横扫高卢，定都巴黎。

查理家族的发迹史可以追溯到近一百年前：

公元687年，法兰克王国的王室大权旁落，权臣丕平趁乱上位，成为法兰克王国的实际首脑。公元714年，丕平之子查理·马特推广采邑制。采邑制度下，臣下不再追随国王，而是效忠领主。公元751年，查理·马特之子矮子丕平得到罗马教皇的加冕，建立“加洛林王朝”。

查理家族经过近百年的折腾，终于迎来改朝换代。

公元742年，矮子丕平的长子诞生，他就是未来的查理大帝。

查理·马特墓（局部）

君临罗马

公元768年，查理继承王位，他南征北战数十年，兵锋所向横扫欧洲：

公元774年，查理已经侵入意大利，并吞并伦巴第王国。公元778年，他杀向西班牙，击退阿拉伯人。之后，他挺进东南欧，打败游牧民族。此时，查理的帝国已经囊括今天的法国、德国、荷兰、比利时、卢森堡、奥地利、意大利和西班牙，成为欧洲的第一强国。

在长年的征战中，最激烈的交锋是法兰克和萨克森的

击退阿拉伯人的普瓦提埃战役

对抗。战火持续 32 年，双方大战 18 场。法兰克人是基督教徒，崇拜上帝。萨克森人是异教信徒，崇拜圣树。两边杀得你来我往难解难分，查理一不做二不休，直接派人砍翻圣树，摧毁对手的精神支柱。公元 804 年，萨克森人终于降服。

公元 799 年，罗马教皇利奥三世遭到大贵族的废黜，查理敏锐地嗅到其中的政治机遇。

公元 800 年，查理大帝亲率大军，护送教皇返回罗马。

同年圣诞节，在罗马圣彼得教堂，或是出于感恩，或是迫于无奈，教皇为查理献上罗马皇冠。

至此，查理登上人生巅峰，成为“罗马皇帝”，史称“查理大帝”。

查理大帝加冕

查理大帝

魂归亚琛

公元 814 年，在德国亚琛，查理大帝驾崩，安葬于亚琛大教堂地下。

查理去世后，皇子路易被拥立为路易一世。此人虔诚有余，权谋不足，史称“虔诚者路易”。公元 817 年，路易被迫把领土分给三个儿子。公元 823 年，几个儿子闹事，老皇帝一度黯然下台。公元 840 年，在众叛亲离中，路易含恨而死。

公元843年，查理的三个孙子迫不及待签署《凡尔登条约》，把法兰克帝国的基业一分为三：长子家族继承“中法兰克王国”，疆域主要是现代的意大利；三子家族统治“西法兰克王国”，领土相当于后世的法兰西；四子家族掌管“东法兰克王国”，地盘近似于今天的德意志。

这还不算完。855年、870年和880年，查理的子孙三度“分家”，帝国的领土成了“切糕”。查理继承王位约两百年后，其后代中的最后一位皇帝黯然下台，加洛林王朝瓦解。

虽然法兰克王国的辉煌只是昙花一现，但是后世欧洲各国普遍推崇查理大帝。

在帝国的东部，德意志王国崛起。公元962年，德意志国王奥托一世在罗马接受教皇的加冕，建立“神圣罗马帝国”。德国人继承了查理大帝的皇冠。

在帝国的西部，法兰西王国崛起。公元987年，法兰西公爵休·卡佩被推为法兰克人的国王，史称“卡佩王朝”。法国人继承了法兰克王国的国号。

一千年后，查理大帝的传奇仍在我们指尖炫目。扑克牌中的“红桃K”身背长剑，头戴皇冠，那是查理大帝的形象。

4 圣骑士的沉浮

从《罗兰之歌》到堂吉诃德

在古代的历史记载中，骑士是中世纪欧洲特有的武士阶层。骑士从何而来？如何才能成为骑士？圣骑士、龙骑士、圆桌骑士和死亡骑士，我们熟悉的种种骑士，哪些确有其人，哪些属于虚构？

《罗兰之歌》

罗兰是中世纪第一位名留青史的骑士。11世纪，法国史诗《罗兰之歌》记载了他的事迹，其中的高潮章节写道：

“罗兰把号角放到嘴上，吸足气把号子

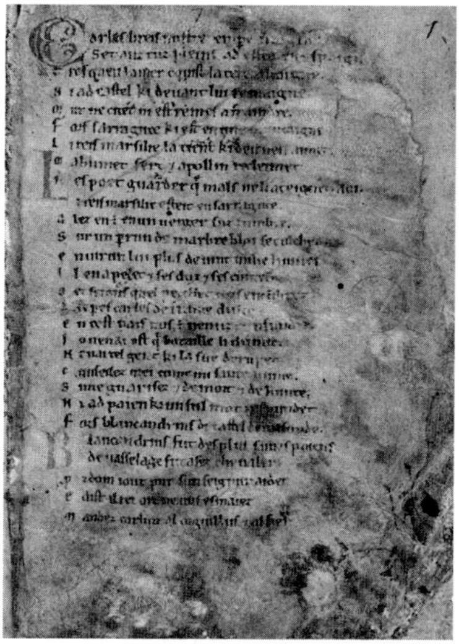

《罗兰之歌》

罗兰之死

吹响，山岭高而角声长，一声声传到三十里外。”

在传说中，罗兰堪称一骑当千的“圣骑士”。他使用一把恒常之剑，成为 12 名圣骑士之一，追随查理大帝东征西讨。在西班牙，法兰克人和异教信徒开战，罗兰率骑士抵抗数以万计的敌军。其他骑士全部战死，罗兰吹响号角。皇帝闻讯赶来，此时，罗兰也已经战死：

“当皇帝去将他外甥寻找，他看到草地上开放的花苞，都已被我们将军的鲜血染红。”

在史书上，罗兰是被一笔带过的“路人甲”。在《查理大帝传》中，只留下几句简单的记载。罗兰出生于古代法国，他是查理大帝的外甥，辅佐皇帝扫荡欧洲，建立法兰克帝国。公元778年，法兰克人和巴斯克人开战，史称隆塞斯瓦耶斯战役。法兰克人战败，罗兰阵亡。

对比史书和传说，不难发现其中的“套路”：

罗兰被戴上“主角光环”：骑士的武勇和美德被无限放大。

背景遭到“偷梁换柱”：欧洲内部的厮杀变成反抗异教的圣战。

问题在于：为什么人们会把平淡无奇的“路人甲”美化为大发神威的“圣骑士”呢？

骑士时代

罗兰“走红”不是因为自身的传奇，而是顺应时代的趋势。

公元8世纪，查理和罗兰共同的祖先——查理·马特在法兰克王国推广一种新制度——采邑制。国王为贵族授予爵位，从高到低依次为：公爵、侯爵、伯爵、子爵以及男爵。王国被划分成采邑，庄园既包括一片土地，也包括当地民众。国王把采邑分给贵族，贵族为国王从军作战。

经过采邑制改革，世界通行的“骑兵”成为欧洲特有的

骑士的盔甲

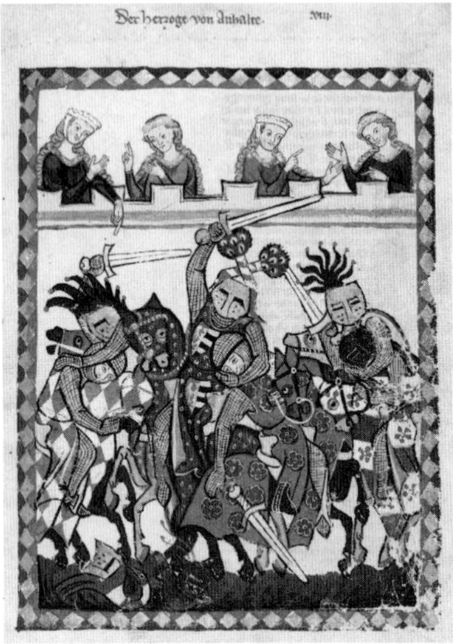

骑士争斗

“骑士”。这支新生力量具有三种身份：在政治上，他们是“贵族”，有效忠领主的义务；在经济上，他们是“地主”，有自行武装的财力；在军事上，他们是“武士”，身披铠甲，骑马代步，左手操盾，右手持矛，平时练武，战时冲锋。

当然，骑士不是你想当就能当的！

首先，骑士必须是“土豪”，需要自备武器、防具和坐骑，而供养一匹战马相当于购买六头耕牛的费用。

其次，骑士必须有才华，既要精通武艺，例如骑术和剑术，也要精通文艺，例如唱歌和吟诗。

最后，骑士必须有资质。领主有权力册封骑士，发号施令；骑士有义务效忠领主，至死不渝。

以罗兰为起点，浪漫的骑士文化开始大行其道，其中包括骑士精神、骑士文学和骑士竞技等。

堂吉诃德

堂吉诃德是中世纪最后一位闻名世界的骑士。17 世纪，西班牙作家塞万提斯创作了他的故事，著名的开场白写道：

“曼查有个地方，地名就不用提了，不久前住着一位贵族。他那样的贵族，矛架上有一支长矛，还有一面古代皮盾、一匹瘦马和一只猎兔狗。”

塞万提斯

在小说中，堂吉诃德是一个落魄的失败者。他虽然充满骑士精神，但是毫无用武之地。他把风车当成怪兽，把羊群视为敌军，好心释放囚犯，却被犯人围殴；最后他在比武中一败涂地，终于幡然醒悟，发现骑士的传说都是“骗人的”。对堂吉诃德的悲剧，英国诗人拜伦评论说：

“堂吉诃德是一个令人伤感的故事，它越令人发笑，越使人感到难过。这位英雄是主持正义的，制伏坏人是他的唯一宗旨。正是那些美德使他发了疯。”

堂吉诃德式的人物源自中世纪后期的社会剧变。随着历

堂吉诃德

史变迁，领主的势力瓦解，采邑的经济破产，骑士的武力下降，骑士的时代在闹剧中落下帷幕：

1312 年，为了赖掉巨额债务，法国国王腓力四世施压，教皇不得不取缔欧洲最强的骑士团体——圣殿骑士团。

1522 年，德国发生骑士起义，骑士围攻特里尔不下，领袖济金根反而阵亡，起义一败涂地。

1559 年，骑士比武突发意外，法国国王亨利二世落马而死，骑士竞技由此衰落。

幸运的是：虽然在三次元世界，骑士已经没落，但是在二次元想象世界，骑士文化长盛不衰，不但借鉴了骑士文学的各种已知骑士，例如圣骑士和圆桌骑士，甚至创造了闻所未闻的各种架空骑士，例如龙骑士和死亡骑士。

5 天主教会与中世纪

2019年，现象级美剧《权力的游戏》完结。虽然最终季的剧情遭到粉丝疯狂吐槽，但也无法掩盖其空前的成功。剧中对西方文化与历史的各种隐喻成为人们新的关注点。其中的七神信仰与围绕“麻雀”展开的故事被认为来自中世纪天主教会相关的历史。那么，为何天主教会的文化影响会如此之大？其势力又是如何发展兴盛的呢？

罗马教会领导地位的确立

根据天主教的传统说法，圣彼得建立了罗马教会。圣彼得是耶稣的十二使徒之一。《圣经·新约》记载，原先他只是一名渔夫。一天，耶稣对他说：“来跟从我！我将要使你们成为得人如得鱼的渔夫。”彼得便放下渔网追随耶稣而去。在耶稣升天后，圣彼得建立了罗马教会，成为第一任主

圣彼得

教。果如耶稣所言，圣彼得“得人如得鱼”。在他任内，天主教信众数量大增。由于圣彼得从耶稣那里接受了权柄，故而罗马教会也成为“众教会之本”，领导各地天主教会，结束了教会势力分散的局面。而罗马教会的主教也因此享有领袖地位，被称为教宗，即教皇。

天主教会由此建立了一套类似中央与地方关系的组织架构，分别为圣座、教区和堂区，并有相对应的神职人员。圣座代表整个天主教会，由教皇领导，其行政机构是由枢机主教组成的罗马教廷，制定相关决策。教区是地方机构，一个教区一般由三十个以上的堂区组成。教区的领导为主教，由罗马教廷任命。堂区是最小的地方单位，通常一个社区设有一个堂区，由主教任命的神父领导。

按照罗马教廷的规定，天主教会的主要职能是由神职人员宣讲《圣经》教义，吸纳更多的信徒。教堂是神职人员工作的主要场所，每周举行弥撒。仪式期间主祭者宣讲《圣经》，向信众布道，信众则颂唱奉献咏，与主祭者共同颂谢天主，并在仪式最后分食代表耶稣身体和血液的饼与红酒。

天主教会的兴盛

公元 6 世纪，欧洲各国相互攻伐，教皇格列高利一世借机扩大教会的影响。他强调教皇应为“众仆之仆”，救人民于危难。593年，教皇劝退了准备入侵罗马的伦巴第人，使得百姓避免了一场浩劫。同时，他还用教会的财产赎回了被伦巴第人掳走的群众，为此甚至不惜熔化各地教堂内的金器筹钱。他还叮嘱教会必须接济有困难的佃农，给予他们贷款与粮食。教皇的所作所为瞬间圈粉无数。国王与信徒纷纷捐钱献土，帮助格列高利一世在罗马城建立起政教合一的牢固统治。这标志着中世纪天主教会势力的崛起。

教皇格列高利一世

在法兰克王国时期，世俗政权与天主教会相互配合，成为最佳搭档。法兰克的王权需要教会来为其统治披上合法外衣，而教会也需要世俗的军事力量来扫除异己。公元756年，法兰克“矮子丕平”将拉文纳到罗马城的广阔地域划为教皇辖区，正式建立由罗马教会统治的教皇国，史称“丕平献土”。教会则默许了丕平篡取王位的行为。公元800年，国王查理因帮助教皇清除政敌有功，在罗马被加冕为皇帝，走上人生巅峰。

丕平献土

卡诺莎觐见

法兰克王国解体之后，政教之争愈演愈烈。公元1075年，教皇格列高利七世宣布世俗政权不得自行任命教区主教。作为还击，1076年神圣罗马帝国皇帝亨利四世宣布废黜教皇。但是迫于境内各诸侯的压力，亨利四世不得不前往教皇所在的卡诺莎城堡，在冰天雪地里跪了三天三夜，方获教皇赦免，这便是著名的“卡诺莎觐见”。它造就了教权高于王权的神话。

事实上，政教之争并没有带来世俗与宗教的决裂。因为，孱弱的教皇无法保卫教会的安全，而要做笃信天主的民众的王，没有教会的加持，统治也会动摇。

梵蒂冈与天主教会

如今，提起天主教会，大家都会联想到梵蒂冈。它是一个小国，因为其国土面积仅 0.44 平方千米，是目前世界上最小的主权国家。教皇早已失去了丕平当年所献之土。同

梵蒂冈博物馆内景

梵蒂冈

时，它也是一个“大国”，作为罗马教廷所在地，其控制的全球天主教信徒达10亿人之巨。虽然，如今的教皇国已无中世纪时与世俗国家连横合纵的魄力，也没有了组织十字军东征的能力，但它依然靠着“圣座外交”在国际事务中保有一席之地。2017年圣诞弥撒期间，教皇就特意将意大利的移民儿童带在身边，呼吁人们对全球移民问题的关注。

6 中世纪城市

罗马帝国的城市是那个时代欧洲城镇建设的典范。然而，帝国灭亡后，罗马城被毁，其他城市相继衰落，欧陆遍地破败，直到公元 10 世纪，欧洲城市才又逐渐发展起来。那么，是什么促成了城市在中世纪的复兴？这些城市和罗马时代的城市相比有什么区别呢？

城市血脉

中古商人

与罗马时代通过殖民和武力扩张建立的城市不同，中世纪城市的兴起主要通过经济手段。目前学者们主要持“商业起源说”。公元 10 世纪，商品交换日渐频繁。商人们开始集中于港口和交通枢纽，建立起城墙与居住区，中世纪城市由此诞生。城市如同心脏，开展出去的商路如同血管连接周围的乡村，商人如同红

奥尔良

细胞来往其间，盘活地区经济。具有代表性的是法国历史名城奥尔良。奥尔良是法国卢瓦尔河的河运枢纽，位于巴黎地区与鲁昂地区之间，来往商贾船舶穿梭不息。作为法国内陆重要的水上商路中转站，奥尔良发展迅速，主教座堂、要塞、城墙纷纷构筑起来。在公元 10 世纪，奥尔良成为法兰克王国第三大城市，并一度成为王国的首都。

在经济利益的驱使之下，不少国王、主教和封建领主纷纷加入建城运动中。他们自行打通商路，招揽生意，并从中收取税费。其中，德国名城慕尼黑的建立便是如此。俗话说，想致富，先修路。1158 年，萨克森和巴伐利亚公爵狮子亨利在本笃会修道院附近的伊萨尔河上架起一座桥梁，开辟了连接两岸的商路，商人和手工业者纷至沓来，这样便在修道院附近形成了一个新的集镇，慕尼黑由此诞生。然而，狮子亨利造桥不是为了做公益，是为了设立过桥税增加自己的收入。

城市细胞

居民是城市的细胞。古罗马时期，城市的细胞是公民和奴隶。而早期中世纪城市的细胞是手工业者和商人。为了防止封建势力这种“病毒”侵害到城市的经济利益，城市中的手工业者和商人们联合起来建立了“免疫组织”——行会。那么，行会是如何运作的呢？

手工业者行会，最早以织工行会的形式出现于 1099 年的德国城市美因茨。这种组织具有垄断性。比如，织工行会的主要业务是承包所有城内纺织品的生产，其他的行会都不得染指。如果一个负责服装制作的行会需要布匹，那他们不能自行制作衣料，必须向织工行会订货。反之亦然。这样的

在桥边建造的城市贸易门

安排最大限度地遏制了竞争。每个行会都能制定自己产品的价格，从而稳定市场。这使得加入手工业者行会的市民生活安稳，并更有凝聚力。手工业者行会因此在城市管理中能够掌握实权，代表市民与封建领主谈判，防止他们横征暴敛。

城市疾病

城市也是会生病的，这就是大瘟疫的来袭。由于中世纪城市的创建往往出于商业目的，因而居住条件和公共设

黑死病暴发

施均十分简陋。以伦敦为例，城内建筑布局杂乱，道路狭窄，拥挤不堪。由于没有完整的排污系统，垃圾和排泄物随地可见。此外，伦敦人口稠密。至14世纪城内人口达4万余人。这些都为大瘟疫的暴发创造了条件。

14世纪中叶，欧洲暴发了中世纪最大的瘟疫——黑死病（鼠疫）。所有城市均无法幸免。据记载，从1349年的圣烛节到复活节，伦敦每天都有超过200具尸体被掩埋。在整个瘟疫期间，伦敦总死亡人数不低于51000人。黑死病在城市中传播极为迅速。研究表明，城市糟糕的卫生环境和每天都开设的大型集市导致人们交叉感染，最终造成大量死亡。

当时为了对抗瘟疫，各城市重金聘请了许多戴着鸟嘴面具的医生。他们指导人们掩埋死尸，保持室内空气流通，使用干净的水源。他们的面具在眼睛处装有玻璃，前端鸟嘴处填有合成的芳香物以净化空气，防止被感染，俨然一套防化设备。虽然装备精良，但是他们医学理念落后，认为给病人

鸟嘴医生

放血可以治疗瘟疫，甚至不惜用蚂蟥来吸血。所以，鸟嘴医生并没有减缓黑死病收割生命的步伐，反倒因为奇异的造型成为中世纪城市的一大标志。

由于找不到有效方法治疗黑死病，为阻止城市暴发大规模疫情，人们只能对病患或外来者进行隔离。如今英语中的 Quarantine（隔离）一词其拉丁词源有“四十”之意，就是因为人们发现如果以 40 天为检疫期限可以较好地切断黑死病的传染链。隔离这种方法也沿用至今。随着对微观世界的深入探索，人们最终确定了微生物与疾病之间的因果关系。1894 年，黑死病的元凶——鼠疫杆菌被发现。20 世纪三四十年代，能够对抗致病菌的抗生素被成功提取。到 20 世纪中叶，这种威胁人们数百年的城市疾病才达到接近百分之百的治愈率。

在网络时代，蓝牙是一种便利生活的小技术。其功能是在电子设备之间建立无线连接。通过这项技术，手机才能连上无线耳机，电脑才能连上无线鼠标，电子设备才能接入汽车。如果没有蓝牙，现代人就得生活在无数连接线中。

众所周知，蓝牙的技术诞生于现代北欧。在通信领域中，北欧企业曾经领跑全球，例如芬兰的诺基亚公司和瑞典的爱立信集团。

不过，可能很少有人知道，“蓝牙”这一名称取材于古代北欧。在中世纪时期，北欧海盗曾经横扫欧洲，“蓝牙”二字正是源于一位维京人国王的绰号。

维京探源

在地理上，丹麦、瑞典、挪威、芬兰和冰岛位于欧洲大陆的北端，它们并称北欧五国。这里逼近北极，气候寒冷。由于冰川侵蚀，北欧形成许多峡湾，两侧是高山，中央是水道。

在历史上，古代北欧居民被称为维京人。维京人的字面意思是“来自峡湾的人”。他们身材高大，勇敢强悍，擅长航海。当欧洲进入中世纪时，北欧还处于野蛮状态。

维京人使用独特的茹尼字母。这种文字的笔画横平竖直，通常被雕刻在岩石表面。人们在北欧发现了六千多处古代碑文。其中最著名的石刻位于丹麦的耶灵，被称为耶灵石。石碑的竖立者是古代丹麦国王蓝牙哈拉尔。

10 世纪，哈拉尔曾经联合了近距离的丹麦和挪威。

20 世纪，瑞典爱立信公司发明短距离无线通信技术，于是他们以哈拉尔的绰号命名这项技术。不过有些学者认为，“蓝牙”其实是哈拉尔的坏牙。

哈拉尔石刻

时至今日，耶灵石被联合国定为世界文化遗产，巨石上的碑文写道：

“国王哈拉尔命造此纪念碑以纪念其父高姆和其母赛拉。为自己赢得了全丹麦和挪威并令丹麦人成为基督徒的哈拉尔。”

虽然碑文表面上平淡无奇，但它上面所夸耀的“赢得丹麦和挪威”其实还只是“维京时代”的一部分。

北欧海盗

公元 793 年，在英格兰东北部的林迪斯法恩，寺院的僧侣和村庄的农民过着平静的生活。突然，厄运就从海上袭来，几条修长的龙头大船冲上海岸，一伙粗壮的金发暴徒涌入村镇。短暂的厮杀过后，当地人被砍翻在地，修道院被洗劫一空。

这是西欧历史记录中最早的海盗劫掠事件。此后两百年间，欧洲各国都遭到海盗入侵。人们惊恐地发现，这些海盗正是北欧的维京人。维京人既善于驾船航海，也勇于战场搏杀。当时欧洲的寺院、村庄和城市，对于北欧海盗都无能为力。

据后人研究，维京海盗兵分三路滚滚南下：

在东路，维京人渡过波罗的海，横扫俄罗斯，他们和当地的斯拉夫人建立基辅罗斯。

在南路，北欧海盗穿过地中海，横扫意大利，成为诺曼领主。

在西路，维京海盗扫荡不列颠，一度统治英格兰的半壁江山。

维京人围攻巴黎

在物质上，维京长船是北欧海盗的秘密武器。维京人用北欧特有的高大橡木铺设龙骨。这种船只既结实耐用，足以远洋航行，又灵活轻便，能够突入河流。

在精神上，北欧神话赋予维京人战斗的精神。维京人不相信基督教，而信仰主神奥丁。凡人只有在战斗中阵亡，灵魂才能进入英灵神殿，享受无尽的狂欢。

维京长船

维京长剑

欧洲人把北欧海盗横行的公元8—11世纪称为“维京时代”。

海贼王的遗产

三百年后，海盗的时代终于结束。

在物质上，维京人逐渐从强盗转型为商人。他们凭借高超的航海技术穿梭于各大港口之间：从北欧出口木材、皮草和琥珀，从南欧进口生活用品。由此，海上贸易欣欣向荣。

在精神上，维京人已经皈依基督教的信仰。耶灵石上刻有的碑文“令丹麦人成为基督徒”正是这一进程的记录。维京人不再寻求战斗到死，而是追求升上天堂。

早期雷神托尔像

由此，维京人融入主流欧洲社会，北欧文化汇入欧洲文化的主流。

当然，欧洲人没有遗忘曾经威震欧洲的北欧海盗，维京文化中的许多元素也延续到现代。

在21世纪，最著名的北欧文化代言人是漫威超级英雄系列电影中的《雷神》三部曲。2017年11月3日，《雷神3：诸神黄昏》全球上映，影片首映周末票房就突破1.1亿美元。在中古北欧神话中，托尔是北欧战神，他手持雷神之锤，召唤闪电之力，对抗邪恶的巨人。在现代科幻电影中，托尔是超级英雄，他与钢铁侠、绿巨人和美国队长并肩作战。

2017年11月，育碧公司推出经典游戏《刺客信条》的第七代正传——《刺客信条·起源》。根据《刺客信条》的世界观，正派“刺客兄弟会”和反派“圣殿骑士团”在人类历史上反复较量。回到《刺客信条》的第一代，故事发生在十字军东征时代。刺客阿泰尔一举刺杀圣殿骑士罗贝尔。在游戏中，圣殿骑士是邪恶的大反派，他们虽然自己有虔诚的信仰，但却要剥夺别人的自由。在历史上，十字军东征和圣殿骑士又是怎样的面貌呢？

十字军东征

十字军东征起源于11世纪。

1095年，在法国的克莱芒，教皇乌尔班二世号召：基督教徒发动东征，目标是收复圣城耶路撒冷。

1096年，数万欧洲贵族、骑士和平民从法兰西、德意志和意大利出动，兵分四路大举东进。

这支军队以基督教十字架为旗号，这场远征以圣城耶路撒冷为目标，史称十字

十字军及其标志

军东征。

为什么欧洲基督徒对于东征耶路撒冷如此狂热?

在精神上，圣地有特殊的感召力。

公元 1 世纪，基督教信仰起源于中东。耶路撒冷被称为圣地。

公元 7 世纪，伊斯兰教也在中东兴起，穆斯林成为耶路撒冷的统治者。

当时，对于欧洲的基督教徒来说，异教徒统治耶路撒冷是绝对不被允许的。

在物质上，东征有强烈的吸引力。

在 11 世纪的欧洲，封建领主在军事上全副武装，在经济上却穷困潦倒。

耶路撒冷王国金币

而 11 世纪的中东，在政治上四分五裂，在经济上却富得流油。

因此，对于西方来说，远征中东是题中应有之义。

于是，在宗教和经济的双重诱导下，十字军东征随即轰轰烈烈地拉开序幕。

圣殿骑士团

随着东征的推进，圣殿骑士团随之产生。

1099 年，十字军攻克圣城耶路撒冷。城破以后，欧洲骑士大肆抢掠，当地民众深受其害。

十字军建立了四个中东小国：耶路撒冷王国、安条克公国、的黎波里伯国和埃德萨伯国。

不过，十字军很快意识到，中东的穆斯林如同“汪洋大海”，十字军的小国就像“一叶扁舟”。为了维持脆弱的统治，十字军骑士组织起来，建立“骑士团”。

圣殿骑士印记

1119年，圣殿骑士团成立。基本业务是护送朝圣者往来圣地。主要成员是法国的骑士和僧侣。骑士团的名称源于《圣经》中的所罗门圣殿。骑士团的标志是两人骑一匹战马，象征贫穷、虔诚和团结。

此后，圣殿骑士团、医院骑士团与条顿骑士团并称三大骑士团，分别吸收法、德、意三国骑士加盟。骑士团并不是只有骑士，而是前有穿锁甲的重骑兵充当肉盾，后有戴轻甲的弓弩手。

和平时期，三大骑士团建立城堡和寺院，在地中海和大沙漠之间，给十字军国家看门。

战争时期，三大骑士团担任前锋和后卫，成为十字军征战和劫掠的主力。

依靠武装到牙齿的骑士团，十字军能够守住圣地吗？

苦涩的结局

守得住一时，守不住一世，十字军发现自己陷入无休止的厮杀：

1096 年，第一次十字军东征开始。最终，十字军占领耶路撒冷，取得胜利。

1144 年，埃德萨伯国被攻陷。

1147 年，第二次十字军东征开始。十字军进攻大马士革，久攻不下，无功而返。

1187 年，穆斯林再次反攻，在萨拉丁的指挥下，穆斯林攻克耶路撒冷。

十字军攻城

医院骑士团冲锋

1189年，第三次十字军东征，英格兰国王、法兰西国王和神圣罗马帝国皇帝联合领军，结果却只是打成平手。

13世纪，欧洲基督教徒又先后发动五次十字军东征，结果全都是铩羽而归。

1291年，穆斯林攻破十字军在中东的最后一个据点，十字军东征彻底失败。

在中东，十字军东征造成了惨重损失，使本来就不和睦的教派之间产生了更多的纷争和仇杀。

在欧洲，圣殿骑士团的结局令人唏嘘：

1187年，十字军在哈丁战役中被击溃，圣殿骑士团的大团长惨遭俘虏。

1307 年，为了赖掉拖欠骑士团的债务，法国国王武力遣散圣殿骑士团。最后，末代团长遭到处决。

回顾十字军东征，它以虔诚的信仰为旗号，以无尽的纷争为结局，其中的历史教训令人警醒。或许正是这个原因，在近现代的文艺作品中，十字军和圣殿骑士团经常被描绘成负面艺术形象。这就是《刺客信条》中骑士团盲信、暴力和专制形象的历史文化背景。

圣殿骑士团成员被处决

图书在版编目(CIP)数据

写给青少年的世界文明史．史前—1500 / 孟钟捷主编；沈辰成，李云逸著．— 上海：上海社会科学院出版社，2024

ISBN 978-7-5520-3849-1

Ⅰ．①写… Ⅱ．①孟… ②沈… ③李… Ⅲ．①世界史—文化史—青少年读物 Ⅳ．①K103-49

中国版本图书馆 CIP 数据核字(2022)第 008743 号

写给青少年的世界文明史:史前—1500

主　　编：孟钟捷
著　　者：沈辰成　李云逸
责任编辑：王　勤
封面设计：陆红强
出版发行：上海社会科学院出版社
上海顺昌路 622 号　邮编 200025
电话总机 021-63315947　销售热线 021-53063735
https://cbs.sass.org.cn　E-mail:sassp@sassp.cn
照　　排：南京理工出版信息技术有限公司
印　　刷：上海盛通时代印刷有限公司
开　　本：890 毫米×1240 毫米　1/32
印　　张：8.375
插　　页：8
字　　数：170 千
版　　次：2024 年 1 月第 1 版　2024 年 8 月第 2 次印刷

ISBN 978-7-5520-3849-1/K·649　　定价：148.00 元(全三册)

History of the World Civilization for Teenagers

写给青少年的世界文明史

1500—1900

· 主编　孟钟捷

· 沈辰成　李云逸　著

上海社会科学院出版社
SHANGHAI ACADEMY OF SOCIAL SCIENCES PRESS

圣母百花大教堂

《三博士来朝》

达·芬奇的《蒙娜丽莎》

拉斐尔自画像

《雅典学院》

丢勒的《犀牛》

《最后的晚餐》

圣女贞德

交战各方签订《威斯特伐利亚和约》

黑奴贸易

奥斯曼贵族喝咖啡

英国东印度公司总部

维多利亚女王

奥赛美术馆

《独立宣言》起草现场

美军接受英军投降

建造帝国大厦

圣彼得堡冬宫

圣马力诺

目录

主题一　文艺复兴

主题二　航海时代

主题三 科技革命

主题四 资本主义

主题五 殖民主义

主题六 英 国

主题七　法　国

主题八　美　国

主题十　俄国、意大利与奥地利

主题一

文艺复兴

导言

斯克罗维尼礼拜堂位于意大利北部小城帕多瓦。虽然这座教堂外表平平无奇，但是教堂内部暗藏宝藏。教堂的四壁布满蓝色的壁画。这是举世罕见的乔托真迹。

壁画的主题是耶稣的一生。乔托没有用宗教的公式重复神的形象，而是以细腻的笔触描摹人的情绪。因此，乔托被誉为文艺复兴第一人。

14 世纪，在欧洲，一群艺术天才横空出世，他们主张人文主义思想，复兴古代希腊、罗马的科学和艺术，史称文艺复兴。

意大利是文艺复兴的策源地。佛罗伦萨统治者美第奇家族慷慨解囊，重金资助绘画、雕塑以及建筑艺术。由此，文艺复兴三杰——达·芬奇、拉斐尔以及米开朗基罗诞生在意大利的土地上。

文艺复兴的影响遍及全欧洲。艺术大师和艺术作品层出不穷，涉及诗歌、小说、戏剧、绘画及建筑等诸多门类。

文艺复兴重塑了人们的思想，成为世界走出中世纪的重要一步。

15世纪，欧洲曾有一群“文艺土豪”，他们十分任性，居然把自己全家“送进”世界名画。

这群宗师级“文艺土豪”就是美第奇家族。他们是何方神圣？他们如何成为“文艺土豪”？他们又是怎样“走进”世界名画的呢？

“土豪”世家

美第奇家族出自意大利佛罗伦萨。徐志摩为这座古城添了一个高冷的雅号——翡冷翠。其实，翡冷翠不“冷”。中世纪后期，佛罗伦萨一度跻身欧洲经济最火热的城邦。

印有美第奇家族纹章的挂毯

15世纪，在佛罗伦萨的经济热潮中，初代美第奇掌门从羊毛业起家，在银行业致富。他们发现，挣到第一桶金后，用钱来生钱又快又好，通过利滚利的无限循环，他们建立起庞大的金融帝国。

科西莫·德·美第奇

不过，美第奇家族不甘只做土财主，而是追求“高大上”：“富一代”乔凡尼资助罗马教皇，成为教会御用账房。“富二代”科西莫操纵权钱交易，成为佛罗伦萨的统治者。

然而，土豪之路就像月球一样，“坑”特别多：“富三代”皮耶罗受到富贵病痛风折磨，提前“下线”。“富四代”洛伦佐和朱利亚诺兄弟年轻有为，不料竟遭血光之灾。

1478 年 4 月 26 日，在复活节的庆典上，一群刺客拔出宝剑，当场砍翻了这对美第奇兄弟。朱利亚诺身中 19 刀死亡。洛伦佐狼狈逃走。这场刺杀水很深，凶手既有欠债不还的客户，也有商业竞争的对手。大难不死的洛伦佐展开血腥报复，对内消灭异己，对外抗拒教廷。在他的统治下，佛罗伦萨的兴盛走向巅峰。

洛伦佐·德·美第奇

由此，美第奇家族从普通土豪升级为高端土豪。

文艺土豪

政治上，美第奇的事业昙花一现：1492年，洛伦佐去世，家族的银行破产，政权倒台。直到1513年，美第奇家族东山再起，洛伦佐的次子被选为罗马教皇。美第奇家族一共出现过四位教皇和七代大公，直到1737年绝后。

艺术上，美第奇的贡献永垂史册："富一代"乔凡尼赞助壁画大师马萨其奥，"富二代"科西莫投资雕塑家多那太罗，"富四代"洛伦佐赞助过达·芬奇、拉斐尔和米开朗基罗。到了现代，美第奇的艺术收藏装满了巨大的乌菲齐美术馆。

在美第奇的遗产中，规模最大的单件艺术品是文艺复兴建筑的代表作圣母百花大教堂。

圣母百花大教堂

1296年，佛罗伦萨人开始建造新教堂，他们野心爆棚，计划建造直径43米的大圆顶。不过，经过整整一世纪，如何建造的难题依然无解。理想中的宏伟圆顶变成现实中难以超越的技术天窗。大教堂的烂尾让翡冷翠沦为笑话。

圣母百花大教堂的穹顶结构

1419年，“富二代”科西莫挑选布鲁内斯基重启工程。他们参考古代技术进行技术创新，不但改进设计，以尖拱取代圆拱，而且更新工艺，发明新式机械，使用轻质建材。1436年，穹顶顺利完工。米开朗基罗曾感叹：“我可以建更大的圆顶，却不可能比它更美。”

今天，圣母百花大教堂堪称佛罗伦萨的地标，无数游客登上穹顶俯瞰全城。

由此，美第奇家族从普通土豪蜕变为文艺土豪。

画中土豪

意大利佛罗伦萨乌菲齐美术馆珍藏着一幅油画《三博士来朝》。作者是画家波提切利。在艺术上，这位小哥的特长

《三博士来朝》

是——画女神，代表作是《维纳斯的诞生》。

根据艺术史学家瓦萨里的记载，1475 年，是美第奇家族赞助了波提切利创作《三博士来朝》。这幅画取材于《圣经》，圣母生下圣子，博士前来朝拜。中世纪，类似题材的宗教画成百上千。不过，文艺青年波提切利和文艺土豪美第奇家族进行了一次文艺作品的“植入式营销”。

《三博士来朝》中，主要人物都由美第奇家族人员“客串”：科西莫是圣婴脚边的慈祥长者；皮耶罗是圣母面前的红袍贵人；朱利亚诺是白衣飘飘的少年。波提切利也没委屈自己，在画面右侧，他把自己定位为回眸一望的花样美男。

由此，美第奇家族把自己送进了世界名画。

通过源源不断地赞助艺术创作，美第奇家族以艺术杰作幕后金主的身份闻名世界。与此同时，由于文艺土豪的天使投资，艺术热潮风起佛罗伦萨，席卷整个欧洲，史称文艺复兴。

2

颜值担当

文艺复兴的画坛三杰

在动画片《忍者神龟》中，四只乌龟住在纽约下水道，爱吃披萨，幽默搞笑，名字却充满文艺气息：列奥纳多、米开朗基罗、拉斐尔和多那太罗。实际上，这四个名字源于文艺复兴时代的四位大师。其中包括文艺复兴绘画三杰：列奥纳多·达·芬奇、米开朗基罗、拉斐尔；还有一位是雕塑大师多那太罗。据说漫画家创作《忍者神龟》时想不出名字，干脆用艺术大师命名漫画中的四名主角。

本节的主角就是文艺复兴的三位颜值担当——画坛三杰和他们的三幅代表作。

达·芬奇

达·芬奇与《蒙娜丽莎》

《蒙娜丽莎》是一幅半身画像。画中人，丽莎·焦孔多，意大利丝绸富商德尔·焦孔多的妻子，被达·芬奇用金字塔型构图放置在画面的中央，她将交叠的双手搁在座椅的扶手上，从头部至腰部完整地呈现出半身形体。这样的构图为日

达・芬奇的《蒙娜丽莎》

后的画家开创了新的肖像画架构。达・芬奇在绘制过程中突出了人文主义创作手法，使得丽莎・焦孔多的头发与衣服的曲线和身后山谷河流的线条遥相呼应，以体现人与自然的和谐共处。而丽莎・焦孔多带给后人的神秘微笑则是基于达・芬奇对人体构造的深入研究。他认为眼睛的中心部位会对较亮的区域敏感，而边缘则对较暗的区域敏感。于是，他通过绘制光线在画中人嘴唇上形成的阴影效果，让观众盯着她的眼睛时不会忽视她的嘴角，这样，人们便会觉得她在微笑。

正是人文主义与科学精神的结合，使得《蒙娜丽莎》成为艺术史上被分析得最为细致的一幅画。它不仅体现了达・芬奇高超的绘画技巧，也体现了他的科学造诣。据说法国国王弗朗索瓦一世一直将该画挂在自己的展室中端详。法国大革命后，这幅传奇名作才得以与越来越多的普通观众见面。

拉斐尔与《雅典学院》

拉斐尔自画像

1510—1511 年，25 岁的拉斐尔被教皇请到梵蒂冈宫绘制壁画。他在签字厅留下了自己创作生涯最辉煌的作品。在《雅典学院》这幅巨型作品中，拉斐尔将古希腊、古罗马时期和当时意大利的 50 多位哲学家、艺术家与科学家济济于一堂。该画的透视技巧是当时的巅峰水平。所有人物以柏拉图与亚里士多德为中心，向两边与下方展开，以二度空间呈现三度空间的纵深。深受人文主义影响的拉斐尔力图让画中每一个人物都具有“人的灵魂”。然而，在这种思想的背后仍然是对教会淫威的妥协。拉斐尔将历史上不同人物会集，看似是在颂扬人类的哲学与科学，实际上却是暗指天主教神学之形成是贤者们智慧的结晶。画中柏拉图指天的动作，被认为是指上帝的意志高于一切，而亚里士多德指地的动作则被认为指教会在人间拥有至高权威。当时的教皇十分喜欢这种以人文主题粉饰教廷的画作。

拉斐尔是虔诚的教徒，他只是拥有和谐与理想的人文主义思想。正如他所画的《圣母像》，只是用古希腊与古罗马

《雅典学院》

的技法去构建一个平易近人的“神”，而不是去反对他们。所以，“文艺复兴”有时也是歌颂与赞美教权的手段。

米开朗基罗与《最后的审判》

米开朗基罗

与拉斐尔的虔诚相比，米开朗基罗对于当时的生活则有着更多反抗的意味。他反对金钱和教权给自由的艺术创作带来的禁锢。这是他人文主义精神的基础。只是，迫于教会的压力，米开朗基罗不得不为梵蒂冈绘制作品。这种思想危机在1535—1547年绘制

《最后的审判》时爆发出来，最终幻化为人对抗上帝的暗喻。

《最后的审判》

这幅位于梵蒂冈西斯廷礼拜堂的巨型壁画共绘有400多个历史人物，场景是《圣经》中描绘的末日审判。受但丁《神曲》的影响，全图分为四层结构，最上层是天国的天使，中央是耶稣基督，下层是受裁决的人群，最底层是地狱。同时，全图又以基督为中心，形成一个圆形的统一体，使众多的人物和情节看起来毫不杂乱，善者升天堂，恶者入地狱，逻辑分明。米开朗基罗所绘制的基督极其严厉，不近人情，这暗指了教皇对他的胁迫。而教皇儒略二世则被画在地狱层，受怪兽撕咬。画中右下云端的圣巴托罗缪拿着自己殉道时被剥下的人皮，而人皮的脸正是米开朗基罗的自画像。他以这种极端的方式表明自己反抗教会的决心。同时，他也试图以这种方式向过去告别，不再接受教会的束缚。

明清时期，中国出现四大名著：《水浒传》《三国演义》《西游记》和《红楼梦》。

与此同时，在万里之外的欧洲，也有一批文学杰作诞生，成为文艺复兴华章的一部分。

不同的是：在中国，先有古老的语言文字，后有经典的小说，语言文字和文学凝聚了中华文明的精髓。在西方，先有经典的文学，后有民族语言的崛起，文学和文字塑造了欧洲各民族的个性。

本节的主人公是三位凭借文学作品助力塑造民族语言的大师：但丁、拉伯雷和莎士比亚。

但丁与《神曲》

在意大利，但丁首先举起文艺复兴的大旗。

1265 年，但丁出生在意大利城邦佛罗伦萨。1302 年，但丁卷入城邦的政治斗争，遭到流放。此后，他在意大利半岛四处漫游，把政治理想和思乡之情汇成史诗《神曲》。

全诗分为地狱篇、炼狱篇与天堂篇，

但丁与他的《神曲》

每篇 33 首。但丁以第一人称写道自己误入黑暗森林，被象征欺骗的恶豹、象征野心的狮子和象征贪婪的母狼拦住去路。此时，古罗马诗人维吉尔出现。诗人引导但丁冲出九层地狱，突破七级炼狱。最后，但丁与情人相约饮下忘川水，登上九重天堂。途中，他既结交古今名人，与他们畅聊诗和远方，同时，也目睹地狱烈焰，那里关满了苟且之徒，其中当然包括腐朽罪恶的罗马教皇。

在文学与政治上，《神曲》抨击教会引起了轰动。但丁、薄伽丘和彼得拉克并称为文艺复兴文坛三杰。恩格斯曾评价但丁：“他是中世纪最后一位诗人，又是新时代最初一位诗人”。

在语言上，但丁用托斯卡纳方言撰写诗歌，希望意大利的广大民众都能读懂自己的所思所想。但丁的作品成为后世意大利语的基础。意大利人尊称但丁为“意大利语之父”。

拉伯雷与《巨人传》

在法国，拉伯雷是文艺复兴代表之一。

约1494年，拉伯雷出生在法国希农。他18岁成为修道士，28岁学会希腊语，38岁又成为医生。在行医之余，他撰写讽刺小说，批评教会的腐朽。16世纪中叶，拉伯雷完成法语巨著《巨人传》。

《巨人传》共分为五部。其主角是老爸卡冈都亚（简称“老卡”）和儿子庞大固埃（简称“小庞”）。第一部主题是教

拉伯雷

描绘《巨人传》内容的画作

育：老卡学习旧式教会的旧思想，浑身难受，改学人文主义的新观念，青春焕发。第二部的舞台在大学：小庞到法国各地的大学求学，先后结交了代表速度、力量和智慧的各种人物。第三部、第四部和第五部描写小庞寻找“葡萄酒权威”，隐喻罗马教会的愚昧。

在《巨人传》中，拉伯雷影射现实，讽刺挖苦，而语言却平易近人。结果小说大卖，教会大怒。罗马教会将这本书定为歪理邪说，展开跨国封杀。

与此同时，法国人的民族语言观念也已觉醒。拉伯雷是平民文学的代表，七星诗社是贵族文学的代表。1549 年，法国作家联合发表《保卫与发扬法兰西语言》，这成为近代法语统一的先声。

莎士比亚与《哈姆雷特》

在英国，莎士比亚继承文艺复兴的事业。

莎士比亚

1564 年，莎士比亚生于英国斯特拉特福。其一生创作近 40 部戏剧，成为戏剧艺术的宗师。他的经典名作包括四大悲剧——《哈姆雷特》《麦克白》《李尔王》《奥赛罗》和四大喜剧——《仲夏夜

描绘《哈姆雷特》内容的画作

之梦》《威尼斯商人》《皆大欢喜》《第十二夜》等。在为数众多的莎翁名剧中，人们最熟悉的就是《哈姆雷特》。

《哈姆雷特》描述了王子复仇的悲剧故事：弑君者谋杀国王，既夺取了王位，又迎娶了王后。王子哈姆雷特在父亲鬼魂的指引下查明真相，亲手消灭了杀父仇人，自己也在决斗中中毒身亡。《哈姆雷特》名列莎士比亚四大悲剧之首，剧中哈姆雷特的独白“生存还是死亡”可以说是家喻户晓。后人反复改编、翻拍和重构这部作品，其中包括动画电影《狮子王》和中国电影《夜宴》等。

在语言上，有研究表明：莎士比亚大约为英语创造了1500个新单词，例如在《哈姆雷特》中，莎士比亚根据古英语 smirch（弄脏），创造新词汇 besmirch（抹黑），特指恶意丑化和攻击政敌。莎士比亚的继承和创新，为现代英语做出巨大贡献。

五百年前，文艺复兴风起云涌，艺术天才留下无数传世神作。

五百年后，虽然天才早已消逝，但是神作代代相传，静静地展现自己的美。

甚至许多传世神作都自带曲折离奇的“三生三世”。

内裤的闹剧

如前所述，在意大利罗马的西斯廷教堂，高悬着文艺复兴名画《最后的审判》。

西斯廷教堂（外部）

《最后的审判》(局部)

1535—1547年，米开朗基罗为教会绘制了这幅壁画。画面取材于《新约·启示录》：世界分崩离析，救世主从天而降，善人上天堂，恶人下地狱。

五百年前，《最后的审判》遭遇尴尬：要不要给画中人物穿上内裤？

这场纷争源于委托人和艺术家针尖对麦芒的思想对立：艺术家痴迷于人体之美，无视清规戒律。在他的笔下，很多人物都一丝不挂。然而委托人——教会坚持墨守成规，在他们眼中，一丝不挂是淫荡下流。

结果，神作画完之日就是纷争开始之时：1565 年，教皇派出御用画家伏尔泰拉，为画中人物加上“贴身，更贴心”的“小内裤”；1596 年，教皇仍不满足，准备毁弃原画，艺术家集体抵制，神作才逃过一劫。

五百年后，内裤闹剧终于落幕。1981 年，学者对这幅壁画进行长达 14 年的全面修复。其中包括剥离一些画蛇添足的内裤，让世人一窥原汁原味的米开朗基罗手笔。

内裤的闹剧反映出文艺复兴时代的思想冲突与变革，以及宗教一家独大的局面逐渐式微，俗世百家争鸣的局面慢慢开始。

当然，在内裤纷争中，伏尔泰拉是最大输家，他以其绰号“穿短裤的人”永载史册。

爱国的盗贼

巴黎卢浮宫陈列着达·芬奇的《蒙娜丽莎》。

如前所述，1503—1505 年，达·芬奇绘制了这幅肖像画。“蒙娜”表示贵妇，“丽莎”是画中美女的芳名。她的微笑让后人如痴如醉。

然而 1911 年 8 月 21 日，法国巴黎卢浮宫博物馆乱作一团——《蒙娜丽莎》居然不翼而飞了。自从 16 世纪，达·芬奇把这幅画卖给法国王室以来，几百年间，它一直是法国的财产，由卢浮宫收藏。失窃案震动法国。警察全线出动，媒体争相报道，博物馆重金悬赏。然而，名画音讯全无。

《蒙娜丽莎》失窃后

1913 年 11 月 29 日，《蒙娜丽莎》意外重现江湖。一名意大利小偷在销赃时被人赃并获。原来，

游客围观《蒙娜丽莎》

两年前，他伪装成油漆匠潜入卢浮宫，把名画藏在大衣里瞒天过海带了出来。

不过，盗贼辩白说，法国藏画其实是霸占了意大利的艺术品，自己偷画是想让它回归祖国。结果，名画回归卢浮宫，但爱国贼也受到同情。

这场大案源于法兰西和意大利的民族感情之争：意大利人认为达·芬奇是意大利之子，神作应该属于意大利。法国人认为名画是法王的财产，神作当然属于法兰西。

失窃的疑案体现出文艺复兴之后的社会变革：贵族教士阶层早已衰落，民族国家已然兴起。

当然，在爱国窃案中，《蒙娜丽莎》是最大赢家。这次历险更加奠定了它世界名画的地位。

淡定的饭局

在意大利米兰恩宠圣母教堂，珍藏着《最后的晚餐》。

1495—1498 年，米兰公爵邀请达·芬奇为教堂餐厅绘制了这幅壁画。画面源于《新约》。耶稣与十二门徒共进晚餐。耶稣表示：我被出卖了，但我很淡定。

1943 年，《最后的晚餐》险些被炸成粉末。

1939 年，意大利追随德国发动第二次世界大战。然而，这个国家煮面世界一流，打仗却属欧洲三流。1943 年，战火波及意大利本土，盟军和德、意两国杀得人仰马翻。

恩宠圣母教堂

1943 年 8 月 15 日，米兰遭到空袭。炸弹从天而降，教堂未能幸免，爆炸声震耳欲聋。一堵墙倒了，又一堵墙倒了，《最后的晚餐》岌岌可危。

神奇的事情发生了：其他墙壁不是坍塌就是千疮百孔，只有壁画所在的那片墙面保存完好：耶稣依然在淡定地进餐……

1950 年，意大利人在残垣断壁中重建教堂。1980 年，恩宠圣母教堂入选世界文化遗产。今天，这里门庭若市，游客络绎不绝，必须预约限时进场。不过，耶稣仍然在淡定地进餐……

《最后的晚餐》

至于壁画为什么能在战火中幸免于难，合理的解释是，当时人们用沙包和木板做了加固预防。不过，确切原因恐怕只有画中淡定地用了五百年餐的耶稣自己知道了。

《最后的晚餐》的遭遇折射出文艺复兴遗产保护的曲折历程：自然侵蚀、社会动乱以及无情的战火，时刻威胁着脆弱的文物，对历经劫难保存至今的神作，后人唯愿全体人类能够“且行且珍惜”。

主题二

航海时代

导言

2008年，德国汉堡投入3000万欧元巨资，建造全世界第一大航海博物馆——汉堡国际海事博物馆。走进博物馆的大厅，人们就能见到现代德国人追认的世界七大航海家的铜像。他们分别是迪亚士、郑和、埃里克松、达·伽马、哥伦布、麦哲伦和库克。

15世纪，一群航海先驱扬帆远航，他们开辟了连接欧洲、亚洲、美洲以及非洲的海上航路，史称大航海时代。

大航海时代，欧洲人开始成为海上探险的先锋。欧洲各国航海家前赴后继环球航行和探索未知海域。远航美洲第一人哥伦布，远航印度第一人达·伽马和环球航行第一人麦哲伦并称三大航海家。

大航海时代扩大了人类的眼界，成为世界走向近现代的关键。

事实上，在大航海时代来临前，人类就从未停止探索海洋的脚步。早期航海家为大航海时代积累了诸多经验与技术，比如海上丝绸之路的建立及郑和下西洋等。

“大雨落幽燕，白浪滔天，秦皇岛外打鱼船。一片汪洋都不见，知向谁边?”

人与海的交锋是世上最悬殊的对抗：海洋无比强大，吞噬一切；人类无比渺小，风雨飘摇。不过，几千年来，人类不断挑战着大海。本节的主角就是一群走向深蓝的航海先驱。

私奔白云之乡

在太平洋的深处，新西兰孤悬海外，距离最近的大陆数千千米。可是距离难不倒智者。新西兰毛利人世代讲述着波利尼西亚航海家库佩发现“长白云之乡”的故事。

故事的开头并不美丽：库佩是一个采花大盗，不但抢别人的老婆，而且偷别人的小船逃进大洋深处。

故事的结局较为圆满：小船渡过茫茫大海，库佩的眼前出现一片云雾缭绕的世外桃源。他把此地称为长白云之乡。库佩召来亲朋好友，在这里过上无忧无虑的小日子。

长白云之乡就是今天南半球的仙境新西兰。根据毛利人的传说，他们是这些航海家的后代。按照现代学术研究，库佩的传说源于波利尼西亚人的海上探险。

表现库佩形象的雕塑作品

波利尼西亚人是卓越的航海家。他们的航海宝具是双体

波利尼西亚双体船

船，这些船简约而不简单。船体由两只独木舟拼成，劈波斩浪稳如泰山，动力由大型三角帆提供，乘风破浪快如闪电。波利尼西亚人北到夏威夷，南到新西兰，足迹遍布太平洋。

毛利人是波利尼西亚人的分支。10—13世纪，他们的祖先发现并且移民到长白云之乡。今天，数十万毛利人生活在新西兰。采花大盗库佩的逃亡，为毛利人找到了美丽的家园。

误入美酒之地

维京人埃里克松

在北极圈的边缘，风雪笼罩着冰岛，冰山冰海隔绝了欧洲和美洲。可是严寒挡不住勇士，冰岛北欧人世代歌颂着维京航海家埃里克松登陆“美酒之地”的传奇。

一千年前，北欧人用诗写下远方：999年，埃里克松带领35名勇士，深入北极冰海。穿过冰山冰海，他们意外找到了陆地。这里温暖湿润，地上还生长着可以酿造红酒的葡萄。他们喜出望外，命名此地为“美酒之地”。

一千年后，诗中的远方浮出水面：1960 年，人们在纽芬兰岛发现兰塞奥兹牧草地遗址。这里位于北美，可文物风格接近北欧，时代可以追溯到一千年前，比哥伦布发现美洲还早五百多年。人们推测：这里就是“美酒之地”，当年埃里克松误打误撞闯进的是美洲。

误入新大陆是北欧人航海的一章。北欧的维京勇士既是凶悍的海盗，又是优秀的水手。他们的航海宝具是维京长船。长船修长轻盈，既能够扬帆驰骋远海，也可以划桨深入内陆。9—10 世纪，北欧人先后发现冰岛、格陵兰和纽芬兰，由此进入北美。

不过，故事的结局不如人意。冰岛史诗记载：北欧水手拿出牛奶，设宴款待美洲原住民。原住民喝不惯牛奶，双方由此交恶。埃里克松误入“美酒之地”，却没能带来进一步

贝叶挂毯上的维京长船

的友好交流。

郑和七下西洋

在江苏太仓，有一座古老的天妃宫，供奉着中国人的海神——妈祖。妈祖姓林名默娘，出自福建湄洲岛，她能够平风浪救海难。这座妈祖庙见证了中国的大航海：郑和下西洋。

七下西洋都由妈祖庙开始：船队出征前都会到天妃宫祈祷。1405 年，郑和一下西洋。舰队从太仓出海，最远到达印度。传说郑和曾在海上遇险，妈祖显灵平息风浪。

七下西洋又在天妃宫结束：1431 年，郑和七下西洋。舰队从太仓出海，最远到达中东。郑和最后一次祭祀妈祖，在太仓竖立“通番事迹记碑”，记载下西洋全程：

郑和

“和等自永乐初奉使诸番，今经七次，每统领官兵数万人，海船百余艘，自太仓开洋……抵于西域忽鲁谟斯等三十余国，涉沧溟十万余里。”

据说，1433 年郑和在海上去世。作为一位航海家，郑和功

郑和宝船模型

德圆满，身死征途，名扬中外。明宣宗以后，明朝停止再下西洋，在历史中留下毁誉参半的一笔：

郑和下西洋，十万余里远航，大明的国威宣扬到十万里外，中华的文明传播到十万里外。这是世界历史上前无古人的成就，让华人扬眉吐气。

明朝下西洋，止步于十万余里。大明帝国没有延续航海事业，华夏儿女没有登上未知大陆。这可以说是中国历史上的遗憾，让国人扼腕叹息。

数百年过去了，郑和已逝，妈祖无言。无论如何，中国在大航海时代留下了浓墨重彩的一笔。

20年来，日本人气动漫作品《海贼王》经久不衰，故事的主角是路飞和草帽海贼团。在二次元世界，海贼团踏上伟大航路寻找宝藏。

在历史上，谁是航海时代的主角？他们寻找什么宝藏？

15世纪，西方航海家冲出欧洲，走向世界，史称“开辟新航路”或“地理大发现”。他们要寻找的宝藏是神秘的东方。当时，欧洲人看得到东方的富裕，却摸不到富裕的东方：1299年，马可·波罗的游记写尽了东方的辉煌和富庶，东方遍地黄金，把西方人惹得垂涎三尺。

但是到了1453年，奥斯曼帝国攻破君士坦丁堡，截断东西贸易陆上通道。欧洲国家不得不另辟蹊径，通过海路前往东方。其中，西班牙和葡萄牙脱颖而出。在地理上，这两个国家面向大西洋，航海条件得天独厚。

迪亚士发现好望角

葡萄牙人捷足先登。1487年，迪亚士

发现好望角，这是开辟新航路的首次重大突破。

葡萄牙人的航海策略是“步步为营”：他们沿着非洲海岸摸索，绕过非洲，前往东方。15世纪，他们在非洲建立众多据点，例如加纳利群岛、马德拉群岛和亚速尔群岛。

迪亚士

葡萄牙的航海英雄是巴尔托洛梅乌·迪亚士。约1451年，迪亚士生于葡萄牙航海世家。迪亚士家族三代都是航海界精英，迪亚士本人也是航海行家。

1487年，迪亚士统率三艘帆船，离开葡萄牙里斯本，经过加纳，驶向非洲大陆南端。在航行的途中，他们一度遭遇风暴。幸亏迪亚士技术出色，船队侥幸逃生。

1488年2月3日，迪亚士发现海岸走向逆转，由此确认他们到达非洲大陆的最南端。起初，迪亚士把此地命名为“风暴角”。后来，葡萄牙国王将其改名为“好望角”。

由此，葡萄牙人越过大西洋，进入印度洋，东方已经遥遥在望。

迪亚士远航

哥伦布发现新大陆

西班牙人后来居上。1492年，哥伦布发现新大陆，这是地理大发现的里程碑。

哥伦布

西班牙人的航海画风是“一步到位”：他们直冲大西洋深处，寻找捷径，直取东方。15世纪，西班牙人赶走入侵者统一西班牙。西班牙王室投巨资用于航海探险。

西班牙的航海英雄是克里斯托弗·哥伦布。约1451年，哥伦布生于意大利城市热那亚。他不但相信地球是圆的，而且进一步异想天开：只要一路向西航行，就能到达东方。

1492 年，哥伦布带领三艘帆船，离开西班牙，冲进大西洋。船队向西航行了两个多月。虽然没有遭遇意外，但是也没有到达陆地，船员人心浮动。哥伦布好说歹说，大家勉强继续前进。

1492 年 10 月 12 日，陆地终于出现在海平线上。哥伦布大喜过望，他以为东方就在眼前。他大摇大摆地登上“西印度群岛”，把赶来围观他们的原住民命名为“印第安人”。

哥伦布到达新大陆

当然，人们最终发现，哥伦布到达的并不是古老的东方，而是一片未知的大陆——美洲。

达·伽马和香料群岛

站在前人的肩膀上，葡萄牙人达·伽马是最终的幸运儿，成为真正到达东方的第一人。

达·伽马全名为瓦斯科·达·伽马。约1469年，达·伽马出生。年少时，达·伽马就立志航海。28岁时，他终于得到机会，开始挑战前往东方的旅程。

1497年7月8日，达·伽马指挥五艘帆船，离开葡萄牙里斯本，驶向非洲南端。

1497年12月16日，船队绕过非洲南端，达·伽马聘请当地向导继续向东前进。

达·伽马

1498年5月20日，船队抵达印度海岸，一举打通连接欧洲和亚洲的海上商路。

终其一生，达·伽马三次远航印度。海上贸易带来巨额利润，葡萄牙王室授予达·伽马大量荣誉，其中包括海军上将、世袭伯爵和葡属印度总督等职衔。

同时，在从东方运来的批量商品中，香料引起了欧洲的轰动。在香料贸易的吸引下，欧洲人继续东进，开拓“香料群岛”，开辟“香料之路”，进而建立与东南亚、东亚的贸易。

达·伽马准备登陆

在开辟新航路以前，虽然人类不断进行航海探索，但是没有改变全球历史的进程。

地理大发现不但使欧洲获得巨额商业利润，而且改变了世界历史的进程。海上商路使东方货物批量涌入欧洲，例如印度的香料和中国的瓷器、丝绸以及茶叶等；使欧洲和非洲人口移民美洲；使美洲的土豆、玉米和番茄传入欧洲和亚洲。今天，人们把这一横扫全球的历史变革命名为“哥伦布大交换”。

然而，我们也应该认识到，这场大交换也给原住民带来新的传染病，造成当地人口的大量死亡和文化的流失。同时，它也带来了西方殖民者对亚洲、非洲、美洲残酷的殖民和侵略。

在日本人气动漫《海贼王》中，漫画家化用历史上的航海先驱设定二次元的海上强者。其中包括“监狱最强的男人”麦哲伦、“赤旗”X. 德雷克和“赤足”哲夫等。在现实中，这些动漫角色的原型都是因环球航行创举而名垂青史的人物。

麦哲伦

监狱长麦哲伦所采用的名字与葡萄牙航海家麦哲伦相同。

约1480年，斐迪南·麦哲伦生于葡萄牙。在葡萄牙舰队服役时，麦哲伦产生一个大胆的想法：理论上说，地球是圆的，因此亚洲大陆的尽头必然有新大洋，大洋的尽头必然是新大陆；反之亦然，从欧洲出发，绕过各大陆穿越各大洋，必然回到欧洲，这样就能开辟环球航路。几经周折，西

麦哲伦像（中）

班牙王室决定为他这个大胆的想法买单。

1519年8月10日，麦哲伦指挥5艘帆船和270名水手，从西班牙的塞维利亚港出发。1519年11月，舰队向西航行从欧洲到达美洲。他们沿着海岸南下，寻找美洲西方的海洋。1520年8月，他们绕过美洲南端，进入未知大洋，1521年3月，舰队穿过大洋，抵达亚洲。麦哲伦把美洲和亚洲之间的海域命名为"太平洋"。

麦哲伦舰队中唯一幸存的船

1522年9月6日，麦哲伦的剩余舰队回到西班牙。此时，舰队只剩下1艘帆船和18名残兵。在5艘船只中，1艘船遇险沉没，1艘船叛变逃走，1艘船遭到遗弃，1艘船受损大修。数百名船员中，多数人死于变质的食物、不洁的饮水、舰队内部的叛乱和各地原住民的袭击。而麦哲伦本人也同样于 1521 年 4 月 27 日，在菲律宾死于非命，没能见到环球航行的最终实现。

德雷克

《海贼王》中的“赤旗”X. 德雷克的原型被认为是英国航海家德雷克。

约 1543 年，弗朗西斯·德雷克出生于英国德文郡。在历史上，德雷克是真正的海贼王。当时，英国王室剑走偏锋，颁发官方打劫许可证，鼓励抢劫敌国商船，事成之后，海盗和国家瓜分赃物。在轰轰烈烈的海上抢劫运动中，德雷克既是臭名昭著的大海盗，也是搏击四海的航海家。最后，他被招安为海军统帅，指挥英国舰队击破西班牙无敌舰队。

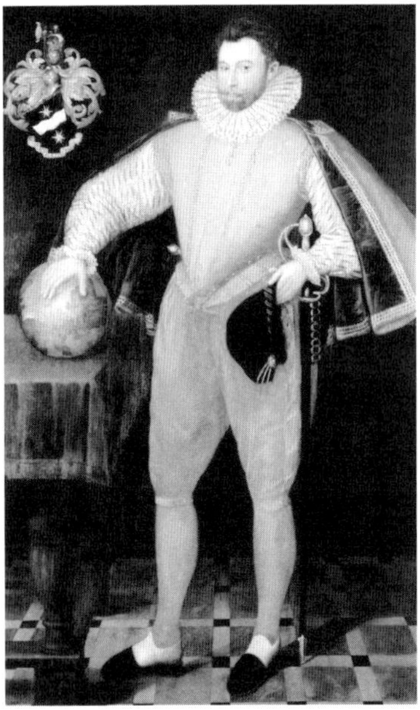

德雷克

1577 年 12 月，德雷克以“金鹿号”作为旗舰，带领 160 名海盗，展开环球航行兼抢劫之旅。首先，德雷克横

德雷克登陆

穿大西洋，扫荡美洲东海岸。接着，“金鹿号”进入太平洋，扫荡美洲西海岸。此后，德雷克舰队向南到达麦哲伦海峡，向北到达北冰洋附近，向西横渡太平洋、穿越印度洋和好望角。“金鹿号”在海上一路高歌，时而探险时而抢劫。

1580 年 9 月，德雷克凯旋。英国女王伊丽莎白一世破格封德雷克为爵士。作为大海盗，德雷克的船满载香料和金银，价值 50 万英镑，相当于英国一年的财政收入。作为探险家，德雷克完成第二次环球航行，成为活着环绕地球的第一人。

库克船长

英国航海家中还有一位强者是詹姆斯·库克。

库克船长

1728年，詹姆斯·库克生于英国约克郡。库克堪称大航海时代后期的代表性人物。随着科学的发展，以库克为代表的航海家，不再只是航行的好手，而且是全方位的技术高手。

在大航海时代，大量海员死于坏血症。通过科学观察，库克发现病因是缺乏新鲜蔬果。于是，每当出海时，库克都囤积大量柠檬汁，强迫船员服用，由此，坏血症患病率大为降低。此后，柠檬汁成为英国海军的“传家宝”。

在技术加持下，库克曾三下太平洋，试图寻找未知的“南方大陆”。1768—1771年，库克一探太平洋。探险队不仅深入考察了新西兰，还登陆了澳大利亚东部。1772—1775年，库克再探太平洋。舰队完成首次环绕南极圈，最终与南极大陆擦肩而过。1776—1779年，库克三探太平洋。他发现了夏威夷，并在船员与原住民的火并中意外死亡。

虽然库克船长没有发现真正的“南方大陆”，但是他引领了太平洋诸岛的航海探索。由此，欧洲人在世界地图上填补了1/2的水域和1/3的陆地面积。

从远处驶来的库克舰队

环球航行究竟有什么意义？一组简单的数据就可以做出解答：

15世纪，欧洲人已知陆地面积只占实有陆地面积的2/5，海上活动区域只占实有海洋面积的1/10。

18世纪，欧洲人的探险已经覆盖全球陆地和海域的9/10。未知区域只剩下南极和北极。

诚然，在欧洲人到来以前，各地原住民也不乏当地的地理知识，但是是欧洲航海家首先把这些知识整合成为全球化的体系，用于指导全球航行。随着欧洲人的足迹遍及全球，世界的历史走向新的纪元。大陆不再孤立，全球融为一体。今天，人们把航海家的姓名定格在世界地图上，以此纪念环球航行、海洋探索的不朽壮举，其中包括麦哲伦海峡、德雷克海峡、库克群岛、库克海峡和库克湾。

英雄不死，探索不止。

从哥伦布发现新大陆，到库克船长环球航行，航海家纵横五大洲四大洋，开辟新航路，探索新世界，人们称这个时代为“大航海时代”。那么这个时代为后人留下了哪些文化遗产呢？

贝海姆地球仪

地球是圆的。地理课上，老师用地球仪说明这条常识。那么，是谁制造了世界上第一台地球仪呢？在德国纽伦堡日耳曼国家博物馆，珍藏着最早的地球仪——贝海姆地球仪。

地球仪的发明者是马丁·贝海姆。1459年，贝海姆生于纽伦堡，后来成为地理专家。1480年，贝海姆来到葡萄牙。他被国王任命为御用顾问，而且与哥伦布、麦哲伦都有来往。1492年，哥伦布扬帆出海，贝海姆在纽伦堡制造了史上第一台地球仪。

马丁·贝海姆

早期地球仪

贝海姆把这个小发明称为“Erdapfel”。在德语中，Erd表示大地，Apfel表示苹果。而且这个词组带有“权力”的引申义。这只“大地的苹果”反映了大航海时代初期人们的地理知识，远看与如今的地球仪颇为相似，近看区别显著。

粗粗一看，这台地球仪的形状基本正确：它表明地球是圆的，而且展现了地球自转、地轴倾斜、赤道和子午线。这些知识是欧洲航海家开辟新航路的理论基础。

可是仔细观察，你会发现大陆和海洋的位置错得离谱：欧洲与东方隔海相望，大西洋彼岸不是未知大陆，而是印度、日本以及中国。这些位置不久就被欧洲航海家的地理大发现一一推翻。

今天“大地的苹果”是一位穿越时间的信使，它为后人呈现了地理大发现引发的知识剧变，欧洲航海家如何探索世界各地，把新知识带回欧洲，由此，人们对世界的认识日新月异。

丢勒的《犀牛》

犀牛长什么样？今天，犀牛的呆萌形象路人皆知。可

丢勒的《犀牛》

是当年，犀牛的出现曾经震动整个欧洲。在英国伦敦大英博物馆，珍藏着犀牛登陆欧洲的见证——版画《犀牛》。

版画的作者是一位有性格的画家：阿尔布雷希特·丢勒。1471 年，丢勒生于纽伦堡。丢勒有艺术家的自恋，平生最爱画自己，史称“自画像之父”。当然他也有科学家的严谨，发表《量度四书》，论证绘画的方法。

画中的犀牛是一头有故事的生物：1515 年，葡萄牙船队把一头犀牛从印度运到西欧。早在一千年前，罗马人见过这种异兽；到中世纪，犀牛成为传说；一千年后，欧洲人终于第一次见到犀牛。于是，犀牛成为人气明星，航海家把犀牛献给葡萄牙王室，国王把犀牛赠给罗马教皇。

丢勒像

然而，在一次海运途中，犀牛溺水身亡。丢勒没见过犀牛真身，只能根据他人转述作画。画中的犀牛远看有模有样——头上有角，躯干是肉山；近看却奇形怪状——满脸疙瘩，表皮是鳞片。不过，真犀牛死无对证，假犀牛迅速走红，丢勒一生售出了数千张犀牛版画。

丢勒的犀牛是一只穿越时间的野兽，为人们呈现了开辟新航路带来的物质交换。欧洲航海家驶向远方大陆，运回世界各地物产。全球化的经济贸易渐渐兴起。

“哥德堡号”的三生三世

帆船是大航海时代的宝具，无论无形的知识，还是有形的商品，都依赖帆船往返运输。随着技术进步，多数古代帆船已经消失，只有个别特例至今仍驰骋海上。

其中有一条帆船名叫“哥德堡号”，它不但本身曾经历一波三折，而且与中国的缘分可谓“三生三世”。

1738 年，瑞典建造初代“哥德堡号”。这是一艘盖伦帆船，长约 40 米，排水量近 800 吨。盖伦帆船是一种适航性较强的帆船。“哥德堡号”的使命是：从瑞典出发，绕过半个地球，在广

盖伦帆船

第三代“哥德堡号”

州贸易，再绕过半个地球，返回瑞典。当时，中国的瓷器、茶叶和丝绸是高端商品，因此“哥德堡号”不远万里赶来贸易。

此后，从1739年到1745年，初代“哥德堡号”三次进行环球航行，往返瑞典和中国之间。1745年，初代“哥德堡号”在瑞典近海神秘沉没，船员逃生，货物失踪。18世纪末，第二代“哥德堡号”又祸不单行，在南非海岸再次翻船。

1995年，瑞典重建第三代“哥德堡号”。这条转世重生的帆船既是文化遗产，也是外交使者：作为海上博物馆，“哥德堡号”按照三百年前的古法重建，原汁原味地重现大航海时代的帆船；作为国家的名片，“哥德堡号”沿着三百年前的航路航行，代表瑞典访问世界各国。

2005年10月，“哥德堡号”离开瑞典的哥德堡。2006年7月，“哥德堡号”到达中国的广州。走过岁月，渡过沧海，大航海时代的传奇再续新篇。

主题三

科技革命

导言

阳光是什么颜色的？500年前，牛顿用一个实验，不但回答了这个问题，也揭开了一场变革。

1665年，英国发生瘟疫，剑桥大学关闭，年轻的毕业生牛顿被迫回家，宅居在家整整两年。在此期间，牛顿完成了经典科学实验——牛顿三棱镜实验。

此前，人们只知道阳光能化为彩虹，但是不知道颜色变化的原理。牛顿借助实验探究白光和色光的关系。他先设置一间暗室，打开一个小孔，引入一束白光；再摆出一块棱镜，使白光经过折射，变成七色彩光。

1666年，牛顿发表论文《论颜色》，他第一次指出：白光包含不同颜色的光线——红橙黄绿青蓝紫。反之，七色光线也能通过折射汇成白色光线。

此后，牛顿提出“运动学的牛顿三大定律”，发表《自然哲学的数学原理》，当选英国皇家学会会员。由于大量卓越的研究成果，牛顿被誉为史上极伟大的科学家之一。

他不是一个孤独的天才，而是一代学者中的一员。

16 世纪，在欧洲，科学家大量涌现。他们系统地提出了科学研究的基本方法——理论推演加实验验证。崭新的科学认知范式、科学基本概念和理论的确立，带来了科学知识体系的根本变革，史称科学革命。

科学革命赋予了人类改变世界的力量，成为世界奔向现代的关键之一。

1633年6月22日，一场宣判正在罗马进行。法官是天主教僧侣，被告是学者伽利略。法庭的裁决简单粗暴：伽利略宣称地球绕着太阳转，这是歪理邪说，作者必须发誓弃绝此说。根据后世记载，听到判决以后，伽利略喃喃自语：“不过，地球还在转动。”

审判伽利略

这就是科学史上著名的伽利略案件。后人往往把伽利略受审视为一场黑白分明的对决：一边是错误的地心说，另一边是正确的日心说；一边是宗教的强权，另一边是科学的求真。然而历史真是如此简单的吗？

地心说

地心说主张：地球是宇宙的中心，日月星辰围绕地球公转。今天，地心说被视为迷信。其实，500 多年前，地心说不但是教会规定的教条，而且是学者研究的成果。

古人仰望星空，不约而同地注意到一些规律：斗转星移，周而复始；但群星运动又各有不同：太阳和一些星星的轨迹稳定，每天由东向西；而另一些星星行踪飘忽，通常由东向西，有时由西向东。一些智者开始解释宇宙的形状，早期的共识是地不动，天在动，简称“地心说”。

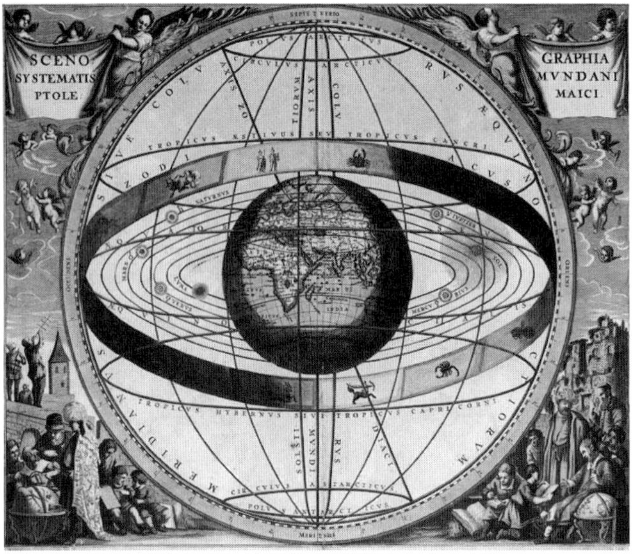

托勒密地心说示意图

托勒密

公元前4世纪，希腊学者提出，宇宙的形状是“圆圈套圆圈”的若干个“同心圆球”。地球在中央，太阳在内侧球体上转，其他恒星在外侧球体上转。

公元前2世纪，又有学者提出“均轮和本轮”的观点。行星一边围绕一个小圈公转——本轮，一边围绕地球公转——均轮。他们以此解释行星时而顺行时而逆行。

罗马帝国时期，学者托勒密撰写了13卷巨著《天文学大成》，全面总结了前人的研究成果。书中提出：宇宙是球体。地球在内，天球在外。日月星辰绕地球转，行星兼具均轮和本轮。全书罗列了大量图表数据，以论证理论假设和实际观测相吻合。这一论述被称为“托勒密体系”。

一千年后，天主教会顺水推舟，地心说成为“定论”，成为当时人们认知世界的“范式”。

日心说

日心说主张：太阳是太阳系的中心，地球和行星围绕太阳公转。今天，日心说堪称常识。然而，500多年前，日心

哥白尼

说还不是科学研究的共识。

1543 年，波兰人哥白尼出版《天体运行论》。这本书被视为日心说挑战地心说的标志。书中指出：以地球为中心，行星本轮和均轮极为复杂。以太阳为中心，行星轨迹简单明确。通过观测、计算，哥白尼认为，应当摒弃地心说的定式，采用日心说的思维。这一论述被称为“哥白尼体系”。

不过，回顾历史，此时日心说的遭遇与后人的想象至少有三大区别。

首先，日心说观点古已有之。公元前 3 世纪，古希腊学者已经提出：太阳是宇宙中心。不过，人们很难想象天不动，地在动。长期以来，由于缺乏证据，日心说都被视为异想天开。

其次，此时教会没有压制日心说。哥白尼写出日心说论文，但是不敢公开发表。教皇鼓励哥白尼把观点公之于众。1543 年，《天体运行论》出版。

最后，日心说起初并不流行。哥白尼去世几十年以后，学者才开始接受日心说：1583 年，捷克学者第谷发现，彗星没有围绕地球旋转，质疑一切天体围绕地球旋转的定论。1605年，德国人开普勒提出，天体轨道应为椭圆形，否定地心说的同心圆模型。有趣的是：第谷反对日心说，开普勒接受日心说，两人曾为此长期争论。

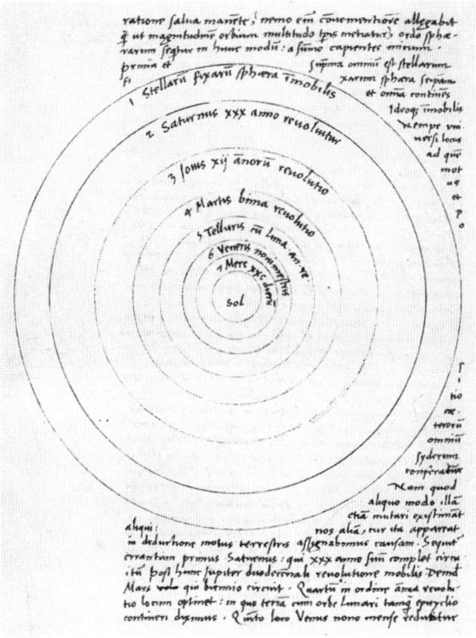

天体运行论

1621年，开普勒发表《哥白尼天文学概要》。日心说走向“主流”，成为一种新的“范式”。而这种认知范式的改变，被一些学者称为“科学革命”。

伽利略案件

如此一来，伽利略的案件就显得疑云重重。为什么教会会“翻脸”？为什么伽利略会被“枪打出头鸟”？

首先，因为当时的教会处于危机状态。1618—1648年，欧洲大陆陷入惨烈的三十年战争。战争源于此前一个世纪以来的新旧教会的对立，战争爆发前夕，天主教会日益保守强

伽利略

硬，打压异端邪说，迫害异己分子。1616年，教会查禁哥白尼《天体运行论》。

同时，伽利略的案件有偶然因素。16—17世纪，伽利略是欧洲著名的科学大师之一。他精通物理和天文，研究过自由落体、惯性原理、天文望远镜、金星的盈亏和木星的卫星。伽利略发现：许多卫星围绕木星公转，金星盈亏源于绕日公转，这些结论显然违背地心说。

1632年，伽利略出版《关于托勒密和哥白尼两大世界体系的对话》，加入宇宙大讨论。伽利略计划以虚构角色对话形式，不偏不倚地陈述地心说和日心说的观点，不料弄巧成拙。教皇发现，书中为地心说辩护者的名字与“笨蛋”谐音，且其言论滑稽可笑，隐约在嘲讽教会。结果，教会勃然大怒，该书遭到查禁，伽利略被捕受审，有了本节开头的一幕。

胡适是中国近代著名的学者之一。其实，胡适原名“胡洪骍”，后来又叫“胡适之”。至于此名的由来，胡适在《四十自述》中留下一段有趣的记载：

> 我在学堂里的名字是胡洪骍。有一天的早晨，我请我二哥代我想一个表字，二哥一面洗脸，一面说：“就用‘物竞天择适者生存’的‘适’字，好不好？”我很高兴，就用“适之”二字。

“物竞天择，适者生存”——这句话究竟有什么魅力，竟然能让胡适欣然采纳？追根溯源，胡适的改名源于科学史上一场围绕生命起源之谜的大论战：创造论与演化论。

创造论

创造论的基本看法是超自然的神力创造自然界的生物，从而实现造物主的特殊目的。

自古以来，世界各地的古人提出形形色色的创造论，包括各种传说、神话以及

米开朗基罗的《创造亚当》表现神创论

宗教。中国有盘古开天辟地和女娲抟土造人的传说。印度有梵天创造世界和湿婆毁灭世界的神话。在欧洲，上帝创世说是影响最广泛的创造论。

根据《圣经·旧约》中《创世纪》的记载，上帝用七天时间创造了天地万物、花草树木、飞禽走兽和按照上帝自己形象设计的万物之灵——人类：

> 神就照着自己的形象造人，乃是照着他的形象造男造女。
>
> 神就赐福给他们，又对他们说，要生养众多，遍满地面，治理这地；也要管理海里的鱼、空中的鸟，和地上各样行动的活物。

然而，随着生物学研究的发展，人们逐渐注意到创造论中存在许多难以自圆其说之处。例如化石问题，古生物尸体变为化石，根据化石所处的地层，人们能推测生物生活的年代。通过研究化石，学者发现某些古生物生活在距今上亿年以前，远远早于上帝创世的时代。

于是，问题摆在科学家面前，既然不是上帝创造万物，那么生命究竟从何而来？

演化论

19 世纪，英国学者达尔文提出演化论，挑战创造论。

1831 年，达尔文担任随军生物学家，乘坐英军的“小猎犬号”帆船，进行五年环球航行。在太平洋深处的加拉帕戈斯群岛上，面对岛上千奇百怪的生物，年轻的达尔文眼前一亮。他发现：随着各个小岛的环境不同，当地的陆龟、鬣蜥以及鸟雀等的生长会出现细微的偏差。例如地雀在这些岛屿有 13 个品种，生长有画风各异的嘴。

达尔文

1859 年，达尔文发表《物种起源》，阐述了自己对演化论的系统性归纳。达尔文指出：同一物种的生物源于同一个祖先，但它们在经历自然环境考验的时候，又各自演化出

达尔文所描述的鸟喙的演化

不同特征。随着环境变化，生物不断演化，能够适应环境的生物生存，不能适应环境的生物遭到淘汰。这一进程被概括为“物竞天择，适者生存”。

1860 年 6 月 30 日，演化论和创造论双方的支持者公开辩论，史称“牛津大辩论”。

反对达尔文的牛津大主教公开嘲讽：“赫胥黎先生，你相信猴子是人类的祖先……那么请问，你自己是从你的祖父还是从你的祖母的猴群变来的？”

达尔文的亲密战友赫胥黎反唇相讥：“我感到羞耻的是这样一种人，他惯于信口开河……无非是想用花言巧语掩盖科学真理，这是永远办不到的。”

随着讨论和研究的深入，演化论逐渐成为学术界和全社会普遍接受的科学成果。

天演论

20 世纪，演化论从英国传入中国，引起巨大反响。

1894 年，赫胥黎出版《演化论和伦理学》。书中不但介绍演化论，而且探讨人类社会。在这本著作中，作者反对人类社会进行残酷的生存竞争，主张人类应该维持高尚的伦理道德，批判当时流行的“社会达尔文主义”观点。

1897 年，著名学者严复翻译《演化论和伦理学》，后以《天演论》作为书名在中国出版。有趣的是：由于甲午战败，列强入侵，严复不惜违背作者的原意，强调人类社会的生存竞争，进而提出“物竞天择，适者生存”，鞭策国人发愤图强，救亡图存。

赫胥黎

严复

《天演论》

在民族危亡的背景下，《天演论》在近代中国“爆红”，引起了无数仁人志士的呼应。

其中就包括胡适本人，他在《四十自述》中写道：

“《天演论》出版之后，不上几年，便风行到全国，竟做了中学生的读物了。……在中国屡次战败之后，在庚子辛丑大耻辱之后，这个‘优胜劣败，适者生存’的公式，确是一种当头棒喝，给了无数人一种绝大的刺激。几年之中，这种思想像野火一样，延烧着许多少年人的心和血。‘天演’、‘物竞’、‘淘汰’、‘天择’等等术语，都渐渐成了报纸文章的熟语，渐渐成了一班爱国志士的口头禅。”

3 科技革命之蒸汽时代

法国著名印象派画家克劳德·莫奈笔下有一个非常重要的主题：蒸汽火车。他对巴黎圣拉扎尔火车站的描绘尤其独到，冒着白色蒸汽的火车徐徐出站与进站，车站一片蒸汽朦胧。艺术评论家们认为莫奈是“蒸汽时代”生活的记录者。更有人认为莫奈笔下模糊的城市画风就是因为蒸汽弥漫所导致的光线扭曲。那么蒸汽动力与机械又是如何结合在一起的？“蒸汽时代”对人类的发展带来了什么影响呢？

莫奈的《圣拉扎尔车站》

蒸汽崛起

事实上，人们很早就知晓了蒸汽驱动机械的原理，通俗地说，就是通过“烧开水”将水蒸汽的热能转换为动能来驱动机械。在古罗马时代，公元1世纪，数学家西罗就发明了“汽转球”，通过喷射水蒸汽带动金属球旋转。

不过，蒸汽机的实用化颇具历史的“宿命感”。在18世纪，煤炭成为英国的主要能源，但是这种矿藏往往深埋地下，需要解决开采中的积水问题。为此，英国人托马斯·纽科门在1712年发明了第一台将热能转换为机械能的蒸汽机，利用活塞运动造成真空吸水。纽科门蒸汽机可设置在矿井顶部抽水，而“烧开水”用的煤炭可就地取材，因此大受煤老板的欢迎，纽科门蒸汽机得到量产。然而，该蒸汽机耗煤量高，效率低，故只能放在矿井附近，适用场景单一。

仪器维修工詹姆斯·瓦特在1763年修理纽科门蒸汽机时，发现了产生缺陷的原因：汽缸交替加热，导致只有一部分热蒸汽被转化为机械能。故而他首先将冷凝器与气缸分离。接着，在1781年，瓦特等研制出一套齿轮联动装置，使活塞实现轮轴式旋转运动。次年，瓦特试制出一种带有双向装置的新汽缸，使得活塞运动时都能产生动力。1784年，经过再次改进，瓦特的蒸汽机已能适用于各种机械运动，其效率远远超过纽科门蒸汽机。瓦特改良的蒸汽机用途广泛，

瓦特

瓦特蒸汽机

拉开了蒸汽时代的序幕。功率的国际标准单位也被命名为瓦特，以纪念他的贡献。

蒸汽时代

1785 年，第一个使用瓦特改良蒸汽机的纺纱厂在英国建成。很快，瓦特的蒸汽机成为大工业普遍应用的发动机，以替换之前的水力机械。至 19 世纪 20 年代，光瓦特自己开办的公司就已经出售了上千台蒸汽机。英国棉纺织业、毛纺织业、冶金业、造纸业、印刷业、陶瓷业等工厂实现蒸汽动力化。

瓦特的蒸汽机解决了机械动力问题。只要有煤，就可以开动机器。在此背景下，人类的交通工具也逐渐走向机械化。

1804 年，英国人理查·特里维西克在威尔士制造的首辆可以在铁轨上开动的蒸汽机车，可拉动5节矿车。1829年，英国发明家乔治·史蒂芬生为蒸汽机配用了多管锅炉以产生更多蒸汽。这种机车在当时能跑出每小时29千米的高速，成为世界上第一款实用型蒸汽机车。1830年世界第一条实用化铁路在曼彻斯特与利物浦之间开通，全长约50千米。铁路运输时代来临。

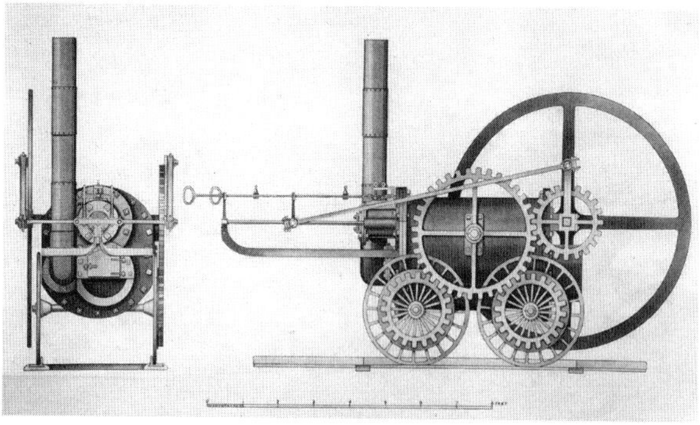

蒸汽火车头

富尔顿

美国发明家罗伯特·富尔顿从英国购买了蒸汽机。按照以蒸汽机驱动船体两侧转轮，带动船前进的思路，在1807年建造出第一艘在河面长距离航行的蒸汽轮船。1836年，英国人史密斯发明了螺旋桨用以代替蒸汽船的明轮。1838年铁

蒸汽明轮船

质蒸汽船“大西方”号成为首艘横穿大西洋的蒸汽船。蒸汽航海时代来临。

这一系列由蒸汽动力带来的巨大变化被人们称作“第一次工业革命”。

蒸汽文化

假如人类没能充分掌控电能，“第一次工业革命”的蒸汽科技发展到顶点，我们的社会将会是一幅什么样的场景？庞大的蒸汽机，复杂紧密的齿轮传动，将动力传输到机械的每一个部位。烟雾缭绕的城市与乡间，人们穿着英国维多利亚式的服装，坐着各种蒸汽推动的交通工具来回穿梭。蒸汽机车、蒸汽轿车、蒸汽轮船、蒸汽飞艇，甚至布满铆钉的蒸汽机甲。这些对蒸汽文化的畅想，繁荣了 19 世纪末科幻浪漫主义文学的创作，比如，儒勒·凡尔纳的经典三部曲《格兰特船长的儿女》《海底两万里》与《神秘岛》，以及乔治·威尔士的《时间机器》与《世界大战》。在此基础上，又衍生出 20 世纪流行的蒸汽朋克文化。他们推崇蒸汽与机械的完美结合，并将蒸汽科技当作自己的图腾，将蒸汽机“神化”。

当然，历史不容这样的架空世界。不过，作为影响人类发展进程的蒸汽机却从未退出过历史的舞台。如今，在电力、船舶与核工业等领域，蒸汽机依然扮演着重要的角色。

如今，电力已经成为我们日常生活不可或缺的部分，用绿色的电力替代矿物能源驱动汽车，也成为新的方向。不过，我们对电的使用不过100多年的时间。那么我们是如何驯服这一自然能源，并让其进入日常生活的呢？

电光火石

早期人类对电最直观的认识便是自然界的闪电，这一现象被人们顶礼膜拜。各文明圈的神话中都有掌控闪电的神灵，如希腊的宙斯、中国的雷公、北欧的索尔。除了闪电，人们还发现了静电。公元前7世纪，希腊科学家泰勒斯就发现琥珀被摩擦后，能吸起羽毛。

17世纪，人们才在真正意义上开始研究电。1600年，英国女王伊丽莎白一世的御医威廉·吉尔伯特通过研究后认为，不仅琥珀，蓝宝石与玻璃等物质摩擦后都可产生静电。随后，英国人史蒂芬·格雷发现电可以通过导体——比如丝绸进行传播。

18 世纪初，法国化学家杜菲提出了电流有正负极的观点。18 世纪中期，荷兰人发明了莱顿瓶，用以储存静电。1800 年，意大利伏打伯爵用浸在盐水中的锌片与银片制造出伏打电池，为科学研究提供了更为稳定的电源。

19 世纪初期，物理学家们对电磁现象的研究更为深入。1820 年，丹麦物理学家奥斯特发现电流可改变指南针的方向，即电流的磁效应。1820 年，法国物理学家安培提出安培定律来描述电磁关系。英国物理学家迈克尔·法拉第在 1833 年提出了法拉第定律以解释电磁感应现象，即磁场变化能产生电。1865 年，英国物理学家麦克斯韦整合了电磁学，归纳出麦克斯韦方程式，形成经典电动力学。

法拉第

点亮生活

通过对电的研究，人们开始将电带入日常生活之中。

在通信方面，人们尝试用电来传递信息。美国人摩尔斯在 19 世纪 30 年代用敲击电键的频率表示不同的字母与含义，编写出摩尔斯电码。世界上第一个商业电报服务机构于1839年在英国开业。1850年，首条海底电缆将英国及欧洲大陆连接起来，欧洲大陆与英国之间的电报传输建立。1860年，首部实用型电话诞生，通过电脉冲信号将人们的声音传递到更远的地方。1895年，意大利人马克尼实现了首次无线电报的收发，实现流动通信。人类文明步入远程通信时代。

爱迪生

1854年亨利·戈培尔将一根碳化竹丝放入真空的玻璃瓶中，通上电，装置被点亮。这被认为是世界上第一个电灯泡。美国发明家爱迪生，经过1600多次试验，制造出第一个实用型碳化竹丝白炽灯泡。1879年12月，他的白炽灯泡首次对外展示。为了给电灯供电，爱迪生在美国的珍珠街着手建立了人类历史上第一个发电站。1882年发电站正式投入使用，为59名电灯用户供电，漫长的黑夜被点亮。

但是，对于电力的传送，有两个不同的思路。一个是以爱迪生为代表的直流电传送，将电以110伏的电压直接供给用户。但是直流电在传送过程中消耗过快，距离不宜过长，因而，只能建造更多的发电站。另一个思路则是通过交流电传送，通过高压将电力输送到更远的地方而不产生过多的消耗。1884年第一台实用化变压器被制造出来，使得交流电传送成为可能。1891年，尼古拉·特斯拉注册了异动电机的专利，与美国西屋公司合作，向美国用户提供交流电。

交流电电机

交流电试验

特斯拉

电气时代

当电在 19 世纪末期成为人类可利用的能源，电类产品便成为当时各种博览会上的常客，成为“第二次工业革命”的一大标志。

1881 年，在巴黎，爱迪生展出了一台重达 27 吨、可供 1200 只电灯照明的直流电发电设备，引起轰动。次年，以四台机组组成的世界第一个发电站在美国向用户供电。

1889 年，在巴黎万国博览会上，爱迪生向傲慢的法国人展出了一整套完整的电灯供电系统，包括发电机、电表、闸门与保险设备。他的展台还放置了一圈小白炽灯围绕一个大型白炽灯的装置，一打开，便成为全场的亮点。

1893 年的美国芝加哥世博会，美国政府希望将其打造

芝加哥世博会

为一个全部由电灯照明的博览会。西屋公司的交流电电气系统以低廉的价格中标，成为向世界展示交流电供电的绝佳机会。该届世博会的用电量是当时整个芝加哥市用电量的3倍。所有展馆的外立面均装上大量白炽灯。一到夜间，展区灯火通明，恍如一座不夜城，向人们宣告电气时代的来临。

主题四

资本主义

导言

莱茵河两岸森林茂密。当地农民世代都会在冬季进入森林，收集干枯的树枝，用于生火和取暖。可在 19 世纪初，政府规定：砍伐树木触犯法律，捡拾枯枝也是犯罪。结果，监狱人满为患，民众苦不堪言。

一位德国青年记者不厌其烦地走访当地村民，研究法律条文，挖掘会议记录，写成报道《关于林木盗窃法的辩论》。他激愤地揭露：财主霸占森林不是“盗窃”，农民捡拾树枝成了“盗窃”，这种局面本身就是荒谬的。

这位记者正是初出茅庐的马克思。《关于林木盗窃法的辩论》成为马克思炮轰资本主义的第一篇文章。此后，马克思穷尽一生笔耕不辍，批判资本主义，为人类指明了革命的方向。

17 世纪，资本主义在欧洲兴起。资产阶级强力控制资产，通过剥削和对利润的不断追求，逐步积累资本、垄断市场。

资本主义带来复杂的后果。一方面，

资产阶级是开明的，他们推动经济发展、技术进步以及社会开化；另一方面，资产阶级也是贪婪的，他们对资产的控制，对巨额利润的追求，造成严重的贫富分化。

1 少女与祖国

近代社会变革之民族觉醒

1431年5月30日，在古城鲁昂，空气在颤抖，仿佛天空在燃烧，一场处决正在进行。行刑者是众多英国士兵。他们全副武装，杀气腾腾。受刑者是一名法国少女。她被五花大绑，在火刑柱上独自祈祷。行刑时间到，烈焰腾空，黑烟蔽日……

这就是法国历史上著名的圣女贞德之死。在现代人的眼中，贞德抵抗英军，保卫法国，英勇就义，无疑是法国的民族英雄。然而历史的原貌远不只如此。

贞德之死

百年战争

圣女贞德事迹的背景是英法百年战争。百年战争的背后，还有一场长达五百多年的宫斗。恩怨的起点正是贞德的就义之处——鲁昂。

百年战争的一幕

鲁昂南接塞纳河，距离法国巴黎 130 千米，北连英吉利海峡，距离英国伦敦 250 千米。911 年，法兰西国王把鲁昂分封给诺曼底公国。1066 年，诺曼底公爵威廉征服英格兰，自封英格兰国王。

此消彼长，英、法两国王室的关系日益复杂：名义上，法王是君主，英王是法王的臣下；实质上，英王通过婚姻，控制法国的大量领地。1328 年，法王驾崩，老王膝下无子。双方对继承权互不相让：法国推举先王的堂弟继位，英国宣称英王是先王外甥。

由此，从 1337 年到 1453 年，英法展开“百年战争”。

战争爆发后，英军连战连捷，法军屡战屡败：1346 年，克雷西战役，法军惨败。1356 年，普瓦提埃战役，法军再败。1415 年，阿金库尔战役，法军又败。

当时，法军盛行重骑兵。法国人崇尚用身披重甲的骑兵进行冲锋。英军盛行长弓手。长弓射程可达百米。在实战中，英军的战术为射人先射马，这体现在普瓦提埃战役里。同时，英军采用重骑兵下马，长弓手置于两翼进行掩护的战术，由此取得优势。

圣女贞德

1412 年，贞德出生于法国东北部洛林的一座小村庄。此时，法国处在“黎明前的黑暗”。首都巴黎陷落，许多诸侯追随英王。在洛林，英王占领诸多领地，贞德家族忠于法王。

贞德出生地

圣女贞德

1422 年，法国国王去世。英军攻城略地，为历代法王举行加冕仪式的兰斯大教堂陷落敌手。法国太子无法登基，只能坐困愁城。

1424 年，贞德登上历史舞台。少女自称：虽然她是不识字的村姑，但是天使曾经召唤过她。上帝命令她驱逐外敌，拥护法国太子加冕。

几经周折，贞德面见太子，太子竟然接受了她的要求，允许少女参与军事。

1429 年，贞德的传奇走向高潮：5 月，贞德统率法军，击破英军合围，解救奥尔良城。6 月，法军发动反攻，收复兰斯。7 月，太子如愿以偿，在兰斯大教堂加冕为国王。

1430 年，贞德的传奇戛然而止：5 月，贞德在一场小混战中意外被俘。1431 年 1 月，她受到宗教法庭审判。5 月，英军判决贞德伪造神迹，并以火刑处决贞德于鲁昂。

处死贞德没有改变战争的走势。1437 年，巴黎光复。1450 年，诺曼底光复。1453 年，百年战争结束，英国退居海岛，法国收复大陆领土。

奥尔良破围

圣女贞德

1456年，法国宣布贞德无罪。1920年贞德被封为天主教圣人，史称圣女贞德。

民族国家

至此，我们回到最初的问题：贞德是不是民族英雄？

在14至15世纪的历史背景下，百年战争是王室在争夺地盘，甚至可以说是法王的堂弟和外甥展开宫斗。回到当时，君主分封领主，贵族支配人民，人们不是效忠“祖国”，而是侍奉“主人”。

从这个角度看，贞德不是民族英雄，她效忠的对象是法国王室，而她反抗的敌人不完全是“外敌”。1424 年，贞德入世。她没有以爱国感召国人，而是以宗教对国王、军队甚至敌军“洗脑”。1430 年，贞德被俘。她不是被英军俘虏，而是被支持英军的法国勃艮第公国生擒。

但是经过百年战争的社会大洗牌，英、法两国各自形成统一的语言、稳定的领土和强大的中央政府。从此以后，人民不再效忠“主人”，而是认同“祖国”。这种国家形态被称为“民族国家”。

随着法兰西民族的凝聚，法国人不断神化贞德的形象，把圣女贞德塑造成民族的英雄。有学者考证，贞德不是无知少女，她久经战阵，见识广博，自称不识字的目的是迷惑敌人；也有人主张，贞德只是精神领袖，太子通过贞德宣扬神迹，鼓舞法军的士气。

在圣女贞德的传奇背后，民族国家的诞生改变了世界历史的进程。今天，世界上大多数国家的屹立不倒不再基于王室的家业传承，而是基于人民的民族认同。每个民族的记忆中，都珍藏着自己的英雄人物。

迄今为止，世界上传播范围最广、影响力最大的书是哪一本?《圣经》可能是有力的竞争者之一。根据统计,《圣经》已被翻译成几百种文字，总发行量达到难以统计的天文数字。

有趣的是：在欧洲历史上，随着《圣经》的发行量迅速增加，教会对社会的影响不进反退。人们告别神权至上的中古社会，走向信仰自由的现代社会，走向“世俗化”。《圣经》的发行与教会统治的终结是否以及如何发生关联？我们必须回到500多年前的中欧才能一探究竟。

古腾堡与《圣经》印刷

中世纪时期，教会垄断欧洲社会的方方面面。当时,《圣经》是艺术品，制作书籍属于手工艺。僧侣以教会专用的拉丁字母，一笔一画，精工细作，把内容抄录在价格不菲的羊皮纸上。

1440年，在斯特拉斯堡，镜子工匠约翰尼斯·古腾堡灵光乍现，开始研究活字

古腾堡

印刷。虽然10世纪东亚已经出现活字印刷术，但是古腾堡是否借鉴了东方的智慧成果至今不明。不过，西方的字母显然比东方的方块字更适合活字印刷。

1450年，在德国美因茨，古腾堡开设印刷厂，招募20名工匠，印刷180本《圣经》。5年以后，《圣经》终于印成，史称《古腾堡圣经》。每本《古腾堡圣经》共1282页，每页42行。如今，世界各地还保存着近50本原版《古腾堡圣经》。

《古腾堡圣经》意味着史无前例的变革：此后，《圣经》成为商品，印刷成为产业。教皇对《古腾堡圣经》赞不绝口，不过他没想到印刷术的流传、《圣经》的普及所引发的人们的识字量的增加即将打破教会对知识的垄断。

1462年，美因茨发生战乱，古腾堡的印刷厂倒闭，手下的印刷工匠流落到奥格斯堡、纽伦堡和斯特拉斯堡等城市，于是印刷术在西欧四处传播，直至传向世界。

路德和宗教改革

15—16世纪，随着印刷术的普及，《圣经》的大量发行，教会赚得盆满钵满。同时，随着更多的人开始识字、阅读和思考，教会的“官方最终解释权”也开始受到质疑。

购买赎罪券的信众

1506 年，教会重修圣彼得大教堂。为了筹措巨额资金，教会开始大量印刷“赎罪券”。用现代的话说，赎罪券就是“天堂的门票”，只要信徒购买赎罪券，就能“凭票”上天堂。教会甚至公开宣称，买一张券一人升天，买几张券全家升天——“全网最低价，还不购买吗？”

马丁 · 路德

1517 年，教会的“克星”来了。这是一个认死理的德国神学家——马丁 · 路德。10 月 31 日，

马丁·路德受审

路德在维滕贝格教堂的大门上张贴《九十五条论纲》。路德指出：只要信仰虔诚，就能飞升天堂，因此，他强烈质疑教会贩卖赎罪券的行为。

虽然教会迅速开除路德教籍，但是给力的印刷术使路德的思想迅速传遍整个欧洲，改革派与旧教会分庭抗礼，史称“宗教改革”。在欧洲各地，人们自行重组教会，统称为新教。在德意志，路德翻译德语版《圣经》，建立新教路德宗。在英格兰，亨利八世建立英国国教，脱离罗马天主教会。在瑞士，加尔文出版《基督教要义》，建立新教加尔文宗。

随着新旧教会的分立，欧洲各国也一分为二，旧教会盘踞在南欧，新教势力兴起于北欧。双方在教义上互相对立，在政治上剑拔弩张。

三十年战争

1555年，神圣罗马帝国皇帝查理五世颁布《奥格斯堡宗教和约》，提出“教随国定”原则，试图缓和新旧教会的矛盾。

1618年，在波西米亚王国，统治者支持天主教，当地人支持新教，双方矛盾迅速激化。5月23日，新教徒发动起义，冲进王宫，把两名国王钦差推出窗外。史称“掷出窗外事件”。

此后，在欧洲大陆，新教贵族和旧教领主纷纷卷入战争，宗教战争持续了整整三十年。一方是天主教阵营，包括南德诸侯、罗马天主教会、神圣罗马帝国皇帝、西班牙人和奥地利人。另一方是支持新教的阵营，包括北德诸侯，丹麦人、瑞典人和尽管信仰天主教却希望捞取政治利益的法国人。

在战争的初期，交战双方还披着宗教信仰的神圣外衣。1620年，双方展开白山战役。天主教军队取胜，此后，波西米亚新教徒被镇压，全国改信天主教。

白山战役

到战争的后期，交战双方已经不顾宗教，纯粹为政治利益而作战了。其中以法国最为凶悍。法国人信仰天主教，但是他们支持新教势力，以此打压神圣罗马帝国。

1648 年 10 月，交战各方签署《威斯特伐利亚和约》。和约重申基本原则——教随国定。然而，教已不教，国亦不国。战争造成德意志的人口锐减三分之一，神圣罗马帝国四分五裂。

交战各方签订《威斯特伐利亚和约》

至此，神权的至高地位瓦解。人们普遍接受：政治和宗教互不干预，宗教信仰是个人的自由。

众所周知，荷兰被誉为郁金香之国。郁金香被誉为魔幻之花，以纷繁复杂的品种著称，其中一些品种只看名字就觉得华贵、神秘，例如夜皇后、帝王血、蓝鹦鹉、荷兰小姐和金色旋律。四百多年前，郁金香不但见证了荷兰的“黄金时代”，而且目睹了资本的“魔幻之力”。

郁金香

黄金时代

荷兰位于欧洲大陆的西北角，面向浩瀚无边的大西洋。因为地少人多，荷兰人只能围海造地。今天，荷兰国土 26% 低于

17 世纪的阿姆斯特丹

海平面，都是荷兰人“靠海吃海”的见证。

16—17 世纪，欧洲大陆围绕宗教改革爆发战争，欧洲大国“鹬蚌相争”，小国荷兰“坐收渔利”。

对内，荷兰重视商业和金融：1602 年，荷兰东印度公司成立，成为世界首家跨国公司。17 世纪初，阿姆斯特丹证券交易所开市，成为史上最早股票市场。

对外，荷兰强调航海和贸易：荷兰人被称为“海上马车夫”，殖民和贸易的触角直达远东。在日本，当时的人们把西方的科学技术称为“兰学”。

17 世纪，荷兰实现“小国崛起”，史称“荷兰的黄金时代”。

如果说大国的崛起是一首雄壮的史诗，那么荷兰的小国崛起就是一段瑰丽的变奏。我们只需端详伦勃朗的名画《夜巡》和《杜尔博士的解剖课》，就能一窥黄金时代的荷兰。

这个国家不但有金融中心阿姆斯特丹、航运重镇鹿特丹和学术重镇莱顿大学，而且有富足的市民和睿智的学者，例如国际法的奠基者格劳秀斯、显微镜发明者列文虎克和钟摆的设计者惠更斯。

此时，郁金香漂洋过海而来。它奏响黄金时代的最强音。

郁金香泡沫

1587 年，在荷兰莱顿大学，学者克卢修斯建立全球较早的植物园之一——莱顿植物园。1593 年，他把郁金香从西

莱顿植物园

亚引进荷兰，随即引起热潮。

当时，种植者发现，由于郁金香杂色病的影响，郁金香花朵可能出现五彩缤纷的条纹。一些稀有品种很快走红，例如紫白相间的“奥古斯都”。

同时，人们注意到，杂交种子可以产生新的花样，切割球根能够复制老的花样。不过，两种方式都要坐等数年，才能“我花开后百花杀”。

由于需求巨大，供应不足，一场“郁金香狂热”席卷荷兰：

17 世纪初，热潮初起，狂热的粉丝哄抬价格，普通郁金香球根的售价突破 1000 荷兰盾；

不久以后，热潮进一步升温，投机者拥入市场，名贵郁金香球根的售价达到 3000 荷兰盾。

同时，精明的商人设计出“郁金香期货”，人们不是交易“看得见摸得着”的郁金香，而是买卖某年某月某天交易郁金香的合同。买主只需少量订金，就能购买期货。

至此，郁金香狂热已然演变为郁金香泡沫。1636 年，郁金香的价格“火箭发射”：一朵郁金香换一座大庄园的传说不胫而走，人们争先恐后、砸锅卖铁地抢购期货。

然而，郁金香泡沫的结局必然是最终的破碎。1637 年，郁金香的价格“高台跳水”。价值千金的期货成为一文不值的废纸。一掷千金的土豪纷纷负债累累。

此后，荷兰国运盛极而衰，在海战中输给英国，在陆战中败给法国，沦为一个还算富裕的小国。

作战中的荷兰海军

资本主义

荷兰走向衰落，郁金香泡沫或者说郁金香效应是人类经济史上第一个有记载的巨型经济泡沫，它体现了资本主义经济的一些环节和特征。

迄今为止，无数学者试图解释资本主义是什么，资本主义将为人类带来什么。

卡尔·马克思认为，资本主义是“生产关系”，特征是私人控制“生产资料”。资本主义推动生产力解放，资本主

卡尔・马克思

马克斯・韦伯

义阻碍生产力的进一步解放。

马克斯・韦伯认为，资本主义是一种“精神”，目的在于“资本本身”的增加。资本主义精神源于新教伦理，推动“扩大再生产”。

比较而言，马克思对资本主义的论断更加全面、深刻，更加富有批判性和启发性，更经得起历史的检验。

此外，还有桑巴特、熊彼特、凯恩斯和哈耶克等无数学术巨星做出各有特色的论述。

同时，资本的魔法在西方世界中无处不在，郁金香泡沫不断在历史和现实中重现：

当市场风起云涌，即使是肥猪也能一飞冲天。

当资本风流云散，美丽的泡沫总是一戳即破。

在世界历史上，各个国家的法治之路都是曲折的。在近代德意志，一场德国式拆迁引人深思。

德式拆迁

18—19世纪，普鲁士的国势蒸蒸日上，各路诸侯逐渐被剪除，统一的新德国建立起来。

1745年，国王弗里德里希二世大兴土木。无忧宫——普鲁士的王家宫殿在柏林拔地而起。普鲁士人把德国式的“工匠精神”倾注到无忧宫中。他们不但建造德国特色的巴洛克式宫殿，而且雕塑“罗马废墟”——近代人脑补的古罗马，搭建“中国小屋”——德国人想象中的中国风。最终，柏林的无忧宫与巴黎的凡尔赛宫齐名，成为德意志崛起的象征。

弗里德里希二世

美中不足的是无忧宫门前有一座风力磨坊。

这个“钉子户”严重地影响了无忧宫的“用户体验”：高大的风车一叶障目，巨大的叶片“嘎吱”作响，令国王难以忍受。

不知是忍无可忍，还是意气用事，国王出动卫队把磨坊夷为平地。磨坊主不依不饶状告国王。双方对簿公堂。最后，法院根据宪法保护财产的条款，判决“钉子户”胜诉，判处国王原地重建磨坊。至此，德国式拆迁尘埃落定。

无忧宫

今天，在无忧宫门前，磨坊仍站在原地，成为德国法治精神的象征。

法治鸡汤

历史学家却对磨坊事件质疑。通过考证，他们试图逼近德国式拆迁的真相。

首先，根据历史档案，强拆事件是子虚乌有的。国王无意拆除磨坊，反而多次重建磨坊。18 世纪前期，普鲁士国王弗里德里希·威廉一世首先修建磨坊，用于向周边的军队和民众供应面粉。18 世纪末，普鲁士国王弗里德里希·威廉二世投资重修磨坊，王室高价聘请荷兰建筑师建造风车。19 世纪后期，王室把风力磨坊定为文物永久保留。

无忧宫的风车

其次，根据文献检索，强拆故事是文学创作。基本的情节出自 18—19 世纪的通俗文学。18 世纪末，法国作家撰写《普鲁士国王弗里德里希二世

代表法律威严的塑像

的一生》。书中提到：风车发出巨大噪声。因此，国王威胁磨坊主要“以王权征用磨坊”，磨坊主反驳国王，“柏林还有法院在”。然后，就没有然后了。强拆磨坊和对簿公堂等情节都是后世不断添砖加瓦的结果。

因此，有尖锐的历史学家指出：德式拆迁是一碗“洋鸡汤”——味道很好，营养全无。这个故事只有空洞的说教——“法权高于王权”，没有反映真实的历史——法治是如何建立的。

法治社会

古代社会多以人治为特征，权力不受制约。现代社会以法治为目标，以法律制约权力。那么现代社会如何走向法治，各国在建设法治社会过程中有哪些可以相互借鉴的地方？

正义女神像

以德国式拆迁作为案例，深入观察史料，我们不难发现：法治的建成，远不是磨坊主告倒国王那样简单。

首先，国王与磨坊主确实发生过纠纷，只是根据记载，磨坊主气势汹汹，国王处处忍让：1745 年，磨坊主向弗里德里希二世申诉，要求减免地租，理由是无忧宫阻挡了自家磨坊的风力。18 世纪中期，国王决定另辟空地，帮助磨坊主重建风车。在这场纠纷中，国王始终遵守法律，保持克制，磨坊主存在无理取闹的嫌疑。

其次，普鲁士法庭确实“打过国王的脸”，只是按照史料，国王没有打压平民，反而是偏向平民。18 世纪后期，一名贵族地主与一位平民磨坊主发生经济纠纷。双方分别向国王和法院提出申诉。法院判决贵族胜诉，国王认为平民有理。国王以司法不公为由逮捕了审理此案的法官。在这场官司中，国王可能维护了事实正义，却一定违背了程序正义——干预司法。

21 世纪的中国社会，涌现了大量受欢迎的报道法治进程的电视节目，互联网上也出现很多点赞、评论和关注量过万的普法视频及其创作者，这些都在一定程度上反映了法治是现代化的一部分，法治日益成为全社会的共识。

主题五

殖民主义

导言

如前所述，随着大航海时代的来临，欧洲的航海家们发现了通往印度洋和美洲等地的航线，欧洲人便顺着这些航线越过海洋，走向世界，他们的商业和贸易也逐渐转向世界各地。

金、银、咖啡、可可、香料、丝绸、瓷器、蔗糖、棉花和奴隶成为他们贸易的主要商品。但是仅仅是贸易，无法满足他们庞大的胃口。

15 世纪，殖民主义运动兴起。欧洲的殖民者来到亚洲、非洲和美洲，通过战争、商业和欺骗等手段，建立殖民地，奴役当地人。

19 世纪，殖民主义达到顶峰。欧洲多个国家建立殖民帝国，亚洲、非洲以及美洲一些地区沦为它们的殖民地。它们称霸全球，攫取巨额利润。

非洲黑奴试图逃跑

有人说，喜欢一个人，就给她吃巧克力。巧克力可以让人产生“恋爱的感觉”。她会乐成一朵花。

也有人说，讨厌一个人，就让她吃巧克力。每100克巧克力含558千卡的热量。她会胖成一个球。

巧克力源于可可。可可出自美洲。16世纪，随着欧洲人殖民美洲，巧克力走向全球。然而，就是这样美味的食物，曾经承载着美洲的血泪史。

阿兹特克人和巧克力

在被欧洲人发现以前，美洲大陆与世隔绝。在这片世外桃源，原住民建立了众多文明，许多古代文明画风清奇：在中美洲的雨林里，玛雅人痴迷于揣度星球的位置和世界的末日。在南美洲的高原上，印加人发明了薯片，驯化了羊驼。

在美洲古文明中，阿兹特克人与巧克力的关系最为密切。

根据传说，1323年，阿兹特克先民看

玛雅文明遗迹

到一只老鹰叼着一条毒蛇停在湖中的仙人掌上。他们认为这是神迹，于是填湖造岛，定居于此，并以此城为阿兹特克帝国的首都——特诺奇蒂特兰。这座城市不断扩大，其规模达到 6 万间房屋和 20 万人口，城市中央有金字塔，四周有桥梁和人工岛。1502 年，阿兹特克帝国走向极盛，征服了 300 多个部落。

阿兹特克文化有“雷人”的一面：他们迷信，只有献祭活人，才能满足众神的“胃口”。为了收集“新鲜的祭品”，帝国发动“花环战争”，战斗的过程全靠演技，其实际目的是交易俘虏。

阿兹特克文化也有“卖萌”的一面：他们把可可当作货币，这就是世界上最好吃的“钱”：一个鸡蛋 3 颗可可，一只兔子 30 颗可可，一座黄金雕塑 250 颗可可，而一个人类

阿兹特克人的金字塔遗迹

奴隶500颗可可。当然，阿兹特克人没有忘记可可也可以吃。他们把可可豆磨成碎片和粉末，做成苦味饮料。

惨无人道的血洗

1492年，哥伦布登陆美洲。他们相信美洲遍地黄金，许多人四处传播黄金国的传说：美洲大陆的深处有一个神湖，原住民把金粉涂满全身跳进湖里，把宝石当成祭品沉入湖底。于是，欧洲淘金客源源不断地拥入美洲。

在这场淘金热中，阿兹特克帝国的灭亡是最戏剧性的事件。

根据记载，1519年，西班牙人科特斯只带领600名士兵，就轻易征服了阿兹特克帝国。讽刺的是：当地人是吃了迷信的亏。阿兹特克国王相信，这些白人不是凡夫俗子，而是天神下凡。国王把白人迎进首都，白人把国王劫为人质，双方开战。1521 年，阿兹特克灭亡。

无独有偶，1532 年，西班牙人皮萨罗只统率 169 名士兵，就征服了南美的印加帝国。讽刺的是："剧本"几乎一模一样。西班牙人和印加国王会见，白人当场翻脸，国王束手就擒。白人勒索黄金 13000 磅、白银 2600 磅，印加人与白人开战。1533 年，印加帝国大败，几近灭亡。

灾难还没有结束：由于战乱、屠杀和瘟疫，在一个世纪以内，美洲原住民人口损失惨重：在中美洲，人口从 2500

征服者科特斯

征服者皮萨罗

印加人的马丘比丘

万锐减到 75 万。在南美洲，人口从 900 万骤降到 67 万。

在这场血洗中，巧克力悄然诞生。1528 年，科特斯获得了阿兹特克人用可可碎片和粉末做成的“苦水”。西班牙人把苦水带回欧洲，增加水分和糖分，混合了苦味和甜味，随即，这种饮料风靡欧洲。根据原住民的发音，欧洲人把这种美食命名为——巧克力。

欧洲人喝热可可

混杂相连的血脉

随着巧克力走向世界，美洲历史翻开新的一页。

16 世纪，欧洲人建立殖民地统治美洲。其中，西班牙的地盘最大，包括两大总督辖区：1535 年，在阿兹特克的废墟上，殖民地设立新西班牙总督辖区，统治墨西哥地区，首府为墨西哥城。1542 年，在印加帝国的废墟上，殖民地设立秘鲁总督辖区，统治盛产白银的秘鲁，首府为秘鲁利马。

在这些殖民地上，欧洲的白人成为上层贵族，美洲原住民和非洲黑奴成为下层群众。在山区，人们发现大量银矿，白人是矿主，原住民是矿工，真金白银被源源不断地运往欧洲大陆。在平原，人们种植甘蔗、咖啡和可可，白人是庄园主，美洲原住民和非洲黑人是工人和奴隶。

随着时间推移，不同人种之间相互通婚，形成混血人种。他们的后代不再追究仇深似海的往事，而是安于血脉相连的现状。

今天，在墨西哥，人们欢度独特的节日——亡灵节。在这一天，人们挖出祖先的骸骨，把骸骨带回家，添上五颜六色的装饰，摆上令人垂涎的美食，跳起热情似火的歌舞。这个节日既有阿兹特克人的献祭传统，也有欧洲殖民者的宗教因素，它成为文化融合的象征。

当然，在亡灵节的清单中，一定也少不了巧克力。

2018年，漫威推出超级英雄电影《黑豹》。不过，中、美两国观众对《黑豹》的态度大相径庭。在美国，《黑豹》口碑爆表，而且票房连破纪录；在中国，《黑豹》口碑平平，结果票房高开低走。为什么对《黑豹》的评价会出现冰火两重天的差异？

黑色英雄

产生这一现象的主要原因是《黑豹》独特的人文设定。

根据漫画的设定，《黑豹》来自一个虚构的国家——瓦坎达。这个国家位于非洲的东北部。表面上，瓦坎达贫穷落后，与世隔绝。实际上，瓦坎达科技发达，拥有黑科技材料“振金”。主角坚持用科技造福全球人类，反派主张用科技武装黑人打倒白人，剧情由此展开……

在美国，非洲超级强国的设定引起观众的共鸣。人们欢呼这是破除电影制作中的种族歧视。回顾过去电影中的超级英雄，无论是钢铁侠，还是美国队长，都只有白人才能够拯救世界。美国人眼里，《黑豹》有满满的正义感。特别是美国黑人把黑豹当作励志的偶像。

在中国，非洲超级强国的设定引起观众的争议。人们质疑这一强行设定的意义。既然非洲国家拥有黑科技，为何当初不保卫被侵略的非洲？为何当年不拯救被压迫的黑人？在中国观众眼里，《黑豹》有大量逻辑漏洞。影片中的非洲和中国观众的印象格格不入。

在历史学领域内，中美观众的分歧牵涉两个有趣的历史话题：

其一，非洲是否出现过发达的文明？

其二，黑人和白人之间有怎样的恩怨？

黑色文明

非洲是远古人类的故乡。不过后来，非洲北部出现世界第一大沙漠——撒哈拉沙漠。沙漠切断了非洲大陆与其他区域的陆地交通，所以外界长期对非洲的古代文明缺乏了解。在非洲大陆的许多地区，当地的黑人建立过高度发达的古代文明。

在西非，黑人横渡沙漠贩卖黄金，他们先后建立过加纳、马里和桑海等辽阔的王国。

在南非，津巴布韦人建造了庞大的巨石古城，规模超过同时代欧洲的城堡。

此外，古代埃塞俄比亚和努比亚也是历史悠久的非洲古

大津巴布韦城

国。它们的位置和实力最接近电影中的瓦坎达。

几千年前，古埃及以南的尼罗河流域已经出现古代文明。埃及人称其为努比亚。努比亚人沿尼罗河到达埃及贩卖象牙。

公元1世纪，阿克苏姆帝国在这一地区建立起来，帝国控制古代东西方贸易的枢纽红海。阿克苏姆人出口非洲的黄金、香料、象牙以及牛角，进口罗马、中东各国以及印度的物资。国王埃扎纳在位时（320—360年），国势极盛，他被称为“万王之王”。

13世纪，古代埃塞俄比亚的基督教徒修建了拉利贝拉岩石教堂，向世界展示了惊人的建造技术。11座教堂位于海拔2500米的高原上。他们在岩床上开凿天井，以中央的岩石构筑教堂。从下往上看，教堂是地中高塔；从上往下看，教堂是巨型十字架。

阿克苏姆遗址

岩石教堂

黑色伤痛

从15世纪起，欧洲白人开始殖民扩张，非洲黑人便开始遭殃。其中罪大恶极的是黑奴贸易。

黑奴贸易

1444年，葡萄牙航海家在西非的塞内加尔抓走235名黑人，运回国内作为奴隶拍卖。这是史上第一笔白人贩卖黑人的记载。此后，黑人买卖迅速扩大，50年内有15万人受害。

新航路开辟以后，欧洲殖民者把黑人运到美洲，在此基础上，臭名昭著的三角贸易逐渐形成：白人的商船在欧洲收

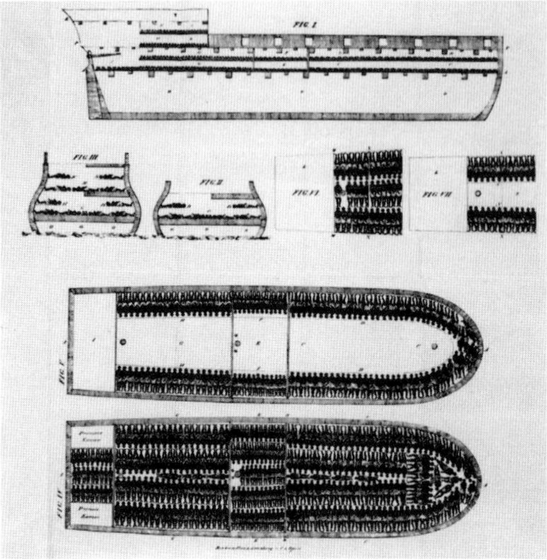

运送黑奴的船

购军火，运到非洲出售。奴隶贩子在非洲掳走黑人，卖给白人当奴隶。白人的商船把黑人运到美洲，卖给种植园主。种植园主以黑人作为奴隶，生产甘蔗和棉花。商船在美洲收购甘蔗和棉花，运到欧洲出售。如此循环往复，史称“三角贸易”。

18 世纪，三角贸易进入极盛时期，平均每年白人商贩卖掉非洲黑人数量不下 10 万人。奴隶贩子的钱包日进斗金。根据统计，只要把黑人运到美洲出售，价格就能提高 30—50 倍。黑人的生命贱如蝼蚁。为了压低成本，一艘小船要塞进 300—400 名黑人。白人甚至在非洲海岸建立众多城堡，作为交易黑人的集市和监狱。

19 世纪，买卖黑人的贸易销声匿迹，但是灾难没有结束。七个欧洲国家瓜分整个非洲大陆，史称“非洲竞赛”。

今天，忙碌的人们对咖啡简直是爱不释手。无论是午后的塞纳河畔，还是黄昏的苏州河边，泡一杯香浓的咖啡都是生活的享受。

在世界历史上，咖啡走向世界之路颇为让人回味：曾经，一个帝国的溃败，成就了咖啡的走向全球。在欧洲征服世界的殖民时代里，这个帝国成为最后一个挑战者。它就是奥斯曼帝国。

帝国的崛起

奥斯曼帝国崛起于小亚细亚。小亚细亚与欧洲的君士坦丁堡隔海相望。

14 世纪，游牧民族土耳其人移居小亚细亚，建立奥斯曼帝国。在这里，新生的奥斯曼帝国迎头撞上古老的拜占庭帝国。拜占庭人是古罗马的传人，他们有着坚固的要塞，可以让他们坐西望东，顽强防守。土耳其人是游牧民族的后裔，他们有着强大的骑兵，可以让他们由东向西，展开迅速而猛烈的进攻。

1404 年，奥斯曼帝国征服拜占庭帝国

奥斯曼一世

君士坦丁堡陷落

的大部分领土，只剩下首都君士坦丁堡一座孤城。然而，拜占庭人借助 5 米厚的城墙，阻挡土耳其人近 50 年。

1453 年，奥斯曼帝国苏丹向君士坦丁堡发动最后总攻。土耳其人铸造“黑科技”巨炮连续炮轰城墙几十个昼夜，才使城墙崩溃，拜占庭帝国灭亡。欧洲人感到震惊。

土耳其人把君士坦丁堡改名为伊斯坦布尔，把西方宗教

曾被改为清真寺的圣索菲亚大教堂

的大教堂改为东方宗教的清真寺。1683 年，帝国疆域达到 550 万平方千米，横跨西亚、南欧和北非。

帝国的陨落

奥斯曼的霸业起始于武力挑战欧洲，奥斯曼的衰亡也始于武力对抗欧洲。

1565 年，奥斯曼帝国的大军从海上出击，攻打地中海的枢纽马耳他，史称“马耳他之围”。奥斯曼帝国出动五万余名士兵，马耳他守军只有六千余人。双方你来我往厮杀了三个多月。欧洲各国组织联军赶来救援，土耳其人久攻不下，无力破城。此后，奥斯曼的海上优势瓦解。

1683 年，奥斯曼帝国的大军从陆地出击，攻打欧洲中部重镇维也纳，史称“维也纳之围”。奥斯曼帝国出动十万大军围城，欧洲国家出动八万联军解围。双方决战，奥斯曼

维也纳之围

军队溃败。此后，奥斯曼的陆上优势也被瓦解，东欧的地盘逐渐丧失。

1699 年，奥斯曼帝国和欧洲列强签署了《卡尔洛夫奇条约》。土耳其人被迫割地求和。17—19 世纪，俄罗斯和奥

奥斯曼帝国末代苏丹走过门厅

斯曼帝国发生了12次战争，俄罗斯步步进逼，奥斯曼屡战屡败。

至此，奥斯曼帝国由盛转衰。奥斯曼的“人设”从挑战欧洲的强者沦落为被列强围殴的弱者。1914年，帝国疆域只剩180万平方千米。西亚北非的领土逐步沦为欧洲的殖民地。

咖啡的旅程

如果说奥斯曼帝国的衰落是一场不可避免的悲剧，那么咖啡走向全球就是一种必然。

在近代欧洲，一个传说家喻户晓。

1683年，维也纳之围，土耳其人一败涂地，欧洲联军缴获大量战利品。一位商人悄悄带走其中一袋棕色颗粒。这是一种神秘的饮料，喝上一口就能让人神采奕奕。不久，维也纳街头悄然出现欧洲第一家咖啡馆，咖啡走进欧洲，进而传遍全球。

根据学者考证，咖啡从奥斯曼帝国经过维也纳传入欧洲的说法“半真半假”。

咖啡是由烘焙过的咖啡豆制作而成。其中含有咖啡因，能提神醒脑。咖啡豆是咖啡树的种子。咖啡树产于非洲和亚洲的热带。

土耳其人喝咖啡历史悠久。6世纪，中东民众开始饮用

奥斯曼贵族喝咖啡

咖啡。咖啡既是药剂也是饮料。15 世纪，奥斯曼出现了史上最早咖啡馆，人们在这里“我手一杯，品尝你的美”。

欧洲最早的咖啡馆不一定在维也纳。17 世纪中叶，在意大利地区和英国就出现了咖啡馆。此后，欧洲人从中东采购种子，到美洲种植咖啡。随着价格下降，咖啡走进大众生活。

在传说与历史之间，咖啡和奥斯曼的悲喜剧体现出西方压倒东方的历史轨迹：

在硬实力上，西方国家日益强大，东方帝国江河日下。欧洲列强不仅打垮了奥斯曼帝国，还以摧枯拉朽之势打败波斯、印度和中国。

在软实力上，欧洲征服全球，进而把各地的文化推向全球，其中不仅有奥斯曼的咖啡，还有中国的茶叶、印度的香料和美洲的巧克力……

在中国，鸦片战争是一段惨痛的历史。这场战争起源于英国向中国倾销鸦片。鸦片到哪里去？到了中国人口中。这是我们熟知的中国史。晚清中国，烟馆林立，国人沉迷于吸食鸦片。鸦片从哪里来？这是我们需要熟知的世界史。大多数中国人知道一个名号：英国东印度公司。但这家公司既大名鼎鼎又神秘莫测——英国为什么建立东印度公司？它与印度有什么关系？它在鸦片贸易中扮演什么角色？

公司的崛起

15 世纪，大航海时代拉开帷幕。欧洲人到达亚洲、非洲和美洲。海外贸易带来巨额利润。其中，既有贩卖中国茶叶和印度香料的“热钱”，也有掠夺美洲黄金和非洲黑奴的“黑钱”。于是，欧洲人建立众多特许公司。它们得到王室特许，在国内筹集资本，在海外经营贸易。当时，仅在印度洋上，英国、法国、荷兰和丹麦等国就建立了近十家东印度公司。

16 世纪，英国成为海上霸主。1588 年，英国打败西班牙无敌舰队；1654 年，英国打败海上马车夫荷兰；1763 年，“七年战争”结束，英国打败法国。于是，伦敦出现大量特许公司：1581 年，黎凡特公司成立，立足中东，经营香料贸易；1606 年，弗吉尼亚公司成立，立足北美，从事淘金活动；1670 年，哈得孙湾公司成立，立足加拿大，组织皮草贸易。

1600 年，在英国伦敦，英国东印度公司开张，大名为——不列颠东印度公司。在特许公司中，东印度公司不但是英国特许公司中的王牌，而且是欧洲特许公司中的极品。

英国东印度公司总部

资本上，公司推行股份制，投入资金就能成为股东。最初公司有 125 位股东和 7 万英镑资产。业务上，公司拥有特许权。英国王室授予公司 15 年特权，垄断英国在印度洋的贸易。

印度的沦陷

17 世纪，东印度公司登陆印度。英国人很快发现：印度金玉其外，败絮其中。

在印度的内陆，虽然莫卧儿帝国统治印度大部分地区，但是这个帝国的统治外强中干。来自中亚的上层贵族皈依一神教，土生土长的下层民众信仰多神教，双方存在激烈的矛盾。1658—1707 年，奥朗则布在位，他对外穷兵黩武，对内严刑峻法，甚至屠杀僧侣、拆毁神庙。17—18 世纪，印度各民族发动五次大规模起义，帝国由盛转衰。

在印度的海岸，虽然葡萄牙、荷兰抢先一步建立殖民地，但是这些据点的规模不成气候。1510 年，葡萄牙占领印度西部港口果阿，进而夺取众多海港和岛屿，建立葡属印度殖民地。1619 年，荷兰占领东南亚岛屿爪哇，夺取与印度隔海相望的锡兰，控制荷属东印度殖民地。随着英国打败葡萄牙与荷兰，东印度公司也压倒了这些欧洲竞争者。

于是，东印度公司不断得寸进尺，从富可敌国的贸易公司升级为国中之国的殖民政府。在地盘上，东印度公司不断侵略扩张，建立了大量的殖民地。在业务上，东印度公司获

孟加拉总督和驻印英军
总司令克莱武

克莱武和印度王公

得各种特许权，包括铸造货币、组建军队、内政管理和外交活动。

1757 年，普拉西战役爆发，英国东印度公司大战法国殖民者和孟加拉王公，英军大胜。在这场战争中，印度出动五万士兵，英国出动两千士兵，结果英军只损失二十人。此战以后，印度诸邦服软，欧洲其他各国认怂，东印度公司成为印度的无冕之王。

公司的扩张

1773 年，英国议会通过专门的法案规定东印度公司为英国王室代行主权。公司把地盘献给王室，王室把权益租给公司，公司成为印度的统治者。此后，公司继续扩张：1824 年，公司通过战争征服缅甸部分地区；1826 年，公司通过协议夺取

东印度公司官员

马六甲。

同时，东印度公司敲响中国国门。18 世纪初，公司获得了进入广州的权利，进行合法商业贸易。19 世纪前期，公司总共进口 300 万件瓷器，每年输入 1.3 万吨茶叶，白银大量流入中国。

于是，罪恶的鸦片贸易开始了。1773 年，东印度公司获得在印度经营鸦片的特权。公司在印度种植罂粟，加工成鸦片，向中国运输和销售。黑色产业链由此形成。

19 世纪，东印度公司平均每年向中国走私 900 吨鸦片，到 1838 年更是达到 1400 吨。根据统计，公司由此获得暴利

制作鸦片的原料罂粟

近一亿银元。白银又源源不断地流回英国。最终，中英鸦片战争爆发。

1833 年，英国收回公司特权。1874 年，公司最终宣告解散。

经过两个世纪的扩张，东印度公司从野心勃勃的跨国企业，蜕变为罪行累累的殖民帝国。当时，公司支配的地盘相当于今日的印度、缅甸、孟加拉国、新加坡、巴基斯坦、斯里兰卡和中国香港地区，支配的人口达到全球的五分之一。

主题六

英国

导言

1840 年，英国议会提出在泰晤士河北岸重修威斯敏斯特宫。这座新的宫殿将是英国议会的议事场所。经过近 20 年重建，英国议会大厦最终落成。

1858 年，英国国会进而在议会大厦东端建造钟楼。新的钟楼将是议会大厦的点睛之笔。钟楼的建造者是本杰明·霍尔爵士。英国民间称此钟为“大本钟”。

大本钟钟楼高达 96 米，最高处是议会大厦的制高点，这代表英国议会的超然地位。

17 世纪，英国发生光荣革命，君主立宪制度确立。英国国王成为虚位君主，英国议会成为国家主宰。由此，英国建立起崭新的政治制度，国家实力不断壮大。

到了 19 世纪，大英帝国如日中天，殖民地遍及全世界，面积达到 2500 万平方千米，人口超过 3500 万人，包括亚洲的印度、非洲的南非、美洲的加拿大和大洋洲的新西兰等，史称日不落帝国。

1 议会风云

《是，大臣》（Yes，Minister）和《是，首相》（Yes，Prime Minister）是两部英国神剧。剧集的主角是英国首相哈克和高级官员汉弗莱。编剧通过黑色幽默，讽刺英国政治的弊病。虽然哈克和汉弗莱没有解决英国社会的任何实际问题，但是哈克是英国最受欢迎的首相，汉弗莱是英国地位最高的官员。

在现实中，英国的政治体制可以说是独树一帜。国王、首相、议会、议员，执政党、在野党根据传统和惯例，组成国家机器。

伦敦英国议会大厦

国王和首相

2022 年 9 月 6 日，伊莉莎白·特拉斯就任英国首相。50 天后，10 月 25 日，由于股市崩盘，首相引咎辞职。她是英国在任时间最短的首相。有人甚至对这位伊莉莎白的下台拍手称快。

2022 年 9 月 8 日，英国女王伊丽莎白二世（1952—2022 在位）去世，终年 96 岁，在位 70 年。她既是英国寿命最长的君主，又是英国在位最久的君主。人们对女王的逝世感到悲痛，上百万人上街目送女王最后一程。

民众对女王和首相的态度之所以截然不同，根本原因是英国的君主立宪制。国王是象征性的国家元首，一般不参与具体政务；而首相是实质性的政府首脑，对民生负有主要责任。这是近代以来英国君主和议会博弈的结果。

查理一世（1625—1649 在位）和克伦威尔是 17 世纪英国内战前后的英国国王和议会领袖。国王和议会针锋相对，两败俱伤。查理一世试图重振王权，无奈兵败被俘，身首异处。克伦威尔试图建立共和国，但是人亡政息，后继无人。1688—1689 年，英国发生“光荣革命”，国王和议会相互妥协，达成一致，此后，英国逐步建立君主立宪制。

乔治一世（1714—1727 在位）和沃尔波尔是 18 世纪第

英国初代首相沃尔波尔

一对议会君主制的国王和首相。乔治一世原为德意志贵族，不能熟练听说英语。沃尔波尔是德高望重的国会议员，不能熟练使用德语。乔治一世非正式地起用沃尔波尔为首席大臣和议员代表——没有首相之名，却行首相之实。

此后，英国逐渐形成君主作为象征性国家元首、首相作为实质性政府首脑的惯例。

议会和议员

2019 年 4 月，在英国脱欧替代方案投票中，英国议会下院出现 26 年以来第一次平局。下院议长约翰·伯考投出关键一票，否决这项议案。议会未能通过英国脱欧方案。一个月后，英国首相特蕾莎·梅宣布承担脱欧受阻的政治责任，辞去党首职务，让出首相宝座。

1295 年，国王爱德华一世（1272—1307 在位）第一次召集贵族和城市代表，讨论军费问题，史称模范议会。议会讨论决定税收、宣战和议和等国家大事成为英国的政治传统。“光荣革命”后，国王逐渐退居幕后，议会和议员代表组成的内阁逐步走向前台，行使英国的最高立法权和最高行政权。

爱德华一世召开议会

几百年间，贵族政治传统和议会议事习惯互相融合，英国议会逐渐形成大量复杂的传统规范。

首先，议会分成上院和下院。上院的议员主要是王室推荐的贵族元老，下院的议员通常是选举产生的民意代表，19—20 世纪，下院成为主要立法机构。

其次，当议会议事时，议长坐在中间，保持中立，主持议事，维持秩序。执政党的议员坐在一侧，反对派的议员坐在另一侧，双方不是直接辩论，而是分别面对议长发言。

最后，当首相或议员发言时，支持发言者观点的议员可以呐喊助威，反对发言者观点的议员可以喝倒彩，议长负责维持秩序，高喊肃静（Order！）要求大家安静。

《议会老爷》漫画

执政党和反对党

2019 年 12 月，英国举行大选，英国各大政党争夺议会中的 650 个席位。最终，保守党赢得绝对多数席位，成为执政党，工党成为反对党。保守党的领袖鲍里斯 · 约翰逊当选英国首相，同时，工党领袖杰里米 · 科尔宾辞去党首职务。

英国是典型的两党制国家。两党制是指一个国家只有两个主要政党，其他政党力量较小。两党中的一个政党取得选举胜利，占有议会议席较多，成为执政党。执政党的领袖成为首相。执政党的议员组成内阁。另一个政党选举失败，占有议会议席较少，成为反对党。反对党负责监督首相和内阁。通过定期选举，两个政党谁胜谁上台。

这种两党政治不是法律规定的结果，而是历史形成的惯例。19 世纪，托利党和辉格党在英国议会中是大党，成为两党制的起源。两党政见不同，赢得大选才能上台。后来托利党改组为保守党，辉格党改组为自由党。再后来，工党取代自由党，保守党和工党长期对峙。

迪斯累利和格拉斯顿的轮流执政是两党政治的典型案例。

19 世纪保守党领袖迪斯累利

19 世纪自由党领袖格拉斯顿

保守党政治家迪斯累利于 1868 年和 1874—1880 年两次出任首相。自由党政治家格拉斯顿于 1868—1874 年、1880—1885 年、1886 年以及 1892—1894 年四次出任首相。他们一边针锋相对，唇枪舌剑，一边互相合作，彼此妥协。

今天，“Made in China”代表的是中国不可撼动的“世界工厂”的地位。但是，在200多年前，“Made in Great Britain”是西方发达工业实力的代名词。英国是当时的“世界工厂”。那么，英国是如何获得这一殊荣的？当时的工人生活是一幅怎样的图景呢？

机器和工厂

在英国，纺织品是拳头产品，如今博柏利品牌的围巾家喻户晓。据记载，在1300年，羊毛纺织品的出口额占到英国全年出口额的93%。到了18世纪，日益扩大的订单与短缺的人手促成了纺织机器的诞生。

1733年，英国工匠约翰·凯伊为纺织用的梭子装上滑轮，发明了飞梭，它可在金属杆上通过击梭器控制其滑动，极大提高了纺织效率。哈格里夫斯尝试在纺纱机上横排布置8个纱锭，通过一侧的手摇杆带动。如此的设计使得原先8个纺纱工人的活儿只需1人就可完成。这便是1765年定型的“珍妮”纺纱机。但其纺出的纱线质量良莠不齐。于是，在凯伊的帮助下，阿克莱特研制出水力纺纱机。他在纺纱机上加装了滚轴，使其在水流驱使下快速旋转，带动纱锭，使得纺出的纱线质地坚韧。

珍妮纺纱机

水力纺纱机

机器的大规模应用致使机械化工厂诞生。1790年，英国已建成投产的大型纺纱厂有150座。以阿克莱特自己开办的克罗姆福德水力纺纱厂为例，该厂共雇用工人300多名，拥有纱锭千余枚，其规模已与现代工业无异，每年利润近万英镑。

蒸汽动力的运用更是使英国纺织业如虎添翼。

来自殖民地的棉花在英国被制造成性价比极高的织品，向外出口。印度原先是传统的棉布出口国，但是，在英国棉纺工业的冲击下，印度变成了进口国。据统计，1820—1880年间，英国棉布和棉纱进口额占孟买进口总额的40%—60%。

工业和城市

如今提到曼彻斯特，人们首先想到的是其足球文化。然而在18世纪，这里是世界上第一座工业城市，是英国“世界工厂”的核心。

曼彻斯特的工厂

曼彻斯特原本只是一个小镇。因其地理位置特殊，有四条河流同时穿过，丰厚的水力资源为开办水力纺纱工厂创造了条件，18世纪70年代，第一家水力纺纱厂在曼城建立。此后，瓦特蒸汽机驱动的纺纱机取代了水力纺纱机。到1830年，曼城大型纺纱厂已达90余家。1866年，清政府派使团到曼城考察，留下了这样的记载：“此地人民五十万。街市繁盛，为英国第二埠头。中华及印度、美国棉花皆集于此，所织之布，发于各路售卖。……往织布大行（指工厂）遍览。（工厂）楼五重，上下数百间。工匠计三千人，女多于男……织机万张，刻不停梭。”为了将生产的棉织品销往世界各地，曼城建造了多间大型现代化仓库，成为当时世界最重要的棉产品分销中心。

曼城不仅是英国的“棉都”。1830 年，利物浦—曼彻斯特线落成，这是世界上第一条客运铁路。随后 50 年的发展使曼城成为“被火车站包围的城市”。约翰·道尔顿在这里提出了最早的化学原子质量表。曼城还诞生了历史上第一架封闭式驾驶舱的单翼飞机。

曼彻斯特从一个小镇发展为工厂林立、机器日夜不停、人口大量迁入的工业城市。它是英国工业化的缩影。据推算，英国的工业产值在 19 世纪中后期已位居世界第一。

工人和阶级

然而，托起英国工业化，使英国成为“世界工厂”的工人们却在资本主义制度的剥削下，在城市过着悲惨的生活。

据记载，1847 年，曼城的纺织厂工作时间一般长达 13 小时，但休息时间很短。早上 5 点半，工人开始上班，至上午 8 点半才有 10 分钟的早餐时间，随后到下午 1 点才有半小时让工人吃午饭，晚上 8 点工作才结束。纺织厂的工作环

纺织工厂

境恶劣，充斥着噪声、灰尘、气味与闷热，因而工伤事故发生频繁。工人往往会失去手指、胳膊甚至生命。而工人的生活环境也极为恶劣。据记载，一个由 400 间木屋组成的工人社区，居住了近 4000 名工人。木屋又脏又破。社区道路坑洼不平，水坑中漂着垃圾等污染物。

工人的悲惨状况震撼了 1845 年来到曼彻斯特考察的马克思与恩格斯。恩格斯为此撰写了《英国工人阶级状况》。他指出，“城市的一切文明奇迹，不得不牺牲他们的人类本性的优良品质……在这种街头的拥挤中已经包含着某种丑恶

马克思

恩格斯

的违反人性的东西”。考察让马克思与恩格斯看到资本主义万恶的本质，而曼城工人为争取权利的斗争意识也让两人看到了联合无产阶级推翻资产阶级统治的希望。之后，马克思又多次来到曼城考察，并撰写了著名的《共产党宣言》。

海军蓝（藏青色）是现代西装的最常用颜色，起源于18世纪英国海军制服的颜色。英国海军曾经是大英帝国的铁拳与象征。

伊丽莎白一世

风帆对决

曾经，英国海军遇强则强，越战越勇：1588年，伊丽莎白一世在位期间，英国击败西班牙无敌舰队，打败第一代海上霸主西班牙。

1652 年，英国发动三次英荷战争，拖垮第二代海上霸主荷兰。

1800 年，欧洲前三大海军总吨位分别为英国的 33 万吨，西班牙的 18 万吨，法国的 14 万吨。法国战神拿破仑组建法西联合舰队，向英国海军发起挑战。当时，双方都使用风帆战舰。法西联军的最大战舰是“圣三位一体号”，共有火炮 140 门，排水量接近 5000 吨。反观英国海军旗舰“胜利号”，只有火炮 97 门，排水量仅为 3500 吨。

西班牙无敌舰队

特拉法尔加海战

1805 年 10 月 21 日，法西联军和英国海军主力在特拉法尔加海域遭遇，决战一触即发。此时，英国海军统帅纳尔逊从“胜利号”发出了著名的指示：“英伦企盼着人人都恪尽其责!”英军兵分两路，突入联军船队，以全力发挥英军船只灵活、水手熟练以及射击迅速的优势。双方激战两个小时，最终英国海军大获全胜：歼灭联军 1.3 万人。然而，英军也付出惨重代价，损失 1600 人，海军上将纳尔逊身先士卒，中弹身亡。

此后，英国人在伦敦市中心建立特拉法尔加广场，竖立高达 52 米的纳尔逊纪念柱，熔化缴获的法军武器，雕刻四幅青铜浮雕，纪念纳尔逊和英国海军的战功。

海军上将纳尔逊

铁甲雄风

19 世纪，随着工业革命的推进，铁甲战舰替换风帆战舰，成为皇家海军的主力和英国霸权的先锋。

“勇士号”是英国铁甲舰的代表。1860 年，“勇士号”完工，集中体现了当时最新的军工技术。蒸汽锅炉提供澎湃动力，推动“勇士号”以 14 节高速进行海上“飙车”；铁制船壳带来强力防护，炮塔装甲的最大厚度达到114毫米；后膛炮倾泻强劲火力，10门火炮最大射程达到3700米。1863年，“勇士号”周游英国，吸引30万参观者，成为海军之星。今天，“勇士号”栖身朴茨茅斯，供全球军迷瞻仰。

当时，铁甲舰是英国海军的大杀器，随时待命，四面出击，实践“真理在大炮射程之内”：

1881年，埃及发生政变，新政府主张排除西方的干涉。英国海军随即出动铁甲舰弹压。八艘英国铁甲舰直扑埃及亚历山大港，倾泻3000余发炮弹，亚历山大要塞陷入一片火海。

1896年，非洲桑给巴尔出现政变，当地苏丹没有取得宗主国英国批准就自行登上王位。8月27日，五艘英国战舰炮击桑给巴尔。38分钟后，苏丹投降。此役成为史上最短战争。

无畏时代

20世纪，在军备竞赛的压力下，英国海军祭出终极大杀器——无畏舰。

1906年，英国“无畏号”战舰在朴茨茅斯下水。这艘战舰的主炮采用统一的305毫米口径，共10门，分装在5个炮塔内。在舰体中线上，舰艏、舰艉各一座炮塔。舰身中部一座，侧舷两翼各一座。这样的布局可以保证战时维持前

“无畏号”战列舰

方有三座、侧舷有四座的齐射火力。防护采取装甲堡式，用装甲带包裹炮塔、动力舱和火药库等重要部位。动力则采取当时最先进的蒸汽涡轮发动机，以保证“无畏号”21 节的高航速。“无畏号”的出现使当时世界上服役的战列舰瞬间落后。而无畏舰成为新型战列舰的代名词，西方列强纷纷效仿建造。海战的形式也围绕无畏舰的设计展开：以一字长蛇阵向一侧统一倾斜火力，击溃对手。

德皇威廉二世为了挑战英国的海上霸权，疯狂造舰。到 1914 年，德国拥有无畏舰 15 艘和战列巡洋舰 5 艘。英国有 21 艘无畏舰与 9 艘战列巡洋舰。1916 年 5 月 31 日，英、德

日德兰海战

两国在日德兰爆发了无畏舰之间的大海战。英国投入了28艘无畏舰与9艘战列巡洋舰，德国投入了16艘无畏舰与5艘战列巡洋舰。经过近10小时的混战，英国损失3艘战列巡洋舰，德国损失1艘战列巡洋舰。虽然德国取得了战术上的胜利，但是却无法突破英国对北海的封锁。日德兰海战是无畏舰的巅峰对决，也见证了英国皇家海军最后的辉煌。

“一战”以后，英国国力日益衰落，海军规模逐渐缩水，今天，随着英国的去工业化，英国舰队已沦为世界二流舰队。

守护英伦的女神不列颠尼亚

全盛时期的英国自称“日不落帝国”。因为其海外殖民地遍布全球，所以，在英王统治的土地上，太阳永不会落下。那么，英国是如何获得如此庞大的海外殖民地的呢？英国政府又是如何管理的？

殖民铁蹄

在英国众多的殖民地中，除澳大利亚

维多利亚女王

和新西兰是通过航海发现的方式获得外，其余基本依靠军事实力强夺。大规模的比较重要的殖民战争有三场：七年战争、鸦片战争与英荷战争。

1756—1763年，欧洲列强之间爆发了长达七年的战争。英、法两国围绕殖民地展开了激烈的争夺。1758年，英军攻占加拿大路易斯堡。1759年，英军占领魁北克。1760年，英国占领整个法属加拿大。1761年，英国占领法国在印度的殖民地。1763年《巴黎和约》签订，战争结束，英国获得了法国在北美和印度的大片殖民地。

1840—1842年与1856—1860年我们熟知的两次鸦片战争爆发。第一次鸦片战争中，2万英军依托强大的武备，以阵亡69人的代价，侵占中国沿海多地，迫使清廷签订《南京条约》，割让香港，并同意广州、福州、厦门、宁波、上海五口通商等。在第二次鸦片战争期间，英法联军更是侵占天津、北京，迫使清廷签署《北京条约》，同意割让九龙以及开放天津等。

1899—1902 年，英国与荷兰人在南非建立的德兰士瓦共和国和奥兰治自由邦之间爆发了大规模战争，即英荷战争。南非的荷兰人又称“布尔人”，因此该战争也被称为“英布战争”。因荷兰人对当地英国侨民施加重税，并开展贸易战，英国最终动员 45 万人（其中正规军 25 万人）远征南非。英国在付出 2 万多人的生命代价后，攻占了这两个国家，并重组为南非联邦，成为英帝国的一部分。

殖民统治

英国政府一般设立“总督”管理其占领的殖民地。以印度为例，英国在印度加尔各答设立总督府，并任命总督统管印度事务。总督府下设独立的行政和立法机构。后来的法令则赋予了总督立法权。总督之下为省长，省长管理所属行政区域的地方官员。这些高级官员由英国人担任。而地方官员则由整个印度殖民管理体系中数量最大但地位最低的公务员充当，一般雇用当地的印度人。但是，这些印度人必须在英国或者在印度英国人开办的学校接受教育才能被录用。1909 年，印度总督府颁布了新的改革法案，试图推动印度自治。法案规定印度人在省级立法院，除省长为总督府直接委派外，其他成员可由选举等形式产生。但事实上，印度人的权利依然十分有限。

总督府对印度地方的管控相对宽松。印度的土邦与王侯

英属印度

英属印度军队

领地可继续保持种族和宗教信仰的多样性。但不可否认，作为殖民地，印度成为英国产品最大的倾销地。到 1914 年，英国在印度进出口贸易中的比重达到 64%。大量英国工业品的进入，导致印度自给自足的小农经济崩溃，农民陷入赤贫。而总督府却依然大肆掠夺印度的农粮产品以满足母国需要。1876—1878 年，印度爆发了大饥荒，共有近 580 万人死亡。

租界往事

除了殖民地，英国还通过不平等条约强行租借别国土地。如英国就在中国上海设立过租界。

以上海为例，1845 年英国在上海设立租界，由道路码头委员会负责租界建设。1853 年以后，英美租界逐步合并，新的管理机构工部局诞生。租界成为“国中之国”。

工部局有完全独立于中国的行政体系，由董事会领导。其中，英国人占大多数，美国人一般只占 1—2 席。董事会下设的执行机构分工明确。警务处负责租界的治安，统领巡捕房。火政处负责租界的消防。此外还有分管财政的财务处与分管教育的学务处。因此，工部局实质上担任了租界区内市政府的角色。中国其他英租界均按上海工部局的模式管理。

租界时期的上海外滩

公共租界以从事进出口的贸易与金融行业为主。1857年，租界内贸易公司有44家，其中英商洋行有27家，以进口机器与纺织品为主业。在金融领域，英资的汇丰银行、麦加利银行、有利银行以及美资的花旗银行与大通银行等均在上海建立了分行。这些公司与银行纷纷建造了气派的办公楼，形成了外滩“万国建筑群”。

租界区的建立是中国近代化进程的一部分，也是一段不能忘却的“丧权辱国”史。

第二次世界大战结束，英国国力衰弱，“日不落帝国”分崩离析，如今只剩下一个“英联邦”的空虚头衔了。

主题七

法国

导言

埃菲尔铁塔是法国巴黎的地标性建筑。

1789 年，法国大革命爆发。革命者建立法兰西共和国，颁布《人权宣言》，倡导自由、平等以及博爱。

1870 年，经过长达近 100 年的革命、复辟、战争和动荡，法兰西第三共和国建立，法国进入和平时期。

1886 年，法国政府提出：在巴黎市中心建造一座高塔，以此纪念 1789 年法国大革命 100 周年，并为将要举办的世博会吸引游客。法国政府力排众议，起用才华横溢的建筑师埃菲尔设计铁塔，埃菲尔铁塔由此得名。

1889 年，埃菲尔铁塔最终建成。埃菲尔巧妙地融合了技术和艺术。铁塔高 300 米，是当时世界最高建筑。塔身全部采用钢铁材料。底部是四道拱门，中段是三层框架，顶部是观景平台。高耸的铁塔象征着工业革命中金属与现代机械技术的结合，象征着当时西方主导的现代化。

今天，游客乘坐电梯登上顶部，就能俯瞰欧洲第一时尚都市巴黎，饱览法国百年历史沧桑：

先贤祠：1791 年，革命者设立先贤祠，安葬伏尔泰等启蒙运动思想家。

卢浮宫：1793 年，卢浮宫博物馆开放，见证了近代法国艺术的繁荣。

凯旋门：1806 年，拿破仑建立凯旋门，纪念法国军队横扫欧洲的战功。

如今的巴黎是世界著名的时尚与奢侈品之都。每一个新奢侈品的发布都牵动着时尚界的走向。其实早在300年前，一个国王的出现，就已使巴黎带领欧洲“潮”起来。这个人就是路易十四。那么他究竟做了什么使巴黎成为时尚界的中心呢?

“时尚魔头”

路易十四出生于1638年，5岁时便继承王位，在位72年。他是目前世界上在位时间最长的国王。在其执政的那些年，法国王室引领了欧洲潮流。

路易十四

如今，法国大餐是法国文化与时尚的标志，路易十四是推动者之一。法王在宴会上会先品尝汤品，随后是肉食主菜，一般是小型家禽和牛羊肉，随后是奶酪，最后是水果或甜点。路易十四对餐具的尺寸、上菜的顺序、每一道菜的位置都进行了详细的规定。在烹饪时，法王要求少用香料，以便保留食材原有的鲜香，最后再配以精心调制的酱汁。这成为法餐走向精致化的开端。有味、有序的美食配合精美的餐具与烦琐的用餐礼仪，使法王的宴席惊艳了英王詹姆斯二世等诸多欧洲贵宾，法餐开始在欧洲流行。

用餐环境也很重要。法王的宴席被安排在凡尔赛宫中。这是路易十四的得意之作。建筑以路易十三的狩猎行宫为基础，外立面采用文艺复兴与意大利古典主义风格相配合的方式左右对称，并用高卢壁柱和法式大窗装饰，轮廓整齐、庄重雄伟。内部装潢采用巴洛克风格。鎏金的波浪状曲线天顶造型配合大理石雕塑与繁复的壁画，使整个装潢奢华至极。

凡尔赛宫

凡尔赛宫镜厅

而宫殿的园林从中轴线向两边展开，左右对称，再配合喷泉和亭子，成为当时欧洲园林的典范。被路易十四请来吃饭的贵宾无不惊叹，回国纷纷效仿，所以就有了俄国夏宫、奥地利美泉宫与德国的无忧宫的奢华，以及遍布欧洲的法式园林。

当然，由路易十四带来的潮流还有很多，比如，喷香水、说法语、定制高级服饰以及购买奢侈品等。

太阳舞王

路易十四有个别称，叫“太阳王”。这个称呼是怎么来的呢？16 世纪，一种宫廷舞蹈从意大利传入法国，这就是芭蕾舞。路易十四从小就迷上了这种舞蹈，据说他 7 岁起就勤于

路易十四表演舞剧

练习。在他15岁时，请来了意大利的宫廷乐师专门为他创作了芭蕾舞剧《夜芭蕾》。该剧时长12小时，路易十四在剧中出演太阳神阿波罗。他穿着华丽的金色舞蹈服，头戴象征太阳光辉的装饰，俨然是整部剧的核心，因此他获得了“太阳王”的称号。随后，他又主演了26部大型芭蕾舞剧，成为名副其实的“舞王”。

路易十四对芭蕾舞的发展做出了极大贡献。1661年他创立了王家舞蹈学院，并自任院长。这是世界上第一个舞蹈艺术研究机构，亦是舞蹈教学首次获得欧洲王室的承认。路易十四在艺术大师皮耶尔·波尚的协助下将如今的一位脚、二位脚、三位脚、四位脚和五位脚以及十二手姿等芭蕾舞的基本动作确定下来，从而充分展现了芭蕾舞“开”的特点。芭蕾舞从此走上了正规化专业化的发展道路。

此外，路易十四还大力普及芭蕾舞，让其不仅停留在宫廷中，更走向社会。他认为这是优雅公民的规范，是社交礼仪的标准。1669年巴黎歌剧院芭蕾舞团成立，芭蕾舞走向了大众，也最终被欧洲各国效仿，成为“欧洲舞”。

君临欧洲

如果只是搞搞时尚，路易十四可能只是一个“玩物丧志”的国王。巴黎时尚的传播自然离不开靠拳头说话的硬实力。路易十四加强对内集权，号称君权神授。同时，他发动了多次大规模战争，使法国成为当时的欧洲霸主。

路易十四自命为国家的代表与化身，对天主教会严加管控。他长期停开三级会议，并让贵族们搬迁到凡尔赛宫居住，以削弱他们的影响力。在此基础上，他建立了庞大的国家官僚机构，任命让-巴普蒂斯特·柯尔贝尔主管财政，皮埃尔·塞吉埃主管外交，卢福瓦侯爵主管军事。在三大臣的辅佐下，法国国力日益强盛。

1672 年，路易十四联合英国发动了对荷兰的战争，史

路易十四指挥作战

被画为亚历山大大帝的路易十四

称“法荷战争”。1678年战争以法国的巨大胜利结束。法国不仅从西班牙手中得到了弗朗什孔泰等大量领土，并且取代荷兰成为欧陆的仲裁者。

1701年，路易十四发动了西班牙王位继承战争。战争在1714年结束时，法国将波旁王朝的腓力五世扶持上了西班牙王位，法、西两国成为盟友，加强了法国在欧洲的影响力。而且，法国还解除了哈布斯堡王朝的军事威胁。因此，路易十四治下的法国被认为进入了一个“伟大的时代”。他自己也被尊称为“大王”。

然而，路易十四长期时尚奢靡的生活和对外战争使得法国经济走向崩溃的边缘。到路易十五时期，国家财政出现危机，对外战争几乎都以失败告终。为了维持国家的运转，王室不得不加重赋税。这为1789年的法国大革命埋下了伏笔。

2018年7月14日的法国国庆阅兵因为两起重大失误上了热搜。首先是在开场的摩托特技表演中，有两辆车因操作问题发生碰撞，人仰马翻。接下来是空中梯队拉烟用错了颜色，导致法国国旗变成了红蓝白红的奇特组合，场面一度十分尴尬。事实上，每年的7月14日法国都会举行盛大的阅兵仪式。这一天被称作“巴士底日”。那么，这一天为什么会叫这个名字？又为什么会成为法国的国庆节呢？为什么法国的国旗是蓝、白、红三色呢？

巴士底

“巴士底”是中世纪法国防御性城堡的一个类型，由多个圆柱体的箭塔合围而成，一般建在大型城市的入口处，配合护城河与桥梁，起到桥头堡的作用。14世纪，为加强巴黎东部的防御，法王查理五世要求在圣安东尼桥附近建一座“巴士底”。15世纪，这座“巴士底”开始承担监狱的角色，这就是巴士底狱的由来。到18世纪，人们戏称巴士底狱为“知识分子的沙龙”，包括伏尔泰和布里索等多位著名启蒙思想家被法国王室羁押在这里。因此，巴士底狱也成为法国专制王权的象征之一。

1789 年 6 月 17 日，巴黎群众自发成立了“国民议会”，要求法国王室同意其编订宪法的请求。6 月 27 日，法王路易十六作出让步，召集各阶层开会。1789 年 7 月 14 日，巴黎市民攻打巴士底狱，以图获得囤积在城堡中的武器弹药。因为路易十六在暗中召集军队，准备武力镇压他们。7 月 11 日，他解除了主张改革的财政主管的职务。这被认为是大规模镇压的前兆。巴黎市民尝试与监狱长进行谈判，让其投降，但是得到了否定的答复。最终，这座中世纪城堡在当日下午被攻克，狱中的 7 名囚犯被释放，监狱长被群众斩首。

路易十六

巴士底狱陷落

这一突发事件随后被公认为法国大革命开始的标志，7 月 14 日因而被称为“巴士底日”，并在日后成为法国的国庆节。

蓝、白、红

据说法国将军拉法叶根据当时起义民众衣服上红蓝的配色，再加入代表法国王室的白色，设计出一种红、白、蓝三色帽徽，其中红、蓝代表巴黎。

1790 年，君主立宪派当权，他们支持保留路易十六的王位，而路易十六也接受了新政权的三色标志设计。1794 年 2 月 15 日，红、白、蓝三色组成的旗帜成为法国国旗。

1792 年 8 月，吉伦特派通过起义推翻了君主立宪派。他们要求实现共和制与全民普选。1792 年 9 月 22 日，法兰西第一共和国成立。吉伦特派废黜了路易十六，并在 1793 年 1 月 21 日将法王推上了断头台。路易十六成为法国历史上第一个被当众处死的国王。三色旗中的白色不再象征法国

路易十六之死

雅各宾专政时期的领导人
罗伯斯庇尔

王室，而是象征共和。

1793年6月，雅各宾派取代吉伦特派上台。该政权建立在“恐怖”之上。在其统治的一年多时间里，据估计，有数万人被杀死。在此期间，新的三色旗被设计出来，红、蓝位置互换，原因却不得而知。新的三色旗在1794年5月正式使用，也成为今日法国国旗的样式。

最终，雅各宾派在1794年7月被推翻。如同大革命初期三色旗的多次变化，法国政权也处于不稳定的状态，直到1799年拿破仑上台。

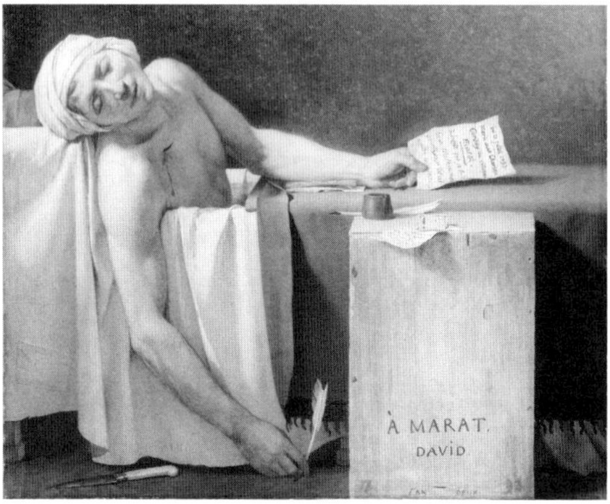

描绘雅客宾派领袖被刺杀的画作《马拉之死》

自由、平等、博爱

1998 年，法国政府推出了新的政府 logo，并沿用至今。法国的国旗三色在 logo 中有了新的定义：蓝色代表自由，白色代表平等，而红色代表博爱。这一定义反映了法国大革命的理念。

法兰西第一共和国宣传画

1789 年 8 月 26 日，制宪会议发布了著名的《人权宣言》。这份文件认为人们生来是自由平等的，并规定人民应当享有言论、信仰、著作和出版自由，还确认了法律面前人人平等、私有财产不可侵犯等原则。《人权宣言》被宣布具有宪法效力，象征着自由与平等理念的确立。这一理念随着法国的对外战争在欧洲传播。

以德意志地区为例，1806 年，鉴于拿破仑的军事胜利，包括列支敦士登、巴伐利亚、符腾堡和巴登在内的莱茵河两岸的德意志南部、中西部邦国，脱离了神圣罗马帝国，建立

《人权宣言》

起一个新的政治联合体——莱茵邦联。拿破仑驱逐了这些地区的封建贵族和主教，没收了教会地产，消灭了封建制。他宣布邦联内的公民一律自由平等。他还推行《法国民法典》，保护私人财产，加速了莱茵地区资本主义的发展。莱茵邦联的旗帜也效仿法国，使用绿、白、蓝三色旗，以表达对拿破仑的臣服。恩格斯评价道：“拿破仑清扫了德国的奥吉亚斯的牛圈，修筑了文明的交通大道，为他们做了极大的贡献。”

3

拿破仑

高卢雄鸡法兰西（三）

巴黎的荣军院中有一个红色大理石制作的棺椁，每天慕名而来的人络绎不绝。这里长眠的正是拿破仑。1769年，拿破仑出生在科西嘉岛，1785年，他成为法国的炮兵军官。在法国大革命期间，他显露出军事指挥上的才能，多次化解内外危机，因而平步青云。1799年，他发动雾月政变，成为第一执政，独揽大权；1804年，他成为皇帝，建立了法兰西第一帝国。在他的带领下，法国走上世界之巅。那拿破仑究竟是怎样的一位传奇人物呢？

拿破仑皇帝

雾月政变

百战名将

有人戏说，法国人自拿破仑之后就不怎么会打仗了。这足见拿破仑在法国军事史上的地位。在18世纪末19世纪初军事科技还未有大发展的背景下，拿破仑传奇般的军事胜利依托于先进的战术应用。他开创性地提出诸兵种协同作战的原则，即步兵、炮兵与骑兵的密切配合。他认为采用纵队与散兵线进攻的步兵是主体，但是，其前提是必须有炮兵的火力支援，即通过对炮兵的集中使用压制敌军。胸甲骑兵则作为预备队在战役关键时刻对敌军薄弱环节发起冲锋。拿破仑还反对欧洲传统的分散兵力的战术，强调集中优势兵力，以速度取胜。在这样的背景下，法军往往以少胜多。

拿破仑翻越阿尔卑斯山

1800年，拿破仑率领法军在意大利的马伦戈击败奥地利军。第二次反法同盟瓦解。1805年12月2日，成为皇帝的拿破仑率领法军在奥斯特里茨击败俄奥联

奥斯特里茨战役

军。因欧洲三个大帝国皇帝都亲临战场（奥皇弗朗茨二世与沙皇亚历山大一世），此役故称“三皇会战”。第三次反法同盟以大败收场。1806年10月，拿破仑指挥法军在耶拿战役中击溃号称当时欧陆最强的普鲁士军队。第四次反法同盟再次失败。

一系列的军事胜利巩固了法国在欧洲的霸权，也导致参战各国被迫总动员以服务于战争。据统计，仅法国在第一帝国时期就动员了百万人参战。故而，有学者认为“拿破仑战争”是西方世界的第一次“总体战”。

法制先驱

执政府时期的1800年，拿破仑召集大理院院长特龙谢、罗马法专家马尔维尔、政府司法行政长官普雷阿梅纳以及海军法

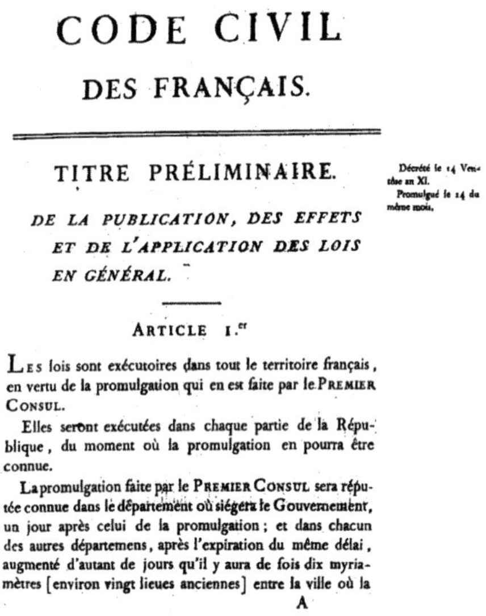

CODE CIVIL
DES FRANÇAIS.

TITRE PRÉLIMINAIRE.

DE LA PUBLICATION, DES EFFETS ET DE L'APPLICATION DES LOIS EN GÉNÉRAL.

Décrété le 14 Ventôse an XI.
Promulgué le 24 du même mois.

ARTICLE 1.er

LES lois sont exécutoires dans tout le territoire français, en vertu de la promulgation qui en est faite par le PREMIER CONSUL.

Elles seront exécutées dans chaque partie de la République, du moment où la promulgation en pourra être connue.

La promulgation faite par le PREMIER CONSUL sera réputée connue dans le département où siégera le Gouvernement, un jour après celui de la promulgation ; et dans chacun des autres départemens, après l'expiration du même délai, augmenté d'autant de jours qu'il y aura de fois dix myriamètres [environ vingt lieues anciennes] entre la ville où la

A

《法国民法典》第一页

院推事波塔四名委员组成“民法起草委员会”，要求 11 个月内完成新民法的起草。草案完成后，参政院召开了 102 次会议进行修正。据说拿破仑亲自参加组织了 97 次讨论，并审阅了两千多条条款，希望该法典能巩固法国《人权宣言》所倡导的“法律面前人人平等”与“财产权不受侵犯”等原则。1804 年，《法国民法典》正式颁布。

《法国民法典》参照了东罗马帝国《查士丁尼法典》的架构，分为三个部分。第一部分为人法，是关于民事权利主体的规定。第二部分为物法，规定了财产及所有权的各种形态。第三部分为所有权取得的各种方式，包括继承与赠予，同时，也对夫妻财产进行了规定。整部法典共 2281 条，总体上是一部规定资产阶级所有制的法律。

拿破仑晚年自认为他的伟大之处不在于战功，而在于这部法典。诚然，《法国民法典》成为大陆法系的支柱与后世民法典编纂的重要依据，影响深远。欧洲各国的民法基本都按照《法国民法典》编纂。

文艺皇帝

拿破仑推崇古希腊与古罗马艺术。因此，在他的鼓动下，文艺复兴时期的复古风再次席卷法国。这波新的尚古潮流被后人称为“新古典主义”。

在绘画方面，拿破仑御用画师雅克-路易·大卫的创作影响甚大。雅克-路易·大卫强调对历史场景的还原，同时突出英雄人物与重大事件。故而，他画作的核心并非彰显画家自己的个性与情感，而是“写实”。其代表作《拿破仑一世的加冕礼》定格 1804 年 12 月 2 日在巴黎圣母院头戴皇冠

《拿破仑一世的加冕礼》(局部)

拿破仑帝国鹰

的拿破仑一世为妻子约瑟芬加冕的瞬间，体现了皇帝号令天下的威严。

拿破仑还开创了欧洲的“帝政风格”。他将代表古罗马皇帝荣耀与权威的艺术设计，如鹰、棕榈叶和月桂花环等融入皇室建筑、服饰、家具等日常与政治生活的各个方面，以此体现法兰西帝国皇帝的至尊地位。为了与法国“旧制度”划清界限，他选定枫丹白露宫作为主要居所，并将其改造为“帝政风格”的“样板房”。随着帝国的征战，这一艺术形式风靡欧洲。

然而，拿破仑兴于战争也毁于战争。1812 年，法俄战争的惨败让法国一蹶不振。而 1815 年的滑铁卢一役彻底断送了拿破仑的政治生命。他被流放到圣赫勒拿岛。随拿破仑远去的不仅仅是他的传奇，更是法国人民的那段“强国之梦”。

巴黎是世界艺术之都。各有特色的博物馆是巴黎桂冠上的宝石：卢浮宫网罗古代文物；奥赛美术馆收藏近代名画；蓬皮杜中心展出前卫艺术，人送外号“炼油厂”。

在众多博物馆中，橘园美术馆独树一帜：它没有夺人眼球的外貌，没有不计其数的珍宝。它反其道而行之，整座展馆几乎只专注展现一位大师的一幅画作——莫奈的《睡莲》。莫奈是何方神圣？《睡莲》是何等神作？为何它能享受“为一口醋包一桌饺子”的待遇？

奥赛美术馆

莫奈的两幅《睡莲》

乱世画师

深秋初冬的法国阴冷多雾。大革命后，法国人使用的历法，把初冬时节称为“雾月”。

1840 年，在迷离的雾月，莫奈生于巴黎，但这位未来的画家没有在艺术之都过完童年。五岁时，莫奈举家离开巴黎，移居海雾缭绕的诺曼底。

暂别巴黎是莫奈的幸运。五年间，法国三次政权更迭，巴黎发生两次起义和一次政变：1848 年 2 月，巴黎爆发“二月革命”，国王仓皇出逃。6 月，巴黎爆发“六月起义”，起义者遭到血腥镇压。1852 年，拿破仑的侄子即位，自称拿破仑三世，建立第二帝国。

巴黎城头变幻大王旗，而莫奈在北方的海岸默默“修行”。十六岁时，莫奈师从画家布丹。布丹出身水手世家，痴迷于描绘港口景色。师徒二人四处写生，画下无数雾霭、波涛和渔船。1859 年，莫奈学成出师，重返巴黎。

此时巴黎物是人非。新任皇帝大兴土木，拆除古旧的城墙、狭窄的小巷和拥挤的棚屋，建造崭新的公园、宽敞的大道和豪华的公寓。支持者赞叹新的林荫大道是现代城市的典范，反对者吐槽皇帝大费周章只是为了方便运兵，镇压叛乱。

莫奈

拿破仑三世

在新旧交替的巴黎，年轻的莫奈和他的朋友即将掀起一场艺术风暴。

《印象·日出》

回到巴黎的莫奈活跃于各大艺术沙龙。当时法国社会纷扰不断，巴黎画坛也争论不休：由于摄影技术的出现，古老的绘画遭遇危机。于是，画家分化为保守派和革新派相互碰撞。

莫奈是革新派重要成员。他细腻拿捏色彩，捕捉光影变幻，创作出许多颠覆性的作品。例如莫奈曾不厌其烦地绘制24幅《干草堆》，刻画不同时节同一草堆的变化。

莫奈不是一个人在战斗。他结交一批年轻画家，包括马奈、雷诺阿、巴齐耶和西斯莱，后来他们都成为艺术变革的中坚力量。

1874年，莫奈等人发起无名画家、雕刻家和版画家协会画展。其中，莫奈自己贡献了《印象·日出》，描绘小镇勒阿弗尔的海上日出。

然而，保守派对他们的创新不屑一顾。一位学者公开蔑视年轻画家的作品，特别是莫奈的《印象·日出》，讽刺这些画是粗制滥造的“印象派”：“《印象·日出》模糊而令人难受地呈现在人们面前，证明了作者的无知及对美与真实的否定，就是花糊纸也比这幅海景更完整些。”

莫奈《印象·日出》

莫奈的伙伴不为所动，自称“印象派”，为莫奈呐喊。印象派之名由此不胫而走。批评家不会想到，他弃若敝屣的印象派，后来成为 19 世纪法国绘画艺术的象征。而 1874 年的那次展览被认为是印象派的第一次画展。

情归《睡莲》

时光荏苒，晚年的莫奈尝尽人间苦楚：1870 年，普法战争爆发，法国战败，莫奈逃离巴黎，朋友巴齐耶战死。1879 年，夫人卡密尔去世。在她去世前，莫奈伤心欲绝地画下《病榻上的卡密尔》。1914 年，长子因故去世，次子参加第一次世界大战，生死不明。

莫奈不甘屈服于不幸，他发愿再画一幅巨作，献给苦难中的祖国。这就是《睡莲》的缘起。莫奈这样描述自己的想法："我希望为巴黎人带来一处宁静的港湾，让他们在大自然面前沉思，紧张的神经将在此得到放松，就像水面一样平静，人们犹如置身于花池的中央，在这里静思默想。"

从1914年到1926年，莫奈移居吉维尼小镇，在花园悉心建造起一处不起眼的池塘。他不分日夜，不避寒暑，笔耕不辍，画下整整250幅《睡莲》。

暮年的莫奈深受白内障折磨。1923年，为了完成《睡莲》，莫奈两次接受白内障手术。后世一些研究者发现：手术前的《睡莲》偏向跳跃的红色，手术后的《睡莲》显出幽深的蓝色。人们推断手术没有治愈白内障，却让画家意外"看到"常人难以察觉的紫外线。

1926年12月5日，又一个多雾的冬天，莫奈与世长辞，留下《睡莲》赠予巴黎人民。法国人没有辜负大师的美意，他们特意在塞纳河畔的橘园美术馆打造了罕见的椭圆形展厅，以全景的方式，向世人展现印象派宗师的封笔之作《睡莲》。

橘园美术馆中展示巨幅《睡莲》的展厅

主题八  美国

导言

自由女神像是美国纽约的标志性建筑。

1884年，法国决定送给美国一份国礼，庆祝美国独立战争一百周年。这件礼物就是自由女神像。

1886年，自由女神像落户纽约自由岛，美国总统克利夫兰亲自为自由女神像揭开帷幕。

自由女神像雕塑设计者是法国雕塑家巴托尔蒂。自由女神像为希腊雕塑风格，头戴王冠，身披斗篷。右手高举火炬，寓意自由之光照耀世界。左手怀抱书本，题词是美国独立纪念日——1776年7月4日。

1776年7月4日，大陆会议颁布《独立宣言》。这标志着一个新的国家——美国——正式诞生。

自由女神像建筑设计者是法国建筑家埃菲尔。自由女神像高93米，全重229吨，采用当时最先进的技术建造而成。内核是四根钢柱，表面是青色铜壳。女神的王冠是观景平台。游客可以乘坐电梯登上平台远眺纽约。

19世纪末，美国工业产值跃居世界第一，成为新的世界大国。

每逢重大节日，美国都会举行阅兵。其中最重要的阅兵是7月4日美国独立日的阅兵式。不过，美式阅兵式以仪仗和乐团为主，群众和烟花为辅，飞机、大炮、坦克、军舰的戏份不多。那么，为何7月4日对美国人如此重要？为何这天会被称为独立日呢？

独立宣言

1763年，七年战争结束，英国打败法国，独霸北美大陆，但是，“大炮一响，黄金万两”，战争对经济造成巨大破坏，英国殖民者表示：“地主家已经没有余粮了”，命令北美殖民地“勒紧裤腰带托起英国梦”。英国对搜刮苛捐杂税不遗余力，对北美民意反弹熟视无睹，引发殖民地和宗主国激烈矛盾。1773年12月16日，北美抗议者突袭商船，把英国茶叶倒进海中，史称“波士顿倾茶事件”。

1776年7月4日，大陆会议通过约翰·亚当斯、本杰明·富兰克林和托马斯·杰斐逊等人起草的《独立宣言》，宣布北美十三个殖民地脱离英国统治。宣言强调“人人生而平等”。因为大英帝国统治是倒行逆施，所以北美人民反抗是维护自由。于是，7 月 4 日成为美国的国庆节——独立日。

美国人把《独立宣言》视为“国之基石”，珍藏在美国国家档案馆。每年的 7 月 4 日，在档案馆门前，都会重演历史现场：一位绅士穿着 18 世纪古装，向民众朗读《独立宣言》。人们拥入“宪法大道”游行欢庆，把独立日的庆典推向高潮。

《独立宣言》起草现场

独立战争

争取独立的战争开始了。英国出动红衣“龙虾兵”浩浩荡荡杀向美国。1775 年 4 月 19 日，北美民兵与英国驻军交火，打响武装反英第一枪，史称列克星敦枪声。美国独立战争爆发。北美民兵也因或兵或民，来无影，去无踪，一分钟即可投入战争，而被称为“一分钟人”。

美国用“一分钟人”指代反英民兵

大陆军

1775年，北美十三个殖民地成立“大陆军”，整军对抗英军，总指挥官是乔治·华盛顿。华盛顿出身农场主，今天有小朋友戏称他为“落樱神斧”，修剪树木才是他的主业，行军作战只是他的副业。战争初期，大陆军的军官和士兵都不够“专业”，屡战屡败，不过也屡败屡战。

华盛顿

富兰克林

危急时刻，美方派富兰克林去法国搬救兵。此人博学多才，既精通外语，又热爱科学。坊间传说，富兰克林曾经以风筝探测雷暴，探索闪电之谜。1776年12月，他抵达法国。

通过谈判，美国说服法国与其一起对抗英国。1778年，美、法结成军事同盟，法国向英国宣战，并派出军队前往北美。有学者认为：法国的介入对美

接受英军投降

国独立成功起到了关键作用。也有学者认为，法国支持美国独立的行动加剧了自身的财政负担，是法国大革命的诱因之一。

1781 年 8 月，美法联军包围了英军据守的约克城，法国海军击退试图解围的英国舰队。10 月，英国守军八千余人投降。独立战争战局逆转。

美国宪法

独立成功，建立一个怎样的国家成为美国人面临的新抉择。最终，通过著名的费城会议，美国建国先贤确立美国宪法，为新生的国家奠定了基础。

1777 年 11 月 15 日，大陆会议通过《邦联条例》。它赋予大陆会议大量权力，包括：抵御外敌、国际交涉以及划定领土。这是北美十三个殖民地集体遵守的第一部宪法性文件。至此，各北美殖民地组成松散的邦联，成为后来美国的基础。

1783 年 9 月 3 日，英国代表与大陆会议代表签署《巴黎和约》，承认北美殖民地的独立。“独立战争”以殖民地人民的胜利而告终。

1787 年 9 月 17 日，各殖民地代表在费城召开制宪会议，通过《美利坚合众国宪法》。随后，十三个州的议会分别通过费城宪法草案。1789 年，美国宪法正式生效。

制宪会议经过激烈争论和民主表决，决定舍弃松散的邦联制度，采用紧密的联邦体制。在中央，联邦三权分立，互相制衡：总统坐拥行政权，国会掌管立法权，法院享有司法权。在地方，各州地方自治，遵守宪法，分别建立州政府、州议会和州法院，也实行三权分立。

至此，美利坚合众国登上历史舞台，华盛顿成为美国的第一任总统。

关税问题在19世纪中叶曾使美国陷入全面内战，史称“南北战争”。为何关税会导致内战？南北战争又带来了哪些影响呢？

关税之战

19世纪，在联邦体制下，美国北方和南方的发展道路截然不同，对关税的看法也南辕北辙。

北方各州以工业为主。因为美国制造与欧洲制造是竞争对手，所以北方主张提高关税。目标是减少外国产品进口，发展美国本土产业。

林肯

南方各州以农业为主。南方经济依赖美欧贸易：向欧洲出口农产品，从欧洲进口工业品。南方主张降低关税，避免互相报复，影响美欧贸易。

数十年间，围绕关税问题，南北双方在国会反复斗争，北方逐渐占优势，南方强烈不满。1860年，林肯当选总统，他支持提高关税，反对自由贸易，南北双方矛盾迅速激化。

1861 年，南方的南卡罗来纳等六个州相继宣布退出联邦，成立“美利坚联盟国”。4 月 12 日，南方军队攻克联邦军队控制的萨姆特堡，美国内战爆发。

1863 年 7 月 1 日，北军主力和南军主力在葛底斯堡展开决战，史称“葛底斯堡战役”。三天以后，硝烟散去，美国青年的断臂残肢堆满原野，双方死伤数万，北军惨胜南军。

此后，以工业为后盾，北方逐渐压倒南方。1865 年 5 月，美利坚联盟国宣布投降，南北战争结束。

葛底斯堡战役

黑奴之战

在关税冲突之外，黑奴制度是存是废也是南北方矛盾的焦点：

美国北方被称为“自由州”，资本家投资工厂，工人提供劳动力，主张废除蓄奴制度。

美国南方被称为“蓄奴州”，白人经营种植园，黑奴是主要劳动力，要求保留蓄奴制度。

在蓄奴的制度下，白人奴隶主不认为黑人奴隶是人，而是将他们当作商品进行贩卖，当作牛马进行驱使。小说《汤姆叔叔的小屋》揭露了奴隶制的残酷：奴隶主为了挣钱，卖掉黑奴汤姆和哈里。逆来顺受的老黑奴汤姆被转卖、殴打和虐杀。选择逃跑的小黑奴哈里遭到奴隶猎人的追杀。

棉花和黑奴

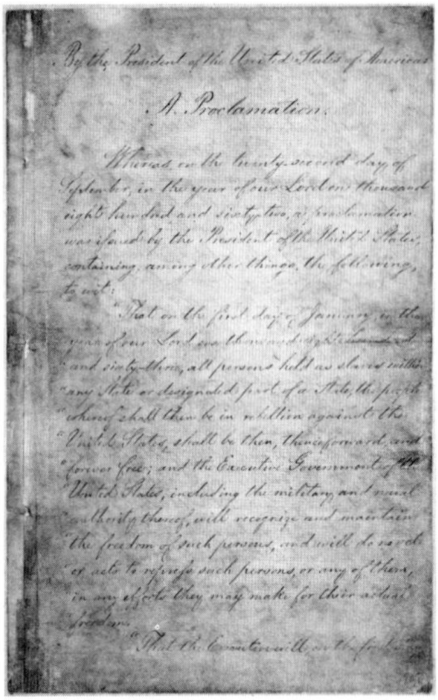
By the President of the United States of America:

A Proclamation.

Whereas on the twenty second day of September, in the year of our Lord one thousand eight hundred and sixty two, a proclamation was issued by the President of the United States, containing, among other things, the following, to wit:

"That on the first day of January, in the year of our Lord one thousand eight hundred and sixty three, all persons held as slaves within "any State or designated part of a State, the people "whereof shall then be in rebellion against the "United States, shall be then, thenceforward, and "forever free; and the Executive Government of the United States, including the military and naval authority thereof, will recognize and maintain "the freedom of such persons, and will do no act or acts to repress such persons, or any of them, in any efforts they may make for their actual freedom.

"That the Executive will on the first

《解放黑人奴隶宣言》原版

《解放黑人奴隶宣言》宣传单

1863年1月1日，林肯颁布《解放黑人奴隶宣言》，宣布南方各州黑人就地获得自由。不过，现代学者倾向于认为：林肯当时的主要目标不是终结奴隶制度，而是争取内战胜利。

1865年1月31日，随着战争胜利和林肯连任，联邦出台禁止蓄奴行为的宪法修正案。由此，美国在法律上废除黑奴。然而，种族歧视至今仍是美国社会未能根治的顽疾。

值得注意的是：南北战争爆发在前，废除黑奴发生在后。由此可见，传统的历史观点——南北战争是奴隶制度之战，以奴隶制的取舍解释内战的起源略显牵强。用它来解释内战的最终结果可能更加合适。

工业之战

南北战争源于工业化进程当中的社会矛盾，反之，内战也加速了美国社会走向工业化。其典型表现是大量先进军事装备的研发和生产。

战争开始时，北方军队主要使用前装式火枪。但随着战争的进行，部分参战部队，如神枪手团开始装备后装式M1859 步枪。之后，1862 年，采用滑动枪管结构的 M1862 后装式步枪被生产出来，成为北方军队骑兵的重要武器。后装枪使士兵可以进行更好的卧姿射击，也方便了骑兵在马上再次装填。此外，北方军队还装备了可以连续发射 16 发枪弹的 M1860 杠杆枪机式步枪。

1862 年，北军研制出加特林机枪。通过手摇供弹，新式机枪每分钟能倾泻二百发子弹。随着射击频率升级，火力输出获得倍增。

此外，内战中，北方海军封锁南方港口，意图切断南方的海上补给线，史称“蟒蛇行动”。在封锁和反封锁的斗争中，南北双方各自打造以蒸汽机为动力，以装甲板为防御的铁甲舰。1862 年 3 月 9 日，南方铁甲舰“弗吉尼亚号”和北方铁甲舰“莫尼托尔号”正面遭遇，重炮互怼。双方都对敌方的“乌龟壳”无可奈何。此战是史上第一次两艘铁甲舰之间的对决。

“弗吉尼亚号”对决“莫尼托尔号”

有学者认为，正是南北战争把美国工厂制度转变为“工业革命”。到1864年，费城已拥有新式工厂65座。而在1860至1866年之间，政府颁发的专利数量每年都增加一倍以上。这种工业的高度繁荣，是当时北方赢得战争的重要保障。

2003年，姚明漂洋过海，来到美国得克萨斯州的休斯敦，他将在这座城市参加世界篮球的最高水平联赛——美国职业篮球联盟。

虽然球迷们对姚明的战绩如数家珍，但是不少人对姚明身后的这座美国城市——休斯敦的历史所知甚少。事实上，休斯敦见证了美国历史上的重要章节——西进运动。

传奇牛仔

休斯敦这一城市名源于19世纪的名人山姆·休斯敦。

在山姆·休斯敦身上，真实的人生经历比虚构的电影情节更精彩：

少年休斯敦是个彪悍的牛仔。1793年，他生于美国弗吉尼亚，他的家庭是一个典型的美国移民家庭。祖先生于苏格兰，父辈移居新大陆，以经营农场为生。休斯敦无心继承家业，志在行走江湖。他单枪匹马离开东海岸，独行千里深入西部内陆。在大山深处的田纳西，他结交原住民，被

休斯敦

西部牛仔

酋长收为养子，按照当地习俗改名为“乌鸦”。

中年休斯敦是名善战的军人。1812 年，休斯敦加入美国陆军，参加争夺加拿大的战争。战时，休斯敦身先士卒，多次负伤，击破敌对的原住民部落，以战功晋升为中尉步兵团长。战后，他身穿原住民服装，带领原住民使团进入华盛顿。这些举动让美国总统对他刮目相看。休斯敦进入政界，成为田纳西州议员。

1827 年，休斯敦仕途顺利，当选田纳西州州长，至此，他完成了草根逆袭的神话。不过，他真正扬名立万是在五年后的得克萨斯。

激战得州

今天，休斯敦是美国得克萨斯的第一大城市。1832 年，当山姆·休斯敦初次踏上得州的土地时，这里还是战乱不休的边疆。

1832 年，北美大陆群雄逐鹿，北方的美国人以英裔为主，南方的墨西哥人以西班牙裔为主。得克萨斯夹在美墨之间，领土属于墨西哥，但多数居民来自美国。在敏感时刻，美国派遣“老江湖”休斯敦到得州，在墨西哥的地盘闯一闯。

1835 年，得克萨斯人和墨西哥中央政府的矛盾日益激化。10 月 2 日，双方兵戎相见，墨西哥人称其为“得克萨斯独立”战争，美国人称其为“得克萨斯革命”。墨西哥出兵镇压叛乱者的分裂行为；美国支持起义者追求所谓的“美式自由”。

1836 年，两军在圣哈辛托决一死战。休斯敦统率得州叛军，墨西哥总统亲率政府军。墨西哥总统以为官军兵力足以碾压叛军，疏于防范。休斯敦就抓住对手松懈的时机，命令全军突击。结果，双方在 18 分钟内分出胜负，得州阵亡九人；墨西哥全军覆没，总统被俘。

最终，得州人如愿以偿独立建国，史称“孤星共和国”，“国父”休斯敦走上人生巅峰：1836 年，他当选总统。1845 年，得州加入美国。与此同时，得州人在海岸上建立新城，

圣哈辛托战役

休斯敦指挥战斗

命名为休斯敦，以纪念他建立的功勋。

西进运动

宏观而言，无论休斯敦崛起，还是得州之战，都只是西进运动的沧海一粟。

首先，西进运动是美国领土的扩张。美国政府软硬兼施，开疆拓土。

西进运动

软的手段是“银弹”：1803 年，美国出资 1500 万美元，收购法国的路易斯安那。1867 年，美国付出 720 万美元，买下俄国的阿拉斯加，拿下约 150 万平方千米地盘。每平方千米售价不过几美元，堪称“跳楼价”。

硬的手段是炮弹：1846 年，美国对墨西哥发动战争，相继夺取大片疆域。在美墨战争中，墨西哥输掉半壁江山，美

美墨战争

利坚赚得盆满钵满，“战利品”包括加利福尼亚、内华达、科罗拉多、亚利桑那和新墨西哥。

同时，西进运动是美国人口的迁移。大批移民万里西行，开拓边疆。

1830 年，美国政府颁布《印第安人迁移法案》。法案授权美军对原住民“强制拆迁”，为新移民腾出“处女地”。

1862 年，林肯总统签署《宅地法》，法令规定在美国西部的各州，只要缴纳 10 美元，就能购买 160 英亩土地。

最终，通过轰轰烈烈的西进运动，美国从 13 个州扩张到 50 个州，领土横贯美洲大陆。无数城市拔地而起，例如洛杉矶、旧金山和拉斯维加斯等，也包括得州第一重镇休斯敦。1961 年，美国政府在休斯敦建立航天中心，刺激当地经济腾飞，成长为全美第四大城市。1971 年，一支美国职业篮球队迁入休斯敦，并在后来成为姚明的母队。

2016年，“让美国再次伟大”（Make America Great Again）的口号震耳欲聋，席卷美国。美国大选杀出一匹黑马，来自纽约的地产大亨唐纳德·特朗普当选第45任美国总统。

在特朗普总统特立独行的人生中，他与纽约这座美国最具代表性的城市结下不解之缘：出生于纽约皇后区，毕业于纽约大学，投身于纽约房产，自诩为纽约代表的美国梦的化身。

金元之城

1624年，欧洲殖民者发现哈得孙河口交通便利，他们随即在这块风水宝地安营扎寨。荷兰人称之为“新阿姆斯特丹”。英国人称之为“新约克”（New York）。之后，被音译为“纽约”。这就是“纽约”的由来。商业在建城伊始就已融入纽约的灵魂。

起初，纽约的支柱产业是皮草。北美寒风凛冽，动物皮糙肉厚，例如河狸、水獭和狐狸。通过纽约等诸多的贸易据点，殖民者在北美低价收购动物皮毛，在西欧

开发早期的华尔街

高价抛售毛皮大衣。野生动物成批灭绝，欧洲商人一夜暴富，皮草贸易毁誉参半。

纽约证券交易所

后来，纽约不断进行产业升级。其中的代表是华尔街金融业，而该行业也是既誉满天下，又臭名远扬。1685 年，英国人在纽约曼哈顿建立城墙。墙下的街道被称为“墙街”（Wall Street），音译为“华尔街”。1792 年，在华尔街 68 号门外的梧桐树下，纽约城的 24 位证券经纪人签订《梧桐树协议》。他们建立原始的证券交易市场——股市，进而规定证券交易的基本规范，例如交易佣金制度。这就是纽约证券交易所的诞生。20 世纪上半叶纽约超越伦敦，成为世界第一金融城。

今天，纽约华尔街控制美国经济命脉，这里走出无数富可敌国的商业大亨和金融寡头。华尔街 1 号纽约银行、华尔街 23 号摩根大通总部以及华尔街 40 号特朗普大厦等也是大名鼎鼎。

摩天之城

如果金融产业是纽约无形的血脉，那么摩天大楼就是纽约有形的躯体。

帝国大厦

工业革命后，钢铁替代岩石和木材，电力替代人力和畜力，于是建造高层建筑成为可能。

1849 年，法国人莫尼尔发明钢筋混凝土，1872 年，纽约人建造全球首座钢筋混凝土建筑。1853 年，美国人奥蒂斯提高了升降机的安全性。之后，纽约成为第一个在大楼中使用升降机的城市。

19 世纪 80 年代，随着大城市的人口爆炸，美国城市开始向上发展，建造摩天大楼，以解决市区人口日益增加而土地相对有限的问题。

1885 年，芝加哥捷足先登。芝加哥家庭保险大楼完工，成为公认的第一幢摩天大楼。全楼以钢材为骨架，共有 10 层，高度为 42 米。

1931 年，纽约人后来居上。随着帝国大厦的建成，纽约拥有“世界第一高楼”长达半世纪。帝国大厦形同一支钢笔，共 102 层，高 378 米，动用 3400 名工人在 410 天内建造完毕。

今天，布满摩天大楼的美国都市成为宣扬美国国力的名片。其中包括特朗普的特朗普大厦。

建造帝国大厦

消费之城

“天下熙熙，皆为利来；天下攘攘，皆为利往。”随着经济的发展和城市的扩张，无数普通市民成为纽约的细胞，通过日复一日的生产和消费为经济的循环和城市的运作添上柴薪。

19 世纪，随着美国制造业的扩张，各种消费品不断涌现，并诞生了用广告推销来扩展产品市场的形式。同时，在城市中出现了新的销售方法，以应对逐步成形的大型集中消费市场。

1863 年，纽约斯图尔特百货公司成为美国第一家百货公司。亚历山大·特尼·斯图尔特在纽约建造了一座大楼，拥有一个带玻璃盖的中央庭院，出售服装用品、家居材料、玻璃和瓷器、玩具和运动器材等商品。其销售的创新之处在于，他从供货商那里用现金购买大批量的商品，以保证低廉的进价；在销售过程中，他要求对商品的陈述必须真实；同时，商品销售实行单一价格制，不能讨价还价；他的公司还

斯图尔特的百货公司

建有顾客休息室，以提高购物体验；在售后上，他推行商品退货和现金退款政策以及免费送货上门等服务。

而梅西百货则代表了另一种系统。它是由小的布匹或纺织品零售店发展而成。其组织模式是让部门采购员以全力投入货品的购买与销售，并为自己部门的营业完全负责。他们除了老板，不承认任何权威。在销售上，梅西百货极为依赖用报纸广告来吸引大量顾客。

梅西百货

至 19 世纪 80 年代，纽约已经形成了以百货公司为核心的新型购物区域。1894 年圣诞节期间，纽约的百货大楼都第一次精心准备了圣诞橱窗展示。以精美与奢华的光电效果来吸引更多的消费人群，让城市居民沉浸在工业时代商品的新世界中。

主题九

德国与日本

导言

世界强国中，德国是命运多舛的后起之秀。柏林的勃兰登堡门正是德国国运的见证者。

1791 年，建筑家朗汉斯为德意志普鲁士首都柏林重建城门——勃兰登堡门。

德国人仿照雅典卫城建造勃兰登堡门。整座建筑气势恢宏。城门共有立柱 12 根，每根立柱高达 15 米；城门宽 65 米，门洞深 11 米。

勃兰登堡门的顶端是胜利女神的铜像。胜利女神挺立在双轮战车上，右手高举战旗，左手操纵缰绳。雄鹰站在旗帜顶端，四匹战马昂首奋蹄，象征德国战无不胜。

柏林勃兰登堡门

1806 年，拿破仑打败普鲁士，法军开进柏林。胜利女神沦为战利品。

1814 年，欧洲同盟军打败法国人，普鲁士军队杀进巴黎。胜利女神物归原主。

由此，德国人知耻而后勇，走上建军强国的道路：

1807 年，军事家克劳塞维茨领导军事改革。普鲁士陆军成为欧洲第一劲旅。

1810 年，教育家洪堡推动教育改革。洪堡大学成为世界第一所现代化大学。

1861 年，政治家俾斯麦实施铁血政策。普鲁士战胜丹麦、奥地利以及法国。

1870 年，普鲁士国王统一德意志诸侯。德意志民族复兴。

几乎与此同时，在东亚，日本也走上一条扩张之路，通过明治维新的一系列改革，建立近代化的政治制度和经济体系，进一步则试图蚕食中国、鲸吞朝鲜，大举展开侵略扩张。

在军迷圈，提起德国海军，人们首先会想起“俾斯麦号”战列舰。那么，俾斯麦在德国的历史上具体做出过什么贡献，以至于第二次世界大战中德国的最强战舰要以他的名字来命名呢？

容克地主

“容克”作为一种贵族头衔，往往是授予那些在政治上微不足道的年轻人。这个词甚至被认为是“乡绅”的代名词。但是，正是这一阶层，缔造了普鲁士的神话。得益于19世纪初，拿破仑战争时期“施坦因-哈登贝格改革”，普鲁士的农奴制被废除，自由的土地转让成为可能。容克们通过土地兼并，拥有了普鲁士的大部分耕地，建立起大规模的“容克庄园”，垄断了普鲁士的农业。从19世纪30年代开始，伴随德意志地区人口增长与粮食价格上升，容克阶层积累起大量财富，并控制着普鲁士的军队，左右着国家的政治。

1815年，俾斯麦出身于普鲁士的一个容克家庭。从小就接受精英教育的俾斯麦

俾斯麦

学会了英、法、俄、意与波兰五国语言。他还先后就读于三所欧洲大学，学习法律和农业。此后，步入政坛的俾斯麦凭借语言优势，主要承担外交工作。1851 年，他成为普鲁士驻法兰克福邦联议会的代表。1857 年，他被任命为普鲁士驻俄国大使。1862 年，他在出任驻法大使期间成为普鲁士的首相及外交大臣，主导了德国的统一进程，开启了近三十年的“铁血宰相”生涯。而作为容

俾斯麦统一德国后，普鲁士国王威廉一世加冕为德意志皇帝

俾斯麦和拿破仑三世

克阶层的俾斯麦，那种容克特有的“现实”与“保守”也成为其治理德意志第二帝国内政外交的鲜明特色。

铁血统一

在外交上，由普鲁士主导统一的德国面临着复杂的地缘政治：东面是幅员辽阔的沙皇俄国，西面是普法战争后急于复仇的法国，北面是虎视眈眈的北欧诸国，海上则是奉行大陆均势政策的英国。而德国境内大部分地区为平原，无险可守。为此，俾斯麦采取了务实的外交政策，以孤立法国为中心，建立了多个军事同盟。他首先建立起与俄国的良好关系，以防法俄合谋从东、西两面夹击德国。随后，俾斯麦加强了与奥匈帝国的关系。三国在1873年10月签订条约建立军事同盟，史称“三皇同盟”。1879年，德、奥两国又签订条约，承诺任何一方受到攻击时，对方都会施予援手。如果一方攻击另一个欧洲国家，另一方则保持中立。1882年，为了与法国争夺突尼斯，意大利也加入该条约，建立了“三国同盟”。俾斯麦则在英法海外殖民地的冲突中支持英国，使得英德保持了较好的关系。

普法战争

在国内，随着工业革命的发展，工人运动呈现星火燎原之势。为此，俾斯麦一面残酷镇压，一面在1883年推出《健康保险法》，要求雇主为雇员缴纳健康保险金，当雇员生病时，工人可从保险费中获得半薪、医疗费和死亡丧葬费。1884 年，《工伤事故保险法》也被通过。该法律规定，在工人发生工伤事故后，保险费全部由雇主交纳，如工伤死亡，死者家属可领取相当于死者薪金 20% 的津贴。1889 年《养老法》被推出，由政府建立养老基金，工作年满 24 年的 70 岁以上的退休人员均可领取。这三部法律标志着现代社会保障体系的诞生。虽然这是一种社会进步，但其实质是为了维护容克阶层的统治地位，体现了俾斯麦保守的一面。

毁誉参半

威廉一世

1888 年随着新皇帝威廉二世的登基，俾斯麦失势，于同年黯然下台。对他的评价是两极分化的。有的学者认为他缔造了普鲁士的强盛，完成了德国的统一，并在欧洲列强之间维持了一种微妙的平衡，使德国在当时的地缘夹缝中得以生存。有的学者则认为俾斯麦在位时的政策导致了德国陷入第一次世界大战的泥潭而万劫不复。他们认为俾斯麦并未建立完善的政府运作体制，政府运作完全依赖其个人与威廉一世的关系。在他离任后仅留下精干的执行者，而非英明的决策者，无法协助威廉二世做出正确的决定。有的学者则认为，如此分裂的评价正是因为俾斯麦的容克地主出身。他做出的贡献只是为了维护他所在阶层的利益。俾斯麦不强调开拓海外殖民地，是为了防止殖民地的农产品输入导致容克利益的受损。而威廉二世对海外扩张与大海军的热衷，则是迎合了德国新兴资产阶级向外倾销商品的需求。

2018 年 9 月 15 日，大连庄河海域发现甲午海战中沉没的北洋水师“经远号”舰名字牌，由此确证沉舰身份。这艘装甲巡洋舰装备有两门 210 毫米主炮。火炮的制造商是大名鼎鼎的德国克虏伯。当时克虏伯火炮名扬海内外，其原因是这家工厂对火炮技术做了关键性的革新，以致于从某种程度上可以说，是它影响了历史的进程。

巨头崛起

1811 年普鲁士人腓特烈 · 克虏伯建立了由自己的名字命名的钢铁厂，其目标是生产出铸钢，这种钢材在拿破仑战争开始后就被禁止从英国运往欧陆。然而克虏伯却缺乏相关的知识与技能，直到 1816 年才研制出和英国铸钢质量相同的钢材，但此时，英国对欧陆的封锁也结束了。虽然，克虏伯钢铁厂以其出色的产品质量受到了普鲁士王室铸币业的青睐，但是仅仅依靠为王室铸造货币并不能带来多少利润。为了研发新技术，克虏伯投入巨额研发经费，最终导致家财耗尽，甚至拖欠起工人的工

克虏伯工厂

资。他的儿子阿尔弗雷德·克虏伯也从高中辍学，回工厂帮忙。

阿尔弗雷德·克虏伯

19世纪30年代，德意志境内工业革命深入展开，为克虏伯的工厂带来转机。德意志建造铁路的热潮使铸钢的需求量大大提升。克虏伯公司开始向客户交付铸钢卷用于铁路运输等领域的产品制造。阿尔弗雷德·克虏伯更是在1852到1853年发明出无缝火车轮毂铸造技术。这一发明彻底解决了拼合轮毂导致火车事故多发的难题，为克虏伯公司带来了大量利润，其雇用的工人达到近千名。

新式火炮

阿尔弗雷德的目光不仅仅局限于铁路业。在1851年伦敦举办的世博会上，克虏伯参展的巨大钢锭轰动工业界，而在它旁边还有一门精加工的、可以发射 6 磅炮弹的铸钢火炮。虽然媒体承认这是一门漂亮的火炮，但是，评审团的目光都集中在那钢锭上。事实上，当时流行于欧洲的主要是铸铜炮。对于采用钢这种材质的火炮，各国军方仅仅将其作为新奇的事物看待。这门被忽略的大炮成为阿尔弗雷德拓展克虏伯业务的关键点。在 1850 年代，克虏伯研制出了铸钢后装炮。他把这一发明进献给普鲁士王室，却未能受到重视。虽然他的产品引起了俄国、法国的兴趣，但是真正下单者寥寥。阿尔弗雷德由此萌生了放弃武器业务的想法。但是，事

克虏伯产品：火炮

情很快出现了转机。

1858 年，威廉亲王出任摄政。1859 年，他向克虏伯订购了 312 门火炮。同年 5 月，克虏伯工厂收到巨额预付款。阿尔弗雷德的武器业务起死回生。他希望推广他的新技术，并坚持将这批订单产品设计为后装线膛炮，同时希望他的炮尾密封技术能获得专利。军方虽然接受了铸钢炮，但却表示如果这批火炮拥有膛线，他们将拒绝使用。然而此时，英国和法国批准后装炮专利的消息让军方妥协了。根据对比，威廉也明白了具有相同炮弹初速的青铜炮将十分笨重，无法进行实战。

不过，此时克虏伯的炮尾密封技术是不完善的。火炮发射时产生的尾焰会给炮手带来伤亡。相关问题直到 1870 年代才得到解决。

战争机器

1860 年代，普鲁士国王威廉一世视察克虏伯的工厂。阿尔弗雷德精心布置了厂区，将公司研制的新型火炮展现给国王。参观后，威廉一世给予克虏伯产品极高的评价，并授予阿尔弗雷德勋章。由此，克虏伯公司将其命运与国家主义的扩张相捆绑，开始向德国和世界输出战争机器。

1870 年 9 月 1 日，普法战争中的普军围困住固守色当要塞的法军，调用约 500 门克虏伯火炮向法军猛烈开火。这

克虏伯产品：炮弹

克虏伯公司的标志

些火炮的射程是法军装备的前膛炮的两倍。法军几乎没有还手之力。炮弹像镰刀割取麦穗一样，收割着法军士兵的生命。至黄昏，拿破仑三世投降被俘，普鲁士获得了战争的胜利。

19世纪60年代，清朝开始购买克虏伯大炮。这成为洋务运动的一个缩影。北洋水师主力舰“定远”与“镇远”舰上就分别装备有克虏伯产305毫米主炮四门，150毫米副炮

装备克虏伯火炮的定远舰

两门，成为当时亚洲火力最强的两艘铁甲舰。为增强沿海防御，清廷还购买了大量克虏伯岸防炮。在今天的厦门胡里山炮台，还保留有一门克虏伯 280 毫米岸防炮。火炮最大射程可达 20 千米，可发射穿甲弹和爆破弹。

曾经，克虏伯火炮是德国工业崛起的代名词。历经近 200 年的岁月，如今的克虏伯公司早已铸剑为犁，并继续在钢铁制造领域续写传奇。其公司的标志是三个叠加在一起的、由阿尔弗雷德发明的无缝火车轮毂。

“武士之国——我们的国家被这样称呼已经是很多年前的事情了！”

当志村新八念出经典的开场白，《银魂》的故事由此揭开序幕。从 2004 年到 2018 年，《银魂》的连载和播出耗费近 15 年，它既是日本动漫的话题神作，也是无数少年的青春回忆。

有趣的是：在漫画家空知英秋笔下，《银魂》的世界游走在真实历史和架空科幻之间。在《银魂》剧照中，前景常是传统的日式木屋，背景却是现代化摩天大厦。其中的大量设定、剧情以及角色，都脱胎于历史，却又不拘泥于历史。例如天人入侵、真选组和鬼兵队，有相关联的史实，但也经过了精妙的改编。

尊王攘夷

在动漫中，空知英秋为《银魂》设定了宏大的背景，核心事件是天人入侵和攘夷战争：二十年前，天人入侵地球，幕府束手无策，武士奋勇抵抗，掀起攘夷战争，最后无奈战败。随着禁刀令的颁布，天人横行无忌，武士流落市井，大都市江户灯红酒绿而暗藏危机。

在历史上，天人入侵和攘夷战争对应19世纪的黑船事件和尊王攘夷。

1603年，德川家康受封将军，架空天皇，定都江户，建立德川幕府。德川幕府统治日本近三百年。幕府对内推行幕藩制，武士统治农民，对外实施锁国令，阻绝西方商船，只允许荷兰人蜗居在长崎海外的一个人工岛“出岛”从事贸易。

1853年，美国派出四艘黑色轮船直逼江户城下。后逼迫德川幕府签订《日美亲善条约》。条约规定：日本开放通商口岸，建立外国使馆，给予免税待遇。史称“黑船事件”。

黑船事件

几年以内，列强纷纷叩关，幕府不断退让。

面对危局，一大批下层武士不满列强的蛮横和幕府的无能，打出尊王攘夷的政治旗号。尊王，表面表示尊奉天皇，暗中是谋划打倒幕府；攘夷，初期主张驱逐洋人，后期要求振兴日本。1863 年，尊王攘夷达到高潮，攘夷志士不断刺杀幕府高官、捣毁外国使馆和炮击外国船只。

倒幕运动

在动漫中，主角坂田银时和两群“损友”恩怨不断，形成充满戏剧性的“三角关系”。一边是银时的冤家——真选组的土方十四郎；另一边是银时的故友——鬼兵队的高杉晋助。真选组扑杀攘夷志士，维护幕府统治；鬼兵队图谋推翻幕府，策动暴力袭击。

真选组大战鬼兵队改编自历史上的佐幕派对决倒幕派。

佐幕派支持幕府。其代表是新选组和副长土方岁三，漫画中改为真选组和土方十四郎。1863 年，幕府高官松平容保建立特务组织——新选组，盘踞在京都地区，打击倒幕派势力。1864 年，新选组突袭倒幕派的据点池田屋，斩杀七名倒幕派武士，史称“池田屋骚动”。

倒幕派反对幕府。其代表是奇兵队及其首领高杉晋作，漫画中改编为鬼兵队和高杉晋助。1863 年，高杉晋作组织义勇军——奇兵队，以长州藩为根据地，袭击外国人，焚烧领

如今的池田屋

事馆。1866 年，在高杉晋作等人策动下，长州萨摩两藩举兵叛乱，史称“萨长同盟”。

在动漫中，银时以青春热血阻止双方开战。在历史中，佐幕派和倒幕派最终兵戎相见。1868 年 1 月，戊辰战争爆发，幕府军和同盟军在京都决战，五千联军一举击溃上万幕府军。1868 年 4 月，江户

倒幕战争

开城投降，德川幕府垮台。

1867 年，不到 30 岁的高杉晋作英年早逝，没能看到倒幕运动取得成功。

1869 年，土方岁三战死在北海道，为幕府尽忠到最后一刻。

明治维新

在动漫中，武士象征日本传统，天人带来未来科技，江户是新旧文明碰撞、融合的巨大熔炉，银时一边过着现代生活，一边贯彻武士传统，由此产生戏剧冲突。

在历史上，日本社会的新旧交替远比动漫作品的剧情演绎更加复杂和残酷。

戊辰战争胜利以后，倒幕武士拥立明治天皇，定都江户，改名东京，颁布《五条誓文》：广兴会议，万机决于公论；上下一心，大展经纶；官武一途，以至庶民，各遂其志，务使人心不倦；破旧来之陋习，基天地之公道；求知识于世界，大振皇基。

明治维新由此开始，政府推出四大政策：奉还版籍、废藩置县、殖产兴业和文明开化。具体包括：地方诸侯自行下台，中央政府统一管理，鼓励发展工商业以及学习西方近代文明。

随着维新政策深化，各阶层都卷入其中：天皇带头吃西

明治天皇

东京皇居

餐喝牛奶；武士严禁蓄发和佩刀；平民第一次接受义务教育，第一次履行义务兵役，甚至第一次登记姓名户籍。

由此，日本社会开始从传统到近代的大转型，一举成为欧美以外第一个近代工业强国。

4 联合舰队

『脱亚入欧』的日本（二）

1894 年 9 月，黄海海战爆发，日本联合舰队击败中国北洋水师，“经远”等多艘战舰沉没。2018 年 9 月，辽宁庄河的“经远号”沉舰发掘再度把国人的目光吸引到中日甲午战争的沉痛历史上。

过去，中国人对甲午战争的思考大多停留在中国角度，反思北洋舰队为什么会输。近年来，学术界对中日对决的研究开始重视世界史角度，讨论日本联合舰队为什么会赢。因此，我们不得不重新梳理一些基本问题：日本联合舰队何来？联合舰队的实力又究竟如何？

中日黄海海战

联合舰队

人们通常把北洋舰队和日本联合舰队视为对手。但是严格而言，两支舰队不能等量齐观。

明治维新以后，在倒幕中建功的武士成为“藩阀”，瓜分政治、军事以及财政等大权。其中，陆军被长州藩势力把持，海军被萨摩藩势力把持。

明治维新不仅让日本国力大大增强，也通过军事改革、实行军国主义，提高了军事预算，强化了军队战斗能力。

1885 年，在萨摩藩大佬西乡从道的策划下，日本政府发行海军公债，价值 1700 万日元。这便是第一期造舰扩张费。日本计划建造战舰 54 艘。

1893 年，明治天皇下达《和衷共同》敕书，指出“国家军防者事关重大”。天皇表示：皇室每年捐赠 30 万日元用于海军，国库每年再支出 300 万日元投入海军。

1894 年，日本海军共建成或购买战舰 20 艘以上，其中仅有 4 艘军舰的吨位达到 4000 吨。虽然日本朝野主观上愿意砸锅卖铁扩张舰队，但是客观上日本海军没有实现造舰目标。1894 年 7 月，日本海军下令，统一指挥西海舰队的 9 艘战舰和常备舰队的 10 艘战舰，将兵力集中，以弥补战舰总数不足。两支战队统称联合舰队，由伊东祐亨指挥。

而自成体系的北洋舰队只是中国海军的一部分。联合舰队是日本海军倾巢而出，全力豪赌。

小船大炮

北洋舰队旗舰是“定远号”，联合舰队旗舰是“松岛号”，实际上，这两艘战舰不可同日而语。

1885 年，北洋海军引进德国生产的战舰——由德国伏尔铿船厂打造的“定远号”和“镇远号”。两艘军舰的吨位都达到 7000 余吨，装甲厚度达到 14 英寸，突出优势是“铁甲”。

“松岛号”战舰

1886 年，日本海军聘请法国军舰设计师白劳易设计“三景舰”——日军实际建成三艘战舰：“松岛号”“严岛号”和“桥立号”，以三处风景名胜命名，俗称“三景舰”。三艘

“三景舰”

战舰的吨位各只有4000余吨，主炮口径达到320毫米，突出特点是“小船扛大炮”。

白劳易想以“小船扛大炮”的思路，为日本军舰装备“巨炮”应对中国军舰的“铁甲”。

不过，日本海军很快发现，三景舰存在以下弊病：主炮过大，难以瞄准；装甲薄弱，无力自保。最奇特的是：“松岛号”把主炮设置在船的尾部。其原意是日军以三景舰前后夹击中国的铁甲舰。而实战中这几乎是不可能的，因为三景舰无法达成完美合围铁甲舰的态势。

根据考证，在黄海决战中，中国“镇远号”“定远号”可谓不辱使命，日本的三景舰却是乏善可陈。“镇远”“定远”的铁甲中弹数十发而战斗到底，三景舰的“巨炮”仅仅发射 13 炮且无一命中要害。

“吉野”之谜

黄海海战中，日军“吉野号”战舰最为疯狂，围绕这艘军舰，国内流传有许多说法。

有一则传言说：甲午战争前夕，中、日两国争相订购英国生产的新锐战舰——即后来的“吉野号”。慈禧太后大办寿宴，暗中克扣中国海军资金；日本天皇节衣缩食，倾囊捐助日本海军。结果，中国预订不成，日本截胡成功。正是清廷腐败导致甲午战败。

近年来，根据学者研究，中日抢购“吉野号”的说法没有可靠史料支撑。按照日方档案的记载，1891 年，沙俄太子在日本遇刺，日本担忧俄国武力报复，紧急向英国订购一批新型军舰。1892 年，“吉野号”下水加入日本海军，总吨位 4150 吨。

因此，“吉野”的异军突起具有一定偶然性，初衷是抵御俄国海军，结果却重创北洋舰队。“吉野”的显著优势是高航速，“吉野”以 23 节高速巡航，让所有中国军舰是既追不上，也甩不掉。“吉野”的另一长处是高射速，相同时间内，吉野能够发射五发炮弹，对手只能发射一发炮弹。此外，日本海军研发出特殊的下濑火药，击中目标后就会引起火灾。

在实战中，“吉野号”先高速迂回，包抄北洋舰队，再依靠高射速从北洋舰队的侧翼发起进攻。凭此战术，“吉野号”重创北洋舰队的“超勇”“扬威”“致远”和“经远”等战舰。

虽然许多现代学者承认，甲午海战中，日本联合舰队击败中国北洋舰队存在侥幸因素，但是历史就是历史，日本豪赌成功。并且，它在军国主义的歧途上越走越远。

主题十

俄国、意大利与奥地利

导言

今天的俄罗斯是世界上领土面积最大的国家。自 1147 年见诸史册以来，莫斯科堪称俄罗斯奋战的见证者。

1552 年，俄国沙皇伊凡四世远征喀山汗国。据传，在恶战中，八位圣徒出手相助，俄国人一举战胜鞑靼人。1560 年，沙皇在克里姆林宫前建造圣瓦西里大教堂，并建造八座高塔，纪念八位勇士。

17 世纪初，波兰军队入侵俄罗斯。肉商米宁和贵族波扎尔斯基挺身而出，成功守住莫斯科。1818 年，人们在圣瓦西里大教堂前建造米宁和波扎尔斯基铜像，纪念两位英雄。

自 15 世纪到 19 世纪，俄罗斯人先后打败鞑靼人、波兰人、瑞典人、法国人、德国人以及土耳其人。俄罗斯帝国崛起，国土东到太平洋，西到乌克兰，北到北极，南到中亚，成为前所未有的世界大国。

除了俄罗斯，奥匈帝国和意大利也是近代欧洲的重要国家。奥匈帝国是以哈布斯堡家族为中心的欧洲大国。意大利通过长期的斗争，实现国家重新一统，成为西方列强之一。

1 沙皇彼得一世

2017年，俄法建交300周年。俄国与法国于彼得一世在位期间建交。在俄罗斯的历史上，彼得一世堪称一位传奇皇帝：年少时被放逐，一生好学，醉心于造船、航海和军事征服……后世尊称他为“彼得大帝”。

以欧为师

1717年4月21日，沙皇彼得一世抵达法国，开始了长期访问。其间，沙皇受到了法国王室的高规格接待。彼得一世被安置在凡尔赛宫，与法国王室和贵族们生活在一起。

俄国与奥斯曼帝国之间的战争

沙皇此行的目的是向法国讨教“先进文化”。彼得一世十分好学。1695 年，俄国对奥斯曼帝国作战，由于俄军没有海上支援，奥斯曼的亚速要塞久攻不下。于是，1697 年，彼得一世就隐姓埋名跑到当时的海军强国荷兰学习造舰。18 世纪，经历了太阳王时代的法国成为欧洲文化的风向标，彼得一世仰慕已久。

在法期间，彼得一世参观了法国王家科学院与天文台，并被授予名誉院士头衔。他钦佩法国王室对自然科学的扶持，购买了大量法国书籍与科学设备。回到俄国后，彼得一世于 1724 年成立了今天俄罗斯科学院的前身：圣彼得堡科

俄罗斯科学院

圣彼得堡冬宫

学院。在法期间，他还参观了皇家哥布林制毯厂。这里专门为法国王室制造挂毯。这激发了他在圣彼得堡建立皇家制毯厂的想法。如今的俄罗斯冬宫依然挂着他从法国带回的绣有《圣经》故事的挂毯。

彼得一世还从法国带回了烦琐的宫廷礼仪，并在俄国皇室推广法语与法式贵族服装。同时，他还鼓励引进与翻译法国文学著作。彼得一世甚至邀请法国设计师与艺术家，以凡尔赛宫为蓝本，于1723年建成了“彼得宫”。他的这些举措在俄国上层掀起了“法国热”。

进军欧洲

在1717年5月10日的一次会面中，彼得一世在群臣面前打破了宫廷礼仪，亲自抱起年仅七岁的国王路易十五。这次拥抱成为法俄关系史上的一段佳话。

彼得一世这次访问法国的另一个目的是与法国建立同盟以应对瑞典。俄国为何要向瑞典开战呢？在彼得一世心中，必须获得出海口才能使俄国这个内陆国家成为欧洲强国。1700 年，彼得一世曾经向把控波罗的海的瑞典宣战，这是“大北方战争”的开端。1704 年，俄军艰难攻占了纳尔瓦等城市，并夺得了涅瓦河口地区。1709 年，尽管俄国取得了波尔塔瓦会战的胜利，但瑞典的军事威胁并未消除。

彼得一世怀抱路易十五

彼得一世

彼得一世希望通过与法国缔结同盟条约尽

1721 波尔塔瓦战役

早结束与瑞典的战争。为此，彼得一世甚至考虑与波旁王朝建立姻亲关系。他想把自己年仅 6 岁的女儿玛丽嫁给路易十五。而此时的法国虽然与瑞典关系密切，但却希望寻求新的盟友以对抗英国。1717 年 8 月 15 日，法国、普鲁士与俄国三方在阿姆斯特丹签署条约。法国保证不再援助瑞典，并为将来的俄瑞谈判进行斡旋。《阿姆斯特丹条约》的签订标志着历史上第一个法俄同盟正式建立。

有了同盟条约的加持，1720 年，俄国大败瑞典，迫使瑞典在 1721 年 8 月签订了和平条约。俄国从此掌控了通往

1721 年签订条约场景

波罗的海的大片区域，拥有了出海口。1721 年 10 月，彼得一世被尊为“彼得大帝”。

改革风暴

彼得一世认为，要改变俄罗斯“落后内陆国”的局面，仅有外交上的作为是不够的，必须在内政上也进行自上而下的改革。

彼得一世先从军事入手进行改革。在“大北方战争”的初期，俄国没有正规军，仅在莫斯科配有2万名士兵。这些士兵平时疏于训练，纪律松散。如遇大的战事，国家还需临时“抓壮丁”。因而俄军战力相当低下。彼得一世组建了一支20万人的正规军，并成立海军。所有武装力量直接听命于自己。为了强化权力，他在政治上打压贵族，取消贵族议事机构杜马，直接建立枢密院，以陆军、海军、外交三院为核心。所有的成员都由自己亲自任命，向他负责。经济上，彼得一世效仿欧洲的重商主义，提高关税，保护本国制造业。同时，他还鼓励外国人到俄国开办工场。

这一系列改革措施为俄国最终赢得“大北方战争”奠定了基础。学界普遍认为，正是彼得一世将俄国带入了近代社会，并以欧陆强国的身份出现在历史的舞台之上。

在近代历史上，俄罗斯以军事力量强大著称。两支横扫西欧的强大军队——19世纪拿破仑的法国军队和20世纪希特勒的德国军队——都在俄罗斯的土地上一败涂地。然而，在19世纪中叶，俄罗斯曾陷入屡战屡败的怪圈。这是怎么回事呢？

欧洲宪兵

法国大革命期间，沙皇叶卡捷琳娜二世和其继承者亚历山大一世积极支持组建反法同盟，并在1812年击溃了拿破仑远征

沙皇叶卡捷琳娜二世

俄国的军队，扭转了欧洲战局，导致法兰西第一帝国覆灭。欧洲被拿破仑推翻的王室纷纷复辟，并视俄国为“欧洲的救世主”。在 1814 年到 1815 年的维也纳会议上，俄国一跃成为欧洲五强。1848 年欧洲革命期间，俄国再次出手干预。沙皇尼古拉一世派兵 14 万，帮助哈布斯堡王朝镇压革命。由此，俄国获得了“欧洲宪兵”的称号，国际地位大增。

然而，俄国当时的实力并不能与其称号相符。虽然，俄国希望通过“欧化”实现强国目标，但是，至 19 世纪上半期，欧洲文化还只是贵族文化，而俄国 90% 以上的人口仍处于传统文化的影响下，他们成为“欧化”的牺牲品。大量农奴在经济上为“欧化”背负了更为沉重的负担。从彼得一世开始，俄国新增了人头税，废除家庭税，每个农户都要上缴税金，并以现金支付。仅在 1724 年，俄国的国库收入就增加了 6 倍。而俄国军队的现代化并未跟上欧洲的步伐。至 19 世纪中叶，线膛枪和蒸汽战舰已经随着工业革命进入英法军队，然而，俄军仍然装备着老式的滑膛枪与风帆战舰。

黑海折戟

1853 年俄国以保护奥斯曼帝国境内的东正教教区为由，再开战端。英、法两国担心俄国取得黑海海峡的控制权，于是对俄宣战，并戳穿了俄国虚假的强大。面对英、法两国的蒸汽风帆混合舰队，俄国老式战船节节败退，只能靠堵塞河道来

克里米亚战争

阻滞敌军进攻。陆战上，俄国人的武器根本射不到对手，反而在冲锋中被英、法两军的线膛枪与爆破弹大量杀伤。后勤上，英、法通过火车和蒸汽船运送人员与补给。面对只需三周就能抵达战场的敌军，俄军的兵员与物资往往要很长时间才能送到前线。最终，在付出惨痛代价后，俄国在1856年3月被迫签订和约，不得在黑海拥有海军。

沙皇亚历山大二世

惨败之后的俄国再次走上改革之路。1861年3月3日，沙皇亚历山大二世正式批准了废除农奴制的法令，并签署了关于废除农奴制的特别宣言。法令规定：农民有人身自由，地方不得买卖或交换农奴；农奴在获得人身自由时，在交付大量赎金的条件下可以从地主那里领得一份土地，并拥有建立自己事业的权利。如此，法令将2100多万农奴解放出来，为工业发展提供了资本与劳动力。据统计，俄国工业产量在19世纪最后40年间平均增长了6倍。然而，俄国社会、经济较之西欧仍显落后。到1899年，农业人口仍占全国人口的六分之五。

解放农奴

远东再败

至19世纪末期，俄国势力已扩张至东亚。1898年，俄国占领中国旅顺港。1900年，俄国侵占中国东三省，并威胁到日本占领的朝鲜。在俄国回绝了日本撤军的要求后，1904年日俄战争爆发。俄国认为日本不足为惧，但却被事实“打脸”。1904年8月，日本联合舰队重创俄太平洋舰队。1905年1月，旅顺港被日军攻陷。1905年5月，对马海战爆发。日本仅以损失3艘鱼雷艇的代价，歼灭了俄国波罗的海舰队。1905年9月，俄国被迫与日本签订《朴茨茅斯条约》。

日俄战争

日俄战争的失败使得俄国国内动荡不安，沙皇尼古拉二世被迫进行改革。1905年12月，沙皇宣布选举第一届国家杜马，实行君主立宪制。1906年6月斯托雷平出任首相，实施土地私有化改革。他希望通过国家购买私有土地来建立土地储备，再通过出售的办法以

日俄签订《朴茨茅斯条约》

优惠的条件卖给缺少土地和实际耕种土地的人，以提高土地的利用率。他认为，如此，“好人和有办法的人”就可以将自己的知识用于耕作土地。此外，他还允许农民自由迁徙，并减少农民的赋税。斯托雷平改革让俄国的农业产量出现了少有的高增长，成为仅次于美国的世界第二大农业生产国，暂时缓解了国内危机。

3 艰难复兴意大利

在中国的背包客中，流传着一段“欧洲第一免签国”的趣闻。

1985 年，圣马力诺成为欧洲第一个对中国游客免签的国家，不过，人们很快发现：中国旅行者首先必须办理意大利签证，才能入境圣马力诺。

好奇的人不禁要问：这是为什么呢？

如果要了解这件事的原委，我们必须回顾历史，一探意大利复兴的传奇。

马志尼

“我要唤醒意大利的灵魂！”

1831 年，一篇名为《致意大利青年》的演讲在罗马、米兰和佛罗伦萨等地四处流传。这篇演讲的作者是意大利复兴的精神领袖马志尼。

马志尼

早年，马志尼担任律师，为穷人打抱不平；后来，他投身革命，为祖国统一奔走呼号。1831 年，马志尼创建青年意大利党，成为祖国复兴运动的“初代教父”。

当时，意大利四分五裂，马志尼痛心疾首，著书立说揭露内外敌人的邪恶嘴脸。

国内，各路人马占据一方：天主教会坐拥罗马，贵族割据北部的米兰、中部的佛罗伦萨、南部的那不勒斯和诸多小国。各国之间互不统属。

国外，强国轮番入侵：18世纪，奥地利统治米兰和那不勒斯；19世纪，拿破仑征服意大利。奥地利首相嘲笑说：“‘意大利’只是一个地理名词。”

马志尼的书籍鼓舞了一代爱国志士投身革命，但是青年意大利党实力不足，屡战屡败。

1833年，初次起义流产，12名志士被枪决，马志尼流亡海外。

1848年，起义再次爆发，马志尼回国参战，起义军一度光复罗马，但最终功败垂成。

加富尔

在意大利复兴运动中，如果说马志尼是理想派，那么加富尔就是务实派。

加富尔出身贵族世家。他曾是马志尼的“粉丝”，后来周游欧洲强国，转向渐进改革路线。1852年，加富尔就任撒丁王国首相，终于登上施展才华的舞台。

加富尔

1815 年，在维也纳会议上，欧洲列强瓜分意大利，奥地利支配北部，法国人支配南部，其他地区分为诸多小国各自为政。其中，撒丁王国由本土贵族统治，领土限于都灵和撒丁。加富尔的计划就是推动撒丁王国发展壮大，逐渐实现意大利的统一。

1859 年，加富尔使出第一条锦囊妙计——借兵复国。加富尔和法国人达成秘密协议，法国和撒丁结成军事同盟，驱逐奥地利人。由此，撒丁王国收复意大利北部。

1860 年，加富尔使出第二条锦囊妙计——釜底抽薪。他策动中部各城进行全民公投，结果无一例外，民众背弃诸侯，要求归顺祖国。结果，撒丁王国轻取意大利中部。

1861 年，撒丁王国正名为意大利王国。同年，加富尔英年早逝，没能看到山河一统。在北部，撒丁割让尼斯，作为法国的酬劳。在南部，法国驻军罗马，阻挠意大利统一。

加里波第

马志尼用言论唤醒人民，加富尔用谋略壮大国家，加里波第以武力实现统一。

加里波第

加里波第出身渔民家庭。少年时期四处航海，青年时期投身军旅，受马志尼感召，加入青年意大利党。加里波第长年南征北战，成为骁勇善战的悍将。

1848 年，意大利发生暴动，加里波第毅然回国，领导起义军的残部纵贯意大利半岛，逃脱外国军队追杀，由此声名鹊起。

1860 年，意大利战端再起，

加里波第指挥作战

加里波第再次回国，率领一千名红衫军横扫意大利半岛，收复那不勒斯，解放意大利的南部。

1866 年，普奥战争爆发，加里波第三度出马，驱逐奥地利军队，光复水城威尼斯。

1870 年，普法战争爆发，法国战败。1871 年，意大利定都罗马，统一大业完成。

意大利统一战争

既然意大利实现了统一，意大利半岛上为什么还有两个独立的小国——梵蒂冈和圣马力诺呢？梵蒂冈是罗马教皇的领地，另当别论，圣马力诺的独立是加里波第的手笔。

圣马力诺位于意大利东部的群山之中，领土只有 61.2

平方千米，四周都是意大利国土。1243 年，当地人建立圣马力诺共和国，隐居在崇山峻岭之中，躲避意大利半岛的连年战乱。1860 年，加里波第的红衫军挥师南下，圣马力诺人慷慨地为意大利军民提供庇护和支援。1862 年，在加里波第的要求下，意大利未将圣马力诺纳入版图。

圣马力诺

今天，因为圣马力诺没有机场，所以游客需要通过意大利的国土，才能前往圣马力诺，于是，就有了篇首所说的人们必须先办理意大利签证，才能入境圣马力诺的情况。

在奥地利维也纳市中心，有一处吃货不能错过的去处——纳旭市场。在这座跳蚤市场，食客可以品尝到匈牙利肉羹、意大利芝士甚至土耳其咖啡。

今天，奥地利是一个典型的好山好水“好无聊”的欧洲小国，四周群山环绕，人口不足千万。在这样一个世外桃源，为什么会有一个充满异域风情的纳旭市场呢?

百年以前，奥地利是一个画风独特的大帝国，这个帝国不以金戈铁马和南征北战著称，而是由两位倾世皇后和一位“女装大佬”开创三百年繁华。

“模范妈妈”特蕾西亚

18 世纪，玛利亚·特蕾西亚皇后把奥地利推向繁荣昌盛。

1717 年，特蕾西亚生于维也纳。她的血统源于一个显赫的王室——哈布斯堡家族。哈布斯堡意思是鹰的城堡，不过，他们最擅长的不是雄鹰式的骁勇善战，而是豪门联姻、生儿育女。自中世纪以来，历

玛利亚·特蕾西亚

代家族掌门重复下列循环：豪门联姻、生儿育女、继承领地，豪门联姻、生儿育女、继承领地……如此循环往复，壮大家族实力。经过百年繁衍，家族垄断神圣罗马帝国皇位，不但完全控制奥地利、匈牙利以及波西米亚，而且染指尼德兰、德意志和意大利大片领土。

1736 年，传奇女性玛利亚·特蕾西亚的传奇从一场婚礼开始。新娘富有四海，新郎的血统贵不可言。妻子特蕾西亚出自哈布斯堡家族奥地利分支，有权继位为奥地利、匈牙利以及波西米亚的君主。丈夫弗朗茨出自哈布斯堡洛林分支，兼备德、法两国王室血统。

1740 年，特蕾西亚之父查理六世去世。弗朗茨继位为神圣罗马帝国的皇帝，而特蕾西亚是实际掌权者。他们总共生育了 16 个子女。两个儿子成为帝国皇帝，众多女儿嫁入权贵豪门，有的成为法国王后、那不勒斯王后和尼德兰当权者。

特蕾西亚掌权期间，进行各项改革增强国力，使古老的哈布斯堡重新焕发活力，奠定了后来奥地利帝国的基础。

后来，奥地利人在维也纳市中心建立特蕾西亚广场，以

特蕾西亚扩建的美泉宫

追忆她把奥地利帝国推向极盛的历史。特蕾西亚的铜像独居中央，后代俊杰的雕像围绕四周。女人天下，莫过于此。

“女装大佬”梅特涅

法国大革命后，哈布斯堡与法国交恶，多次联合反法战争的失败使哈布斯堡前景低迷。19 世纪初，“女装大佬”梅特涅忍辱负重，为哈布斯堡的霸业续命。

梅特涅

1805 年，三皇大战爆发，俄国沙皇和神圣罗马帝国皇帝组团大战法国的拿破仑，结果法军大胜。神圣罗马帝国大败，不得不割地赔款和下嫁公主。

1815 年，风水轮流转，拿

破仑战败。列强齐聚维也纳讨论战后分配，史称维也纳会议。当时，英国财大气粗，俄国人多势众，普鲁士兵强马壮，只有奥地利屡战屡败，虚弱不堪。此时，梅特涅登场，他长袖善舞，颇有外交手段。由于他活动频繁，像只蝴蝶一样飞来飞去，因此号称“蝴蝶大臣”。

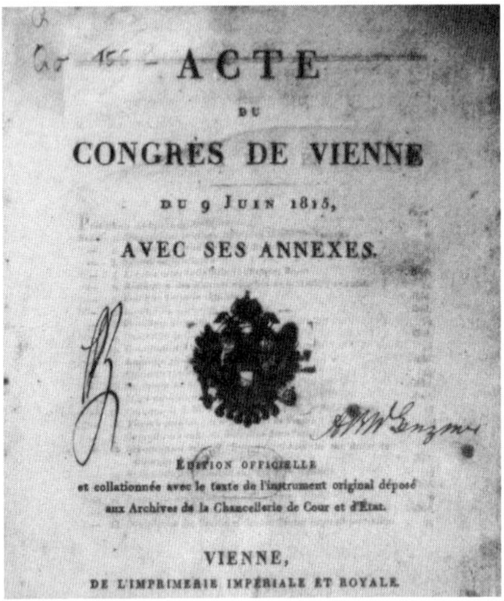
ACTE
DU
CONGRÈS DE VIENNE
DU 9 JUIN 1815,
AVEC SES ANNEXES.

ÉDITION OFFICIELLE
et collationnée avec le texte de l'instrument original déposé
aux Archives de la Chancellerie de Cour et d'État.

VIENNE,
DE L'IMPRIMERIE IMPÉRIALE ET ROYALE.

《维也纳和约》

对于强国，梅特涅采取分而治之的策略。他拉拢孤悬海上的英国，扶起不甘失败的法国，压制俄罗斯和普鲁士争夺中欧地盘的诉求。

对于小国，梅特涅采取浑水摸鱼策略。他串联英、法、俄、普、奥五国君主结成所谓神圣同盟。名义是维护君权统治不可侵犯，实质是打击各国的革命运动。

结果，奥地利出力最少，得益最多。四大强国互有矛盾，而所有强国都是奥地利的盟友，奥地利周围却没有强国，南有分裂的意大利，北有分裂的德意志。

讽刺的是，梅特涅的计谋只能安稳一时，不能世代长治。1848 年，革命在维也纳爆发，“蝴蝶大臣”装成老太婆跑路，留下“女装大佬”的笑谈。

梅特涅女装出逃

最后倩影茜茜公主

虽然女装宰相机关算尽，但是时代洪流浩浩荡荡，随着民族统一和革命运动风起云涌，以中世纪贵族联姻为基础的哈布斯堡家族已朝不保夕：

1848 年，革命风潮席卷欧洲，奥地利民众发动武装暴

茜茜公主

动，匈牙利人民要求民族独立。虽然这些运动最终都被镇压，但是帝国元气大伤。

1866年，普奥战争爆发，追求统一德国的普鲁士取胜，阻挠德国统一的奥地利战败，哈布斯堡再遭打击。

风雨飘摇之中，1854年，24岁的皇储弗朗茨·约瑟夫迎娶16岁巴伐利亚公主茜茜。茜茜公主为帝国留下了最后的华彩乐章：

婚前，太后安排皇帝和茜茜的姐姐结婚，可是皇帝对姐姐无动于衷，对妹妹却一见倾心，最后，有情人终成眷属。

婚后，茜茜公主殚精竭虑，为国分忧。在前朝，她竭尽全力说服匈牙利贵族与奥地利皇室和解，并于1867年促成奥匈帝国的诞生；在后宫，皇帝出轨，公主忍气吞声，生下唯一的王子，立为皇储。

然而，天有不测风云——1889年，皇储殉情，1898年，茜茜公主本人离奇遇刺。哈布斯堡家族以子孙满堂崛起，以儿女凋零走向没落。

从玛利亚·特蕾西亚到茜茜公主的两百年间，帝国各地的贵族移居维也纳，把广袤领土上的各色饮食引入帝国的首都。后来，移民聚居区逐渐形成纳旭市场，默默地诉说着曾经的繁华。

图书在版编目(CIP)数据

写给青少年的世界文明史. 1500—1900 / 孟钟捷主编 ; 沈辰成, 李云逸著 .— 上海 : 上海社会科学院出版社, 2024
ISBN 978-7-5520-3849-1

Ⅰ. ①写… Ⅱ. ①孟… ②沈… ③李… Ⅲ. ①世界史—文化史—青少年读物 Ⅳ. ①K103-49

中国版本图书馆 CIP 数据核字(2022)第 009122 号

写给青少年的世界文明史:1500—1900

主　　编: 孟钟捷
著　　者: 沈辰成　李云逸
责任编辑: 王　勤
封面设计: 陆红强
出版发行: 上海社会科学院出版社
上海顺昌路 622 号　邮编 200025
电话总机 021-63315947　销售热线 021-53063735
https://cbs.sass.org.cn　E-mail: sassp@sassp.cn
照　　排: 南京理工出版信息技术有限公司
印　　刷: 上海盛通时代印刷有限公司
开　　本: 890 毫米×1240 毫米　1/32
印　　张: 8.875
插　　页: 8
字　　数: 176 千
版　　次: 2024 年 1 月第 1 版　2024 年 8 月第 2 次印刷

ISBN 978-7-5520-3849-1/K·649　　定价:148.00 元(全三册)
